# 2016
# 中国水利发展报告

中华人民共和国水利部 编

中国水利水电出版社
www.waterpub.com.cn

**图书在版编目（CIP）数据**

2016中国水利发展报告 / 中华人民共和国水利部编
. -- 北京 : 中国水利水电出版社, 2016.4
ISBN 978-7-5170-4252-5

Ⅰ. ①2… Ⅱ. ①中… Ⅲ. ①水利建设—研究报告—中国—2016 Ⅳ. ①F426.9

中国版本图书馆CIP数据核字(2016)第075088号

| | |
|---|---|
| 书　　名 | **2016 中国水利发展报告** |
| 作　　者 | 中华人民共和国水利部　编 |
| 出版发行 | 中国水利水电出版社<br>（北京市海淀区玉渊潭南路1号D座　100038）<br>网址：www. waterpub. com. cn<br>E-mail：sales@ waterpub. com. cn<br>电话：（010）68367658（发行部） |
| 经　　售 | 北京科水图书销售中心（零售）<br>电话：（010）88383994、63202643、68545874<br>全国各地新华书店和相关出版物销售网点 |
| 排　　版 | 中国水利水电出版社微机排版中心 |
| 印　　刷 | 三河市鑫金马印装有限公司 |
| 规　　格 | 170mm×240mm　16开本　25.75印张　382千字 |
| 版　　次 | 2016年4月第1版　2016年4月第1次印刷 |
| 印　　数 | 0001—3000册 |
| 定　　价 | **78.00**元 |

# 《2016 中国水利发展报告》

## 编　委　会

# 前　言

2015 年是实施“十二五”规划的收官之年。在党中央、国务院的高度重视和正确领导下，各级水利部门抢抓机遇、奋发有为、扎实工作，水利改革发展亮点纷呈、成效显著。

防汛抗旱减灾取得重大胜利。有效应对了江河洪水、台风、山洪、城市内涝和干旱等灾害，大中型水库无一垮坝，重要堤防无一决口，生活和生产用水基本保证，有力保障了防洪安全和供水安全，最大程度减轻了灾害损失，因灾死亡和失踪人数为新中国成立以来最少。

水利工程建设全面提速。172 项节水供水重大水利项目已开工 85 项，在建工程投资规模保持在 8000 亿元以上。解决了规划内及四省藏区等特殊困难地区 6434 万农村居民和学校师生饮水安全问题。加快大型灌区、大型灌排泵站更新改造，新增节水灌溉面积 2000 万亩以上，冬春农田水利基本建设再掀高潮。中小河流治理、病险水库水闸除险加固、山洪灾害防治、抗旱水源工程等薄弱环节建设取得新进展。

水生态文明建设迈出坚实步伐。最严格水资源管理制度和水污染防治行动计划加快落实，13 条江河水量分配方案具备报批条件，105 个水生态文明城市试点建设扎实推进，完成水土流失综合治理面积 5.4 万 $km^2$，治理小流域 3000 多条，实施坡耕地改造 400 多万亩，新增农村水电装机容量 200 多万 kW。

水利重点领域改革取得重大突破。水行政审批制度改革进一步深化，水利多元化投融资机制加快建立，第一批12个社会资本参与重大水利工程建设运营试点项目启动实施。完成80个县农业水价综合改革试点工作，水权水市场建设、农田水利设施产权制度改革积极推进。水法治建设全面加强，水利科技创新成果丰硕。

全面从严治党扎实推进。深入学习贯彻习近平总书记系列重要讲话精神，扎实开展“三严三实”专题教育。强化基层水利单位和水利工程建设廉政风险防控，加大巡视监督力度，严肃执纪问责。水利精神文明建设和水文化建设深入开展，党风政风行风呈现新气象。

“十二五”水利改革发展画上了圆满句号。《中华人民共和国国民经济和社会发展第十二个五年规划纲要》《全国水利发展“十二五”规划》各项目标基本完成。总的来看，“十二五”是水利投资规模最大、建设进度最快、改革力度最强、综合效益最好、群众受益最多的五年，在我国治水史上写下了浓墨重彩的一笔。

“十三五”时期是我国全面建成小康社会的决胜阶段。党的十八届五中全会把水利作为推进五大发展的重要内容，摆在八大基础设施网络建设的首要位置，纳入九大风险防范的关键领域，作出一系列战略部署，提出新的明确要求。必须深刻领会党的十八届五中全会精神，准确把握“十三五”水利工作新形势新任务新要求，紧紧围绕“四个全面”战略布局，牢固树立五大发展理念，积极践行新时期水利工作方针，加快建设节水型社会，加快完善水利基础设施网络，加快推进水生态文明建设，加快健全水利科学发展体制机制，着力提高民生水利发展水平，着力构建与全面建成小康社会相适应的水安全保障体系。

2016年是实施“十三五”规划的开局之年，也是推进结构性改革的攻坚之年，水利改革发展任务繁重而艰巨。水利部党组提出了“紧紧围绕全面建成小康社会这一目标，紧紧围绕经济发展进入新常态这一形势，紧紧围绕提高供给体系质量和效率这一核心，紧紧围绕全面深化改革这一主线”的总体要求，并从八个方面做出了具体部署。目标已经明确，蓝图已经绘就，号角已经吹响，我们要扎实推进，奋力拼搏，抓好落实，2016 年的中国水利必将又是一个丰收年。

在《2016 中国水利发展报告》的编辑及出版过程中，得到了许多领导的关心，凝聚了许多专家学者的心血，我谨代表编委会表示衷心的感谢！同时希望广大读者提出宝贵意见和建议。

水利部副部长　党组成员 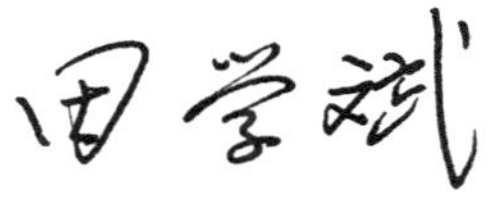

2016 年 2 月 29 日

# 目 录

# 年 度 综 述

# 全面贯彻落实党的十八届五中全会精神<br>奋力谱写“十三五”水利改革发展新篇章

陈　雷

## 一、“十二五”水利规划目标圆满完成，水利改革发展取得显著成效

2015年，在党中央、国务院的高度重视和正确领导下，全国各级水利部门奋发有为、扎实工作，水利改革发展亮点纷呈、成效显著。在防汛抗旱防台风方面，有效应对了局部严重洪涝干旱灾害以及频繁登陆的强台风袭击，灾害损失大幅降低，因灾死亡和失踪人数（400人）为新中国成立以来最少。在年度水利投资方面，落实中央投资1685亿元、地方投资4137亿元，同比分别增长3.6%和27.1%；中央投资完成率达到95.9%，其中重大水利工程完成率98%、其他工程完成率94.8%，如期完成年度目标任务。在重大水利建设方面，新开工28个项目，新增投资规模1187亿元，超额完成2015年《政府工作报告》确定的年度目标任务，172个节水供水重大水利项目已开工85个，在建工程投资规模保持在8000亿元以上。在民生水利发展方面，解决了规划内及四省藏区等特殊困难地区6434万农村居民和学校师生饮水安全问题，提前完成2015年《政府工作报告》提出的再解决6000万农村人口饮水安全问题的目标任务。完成41处大型灌区和40处大型灌排泵站更新改造任务，新增节水灌溉面积2000万亩以上，冬春农田水利建设再掀高潮。中小河流治理、病险水库水闸除险加固、山洪灾害防治、抗旱水源工程等薄弱环节建设取得新进展。在水生态文明建设方面，最严格水资源管理制度和水污染防治行动计划加快落实，13条江河水量分配方案具备报批条件，105个水生态文明城市试点建设扎实推进，完成水土流失综合治理面积5.4万$km^2$，治理小流域3000多条，实施坡耕

地改造400多万亩，新增农村水电装机200多万kW。在水利改革创新方面，水行政审批制度改革进一步深化，水利多元化投融资机制加快建立，第一批12个社会资本参与重大水利工程建设运营试点项目启动实施。完成80个县农业水价综合改革试点工作，水权水市场建设、农田水利设施产权制度改革积极推进。水法治建设全面加强，水利科技创新成果丰硕。在全面从严治党方面，深入学习贯彻习近平总书记系列重要讲话精神，扎实开展“三严三实”专题教育。落实全面从严治党责任，层层签订党风廉政建设责任书（承诺书），调整充实纪检监察机构和人员，强化基层水利单位和水利工程建设廉政风险防控，加大巡视监督力度，严肃执纪问责。狠抓干部选拔任用和监督管理。

2015年为“十二五”水利改革发展画上了圆满句号。《中华人民共和国国民经济和社会发展第十二个五年规划纲要》确定的水利两项重要指标全部实现，列入《全国水利发展“十二五”规划》的其余10项目标指标中，有9项超额或如期完成，1项基本完成。总的来看，“十二五”是水利投资规模最大、建设进度最快、改革力度最强、综合效益最好、群众受益最多的五年，在我国治水史上写下了浓墨重彩的一笔。

第一，防汛抗旱减灾取得重大胜利，水旱灾害损失明显减少。成功应对了黄河上游1986年以来最大洪水、长江上游1981年以来最大洪水、嫩江松花江黑龙江1998年以来最大洪水，有效防御了“菲特”“海燕”“威马逊”“苏迪罗”等强台风，科学防范了西南连续大旱、长江中下游、东北、华北及黄淮等地区严重夏伏旱，夺取了四川芦山、云南鲁甸等水利抗震救灾胜利。与“十一五”相比，洪涝灾害死亡失踪人数、受灾人口、受灾面积分别减少64%、38%、28%，因洪灾死亡失踪人数为新中国成立以来最少。

第二，重大水利工程建设全面提速，水资源调控能力大幅提升。全力推进172项节水供水重大水利工程建设，西江大藤峡、淮河出山店、陕西引汉济渭等工程开工建设，大江大河大湖治理加快实施，黑龙江、松花江、嫩江流域防洪治理全面启动，南水北调东中线一期工程建成通水，广东乐昌峡、江西峡江、西藏旁多以及辽宁大伙房输水二期、甘肃引洮一期等工程基本建成，现代水利工程体系进一步完善。滇桂黔石漠化片区扶贫攻坚、水利定点扶贫和对口帮扶、水利援疆援藏援青、水利移民等工作取得新进展。

第三，农村饮水安全任务超额完成，民生水利发展惠及亿万群众。全面解决“十二五”规划2.98亿农村居民和4133万农村学校师生饮水安全问题，同步解决四省藏区等特殊困难地区规划外566万农村人口的饮水安全问题，农村集中式供水受益人口比例由2010年年底的58%提高到2015年年底的82%，农村自来水普及率达到76%，供水水质明显提高。完成5400座小（1）型、15891座重点小（2）型病险水库除险加固，基本完成25378座一般小（2）型病险水库除险加固，实施大中型病险水闸除险加固，开展156条主要支流和4500多条中小河流重要河段治理，建成2058个县级山洪灾害监测预警系统，防洪薄弱环节得到明显加强。

第四，农田水利基础设施持续加强，粮食安全水利基础不断夯实。实施344处大型灌区、637处重点中型灌区和184处大型灌排泵站更新改造，新建东北三江平原等24处大型灌区，新增农田有效灌溉面积7500万亩、改善灌溉面积2.8亿亩。实施东北节水增粮、西北节水增效、华北节水压采、南方节水减排等区域规模化高效节水灌溉，发展高效节水灌溉面积1.2亿亩。开展四批2450个小型农田水利重点县和256个项目县建设，基本覆盖主要农牧业县。冬春农田水利建设蓬勃开展，“五小水利”工程建设加快推进，农田灌溉水有效利用系数提高到0.532，为全国粮食产量“十二连增”提供了有力支撑。

第五，最严格水资源管理制度加快落实，水生态文明建设深入推进。水资源管理“三条红线”控制指标基本实现省市县三级行政区全覆盖，年度考核工作扎实开展。万元工业增加值和万元GDP用水量分别从“十一五”末的90$m^3$、150$m^3$下降至61$m^3$和105$m^3$（2010年可比价），全国175个重要饮用水水源地水质达到或优于Ⅲ类标准的占98.8%。启动水生态文明城市试点建设，开展华北等地下水严重超采区综合治理，黄河连续16年不断流，塔里木河、石羊河等流域生态功能逐步恢复。新增水土流失综合治理面积26万$km^2$，新增农村水电装机1400万kW，建成719个国家级水利风景区。

第六，水利重点领域改革取得突破，水治理体制机制逐步完善。水行政审批制度改革深入推进，审批事项由 48 项减少到 22 项，15 项非行政许可审批全部取消，水利部行政审批受理中心组建运行。出台加大水利财政投入、土地出让收益计提、金融信贷支持、鼓励社会资本投入等多项政策措施。农业水价综合改革试点成效明显，宁夏、内蒙古等 7 个省份水权确权登记和水权交易试点稳步推进。水利工程建设与管理体制改革、国有水管单位体制改革和小型农田水利设施产权制度改革进展顺利。全国基层水利服务机构达到 2.93 万个，发展 8.34 万个农民用水合作组织和 2000 多支县级抗旱服务队。

第七，依法治水管水迈出坚实步伐，水利科技和国际合作成果丰硕。修订后的《中华人民共和国水土保持法》正式施行，《太湖流域管理条例》《南水北调工程供用水管理条例》颁布实施，《农田水利条例》报送国务院审议，全面完成水利“六五”普法工作，组织开展一系列专项执法活动，有力维护了良好水事秩序。七大流域综合规划修编、全国抗旱规划、水土保持规划等 18 项重大规划得到国务院批复，一批重要专项规划编制完成。水利建设市场信用体系逐步建立，水利工程建设领域突出问题专项治理成效显著，水利工程建设管理、资金管理、质量安全管理全面加强，未发生重特大生产安全事故。水利科技创新取得重大突破，18 项科技成果获国家科技进步奖励，2 项获一等奖，《水利技术标准体系表》修订完成，水文监测和水利信息化进一步加强，水利国际交流合作不断深化。第一次全国水利普查圆满完成。

第八，全面从严治党扎实推进，水利党风政风行风呈现新气象。坚持以习近平总书记系列重要讲话武装头脑，始终与以习近平同志为总书记的党中央保持高度一致。落实全面从严治党主体责任，扎实开展群众路线教育实践活动和“三严三实”专题教育，认真贯彻执行中央八项规定精神和国务院“约法三章”，驰而不息反“四风”。深入学习贯彻《中国共产党廉洁自律准则》《中国共产党纪律处分条例》，层层压实党风廉政建设主体责任和监督责任，印发施行水利行业 8 个重点领域《廉政风险防控手册》，逐步配齐配强直属单位纪检监察力量，对七大流域机构纪检监察机构实行由部党组直接管理、驻部纪检组归口指导，强化巡视监督利剑作用，严肃查办违纪违法案件。认真贯彻执行新修订的《党政领导干部选拔任用工作条例》，全面加强领导班子建设和干部人才队伍建设。水利精神文明建设和水文化建设深入开展，水利新闻宣传力度进一步加大。人大建议和政协提案办理工作连年获得好评。离退休干部、群团组织建设、后勤保障等工作取得新成效。

五年来的水利改革发展成绩来之不易，经验弥足珍贵，体会极为深刻。

第一，必须坚持新时期中央水利工作方针，这是做好水利工作的重要遵循。水安全事关国家长治久安。五年来，党中央、国务院高度重视水利工作。特别是党的十八大以来，习近平总书记多次就保障国家水安全发表重要论述，明确提出“节水优先、空间均衡、系统治理、两手发力”的新时期水利工作方针，为做好水利工作提供了科学的思想武器和行动指南。李克强总理亲临水利部考察座谈，两次召开国务院常务会议作出专题部署，强调水利是“赢民心”“稳增长”“施德政”的工程，要求加快实施172 项节水供水重大水利工程，全面完成农村饮水安全工程建设，明确了水利工作的目标和任务，指明了水利改革发展的方向。

第二，必须坚持集中力量补短板破瓶颈，这是做好水利工作的最大优势。水利既是推动可持续发展的重要引擎，也是经济社会发展的突出短板。五年来，党中央、国务院把水利纳入全面建成小康社会重要任务，作为基础设施建设重要支柱，列入公共财政投入优先领域。“十二五”期间，全国水利建设总投资达到2 万多亿元，是“十一五”的近3 倍，干成了一大批多年想干而没有条件干的大事，水利建设实现了从量变到质变的重大飞越，水利基础保障能力迈上了新的台阶，惠及了亿万人民群众，充分彰显了社会主义制度集中力量干大事的优越性。

第三，必须坚持人与自然和谐相处，这是做好水利工作的关键所在。正确处理人与自然、人与水的关系，关乎可持续发展大局。五年来，我们不断深化对治水兴水管水规律的认识，把生态文明理念融入水资源开发、利用、治理、配置、节约、保护各方面，贯穿于水利规划、建设、管理各环节，更加注重水利建设中的生态保护和移民安置，实现了生态效益、经济效益与社会效益的多赢。

第四，必须坚持部门和地方协调联动，这是做好水利工作的坚强保证。治水兴水管水是复杂的系统工程，需要全国一盘棋、全社会共同努力。五年来，中央有关部门加强协调、密切配合，各级党委政府鼎力支持、大力推动，上下游、左右岸顾全大局、精诚合作，广大军民同心协力、并肩抗灾，凝聚了水利改革发展的强大力量，形成了团结治水、合力兴水、和谐用水的生动局面。

第五，必须坚持体制机制改革创新，这是做好水利工作的内在动力。改革是推动发展的力量源泉，水利实践永无止境，改革创新永无止境。五年来，我们坚持解放思想、与时俱进、两手发力，全面加大水利改革攻坚力度，长期制约水利发展的深层次矛盾和问题正在逐步破解，水利发展的生机不断迸发、活力不断增强、质量不断提高。

第六，必须坚持践行“三严三实”，这是做好水利工作的根本要求。事业发展关键在党、关键在人。五年来，面对异常繁重的任务、极为严峻的挑战，广大水利干部职工忠实履行职责，在防汛抗旱抢险救灾中不畏艰险、冲锋在前，在大规模水利建设中勇于担当、真抓实干，在水利管理改革中敢为人先、锐意进取，自觉践行“三严三实”要求，生动诠释了“献身、负责、求实”的水利行业精神。

在充分肯定“十二五”水利工作成绩的同时，我们也要清醒地看到存在的问题和不足，主要是：涉水利益主体日益多元化，依法治水管水能力需要进一步提高；“三条红线”倒逼作用尚未充分发挥，水资源承载能力刚性约束有待进一步加强；水利科学发展的体制机制还不健全，改革攻坚步伐亟需进一步加快；重大水利工程建设依然存在前期工作、资金保障等制约因素，工作力度仍需进一步加大；水利系统基层单位仍然存在廉政风险，全面从严治党“两个责任”需要进一步层层压紧夯实。

## 二、深刻领会中央精神和决策部署，准确把握“十三五”水利工作面临形势

“十三五”是全面建成小康社会的决胜阶段。党的十八届五中全会描

绘了未来五年国家发展的宏伟蓝图，全会审议通过的《中共中央关于制定国民经济和社会发展第十三个五年规划的建议》，把水利作为推进五大发展的重要内容，摆在八大基础设施网络建设的首要位置，纳入九大风险防范的关键领域，作出一系列战略部署，提出新的明确要求。我们要深刻领会党的十八届五中全会精神，准确把握“十三五”水利工作新形势新任务新要求，奋力开创“十三五”水利改革发展新局面。

第一，落实五大发展理念，必须加快转变治水兴水管水思路。创新、协调、绿色、开放、共享五大发展理念，是我们党的重大理论创新成果，是做好新时期水利工作的根本遵循。落实五大发展理念，必须坚持思路先行，从协调推进“四个全面”战略布局上审视水利工作，从国家总体安全观上认识水安全保障，从实现“两个一百年”奋斗目标上谋划水利改革发展，全面贯彻新时期水利工作方针，加快从传统水利向现代水利转变。落实五大发展理念，必须注重统筹兼顾，把握创新、协调、绿色、开放、共享发展内在联系，适应经济社会发展要求，调整和完善水利发展布局与发展方式，同时在规划设计、工程建设、体制机制和政策举措等方面全面跟进、同频共振，统筹解决好水短缺、水灾害、水生态、水环境问题。落实五大发展理念，必须强化机制保障，加快构建有利于实现水利创新发展、协调发展、绿色发展、开放发展、共享发展的机制，加快构建有利于提高水资源配置效率、提高水利发展质量和效益的机制，加快构建有利于充分调动各方面治水兴水积极性的机制，以机制的落地推动发展理念的落实。

第二，全面建成小康社会，必须抓紧补齐水利基础设施短板。我国幅员辽阔，各地自然禀赋、水资源条件、发展水平不同，水利发展不平衡问题十分突出。全面建成小康社会，迫切需要加快补齐补强水利基础设施短板。必须围绕协调发展补短板，牢牢把握我国区域发展总体战略，服务“一带一路”建设、京津冀协同发展、长江经济带建设三大战略和东、中、西、东北“四大板块”协调发展，聚焦中西部贫困地区，补强水利薄弱环节，破除水利瓶颈制约。必须树立问题导向补短板，紧紧围绕全面建成小康社会新要求，认真总结水利改革发展实践，深入查找水利突出问题和软肋，加快解决直接关系民生的水利问题。必须坚持远近结合补短板，既要面向今后五年，为全面建成小康社会提供坚实水利支撑，又要考虑更长时期发展要求，在打基础、增后劲、利长远上下工夫，为加快现代化建设提供水安全保障。

第三，适应和引领新常态，必须充分发挥水利基础性先导性作用。我国经济发展进入新常态，呈现速度变化、结构优化、动力转换的明显特点。认识新常态、适应新常态、引领新常态，是当前和今后一个时期我国经济发展的大逻辑，需要努力实现多方面工作重点转变。水利是经济社会发展的命脉，必须在适应和引领新常态中勇于担当、大有作为。适应和引领新常态，必须充分发掘水利建设吸纳投资大、产业链条长、创造就业机会多，不会造成重复建设、产能过剩等问题的优势，加大投资力度，提高投资效率，更好发挥水利投资对经济增长的拉动作用。适应和引领新常态，必须进一步优化水资源配置格局，着力增强重要经济区和城市群水资源水环境承载能力，提高水资源要素与其他经济要素的适配性，促进形成新的增长点、增长极和增长带。适应和引领新常态，必须加强水资源安全风险防控，充分发挥水资源管理红线的刚性约束作用，以用水方式转变倒逼产业结构调整和区域经济布局优化，推动循环经济、绿色经济和低碳经济发展。

第四，促进城乡协调发展，必须进一步提高水利支撑保障能力。水利是农业现代化的根基，也是新型城镇化的血脉，实现城镇化和新农村建设双轮驱动，必须着力推进城乡水利基础设施均衡配置和水利基本公共服务均等化。从推进现代农业发展看，尽管我国粮食产量连创新高，但仍然产不足需。在农业资源环境约束增强和全社会对农产品质量安全要求提高的形势下，必须树立大农业、大食物观念，大力推进农业供给侧结构性改革，实施藏粮于地、藏粮于技战略，坚持不懈加强农田水利建设，持续夯实现代农业基础，着力提高水土资源的利用效率和效益，着力提高农业质量效益和竞争力，确保重要农产品有效供给，实现绿色发展和资源永续利用。从提高城市发展持续性宜居性看，人口集中、城市扩张、产业集聚、生活方式变革等新态势，对供水保障、防洪排涝、资源环境提出了新要求，必须统筹推进城市供水安全体系、防洪排涝体系、生态空间体系建设，努力打造人水和谐的宜居城市。从打赢脱贫攻坚战看，我国贫困地区分布与水资源禀赋条件高度相关，很多地方穷在水上、难在水上，脱贫的出路和希望也在水上，必须着力加快贫困地区水利发展，让一方水土养得起一方人，促进贫困地区如期实现脱贫目标。

第五，推进生态文明建设，必须着力加大水资源节约保护力度。水资源是生态环境的主要控制性因素，水生态文明是生态文明的重要内涵和组成部分，协同推进人民富裕、国家富强、中国美丽，必须加快推进水生态文明建设。推进水生态文明建设，必须着眼于水资源利用更加高效，切实把节水贯穿于经济社会发展和生产生活全过程，以水定产、以水定城，从根本上破除水资源短缺瓶颈。推进水生态文明建设，必须着眼于水环境质量总体改善，加强水功能区监督管理，从严核定水域纳污能力，加快建立以水域纳污能力倒逼陆域污染减排的综合治污和保护模式。推进水生态文明建设，必须着眼于生态功能全面提升，大力实施水生态保护和修复，切实提升河流、湖泊、湿地等自然生态系统稳定性和生态服务功能，筑牢水生态安全屏障。

## 三、紧紧抓住“十三五”战略机遇，加快推进水治理体系和能力现代化

“十三五”水利改革发展的总体要求是：全面贯彻落实党的十八大、十八届三中、四中、五中全会和习近平总书记系列重要讲话精神，紧紧围绕“四个全面”战略布局，牢固树立五大发展理念，积极践行新时期水利工作方针，加快建设节水型社会，加快完善水利基础设施网络，加快推进水生态文明建设，加快健全水利科学发展体制机制，着力提高民生水利发展水平，着力构建与全面建成小康社会相适应的水安全保障体系。

做好“十三五”水利工作，必须遵循以下原则。一是坚持以人为本、服务民生，着力解决人民群众最关心最直接最现实的水利问题，提高水利发展成果的共享水平。二是坚持节水优先、高效利用，加强用水需求侧管理，加快转变用水方式，形成有利于水资源节约利用的空间格局、产业结构、生产方式和消费模式。三是坚持尊重自然、人水和谐，以水定需、因

水制宜、量水而行，促进经济社会发展与水资源、水生态、水环境承载能力相适应，走生态优先、绿色发展之路。四是坚持统筹兼顾、综合施治，强化整体保护、系统修复、综合治理，统筹解决流域区域、城市农村、东中西部水利突出问题。五是坚持深化改革、创新驱动，政府主导和市场机制协同发力，构建系统完备、科学规范、运行高效的水治理制度体系。六是坚持依法治水、科学管水，强化水法治保障和科技引领作用，加快推进水治理体系和水治理能力现代化。

通过五年努力，到 2020 年要实现以下发展目标。

——防洪抗旱减灾体系进一步完善。大江大河重点防洪保护区达到规划确定的防洪标准，城市防洪排涝设施建设明显加强，中小河流重要河段防洪标准达到 10 ~ 20 年一遇，主要低洼易涝地区排涝标准达到 5 ~ 10 年一遇。重点区域和城乡抗旱能力明显增强。

——水资源利用效率和效益大幅提升。年供用水总量控制在 6700 亿 $m^3$ 以内，万元国内生产总值用水量、万元工业增加值用水量较 2015 年分别降低 23% 和 20%，农田灌溉水有效利用系数提高到 0. 55 以上。

——城乡供水安全保障水平显著提高。新增供水能力 270 亿 $m^3$，城镇供水水源地水质全面达标，农村自来水普及率达到 80% 以上，集中供水率达到 85% 以上，水质达标率和供水保障程度大幅提高。

——农村水利基础设施条件明显改善。基本完成大型灌区、重点中型灌区续建配套和节水改造规划任务。全国农田有效灌溉面积达到 10 亿亩，节水灌溉工程面积达到 7 亿亩左右。新增农村水电装机 600 万 kW。

——水生态治理与保护得到全面加强。重要江河湖泊水功能区水质达标率提高到 80% 以上，新增水土流失综合治理面积 27 万 $km^2$，地下水超采得到严格控制，水生态系统稳定性和生态服务功能逐步提升。

——水利改革管理工作取得重要突破。依法治水管水全面强化，水权水市场初步建立，合理的水价形成机制基本建立，水利工程良性运行机制基本形成，水利投入稳定增长机制进一步完善，水利科技创新能力明显增强。

为此，要着力抓好以下工作。

第一，落实双控行动，全面建设节水型社会。落实节水优先方针，强化最严格水资源管理制度，实行水资源消耗总量和强度双控行动。在总量控制方面，加快推进江河水量分配，强化规划和建设项目水资源论证，建立国家水资源督察制度以及水资源承载能力评价与监测预警机制，形成水资源节约保护和高效利用的倒逼机制。在强度控制方面，加强用水定额和计划管理，健全取水计量、水质监测和供用耗排监控体系，全面推进农业、工业、服务业和城镇生活节水，大力实施雨洪资源利用、再生水利用、海水淡化工程。在政策支撑方面，大力推行合同节水管理，开展水效领跑者引领行动，健全节水法规和技术标准体系，完善节水财税优惠政策，把节水作为约束性指标纳入政绩考核，建立节奖超罚的长效机制。

第二，统筹当前长远，完善水利基础设施网络。适应和引领经济发展新常态，围绕推进供给侧结构性改革，集中力量建设一批补短板、增后劲，强基础、利长远，促发展、惠民生的重大水利工程，不断增强水利公共产品供给和水安全保障能力。要加快实施江河湖泊治理骨干工程，推进东北三江治理、进一步治淮、太湖水环境综合治理骨干工程等大江大河大湖治理，加快西江大藤峡、淮河出山店等控制性枢纽建设，新开工黄河古贤、陕西东庄等一批骨干控制性工程，进一步提高洪水调控能力。要着力加强重点水源工程建设，科学规划、有序建设四川李家岩、贵州黄家湾等一批重点水源工程，建立应对特大干旱水源战略储备体系，增强城乡供水保障和应急能力，确保人民群众生产生活基本用水需求。要推动实施重大引调水工程，立足节水优先、环保治污、提效控需，在中西部地区建设一批跨流域跨区域引调提水工程，疏通水资源调控动脉，解决好工程性和资源性缺水问题。

第三，立足普惠共享，大力发展民生水利。坚持普惠性、均等化、可持续方向，大力发展民生水利，更好地造福人民群众。在保障农村饮水安全方面，按照精准扶贫、精准脱贫的要求，聚焦中西部贫困地区，启动实施农村饮水安全巩固提升工程，对已建工程进行配套、改造、升级、联网，健全工程管理体制和运行机制，进一步提高农村集中供水率、自来水普及率、水质达标率和供水保证率。在农田水利建设方面，紧紧围绕稳定提高粮食产能，加快大中型灌区续建配套和节水改造，全面推进区域规模化高效节水灌溉，在水土资源条件具备的地区新建一批灌区，推进小型农田水利建设，因地制宜兴建“五小水利”工程，抓好冬春农田水利兴修，加快牧区节水灌溉饲草料基地建设，解决好农田灌溉“最后一公里”问题。在防洪薄弱环节建设方面，继续抓好江河重要支流和中小河流治理、山洪灾害防治、病险水库水闸除险加固，加强重点易涝区治理，积极开展重点蓄滞洪区建设，推进重点海堤达标建设，构建更为完善的防洪防涝防风防潮体系。

第四，强化系统整治，连通江河湖库水系。加快实施江河湖库水系连通工程，积极开展国土江河综合整治，全面提升水资源水环境承载能力。要构建江河湖库水系连通格局，坚持恢复自然连通与人工连通相结合，因地制宜建设水网工程，加快构建布局合理、生态良好，引排得当、循环通畅，蓄泄兼筹、丰枯调剂，多源互补、调控自如的江河湖库水系连通体系。要推进江河湖库水系综合整治，坚持以流域为单元，结合国土江河综合整治，创新江河湖库治理模式，建立流域生态补偿机制，构建河湖绿色生态廊道，打造安全型、生态型河流。要优化江河湖库水系调度，统筹考虑防洪、供水、发电、航运、生态等目标，协调好上下游、左右岸、干支流、调出调入区关系，按照兴利服从防洪、区域服从流域、电调服从水调的原则，科学制定调度方案，优化水库群联合调度，充分发挥江河湖库水系的综合效益。

第五，坚持绿色发展，加强水生态文明建设。牢固树立绿水青山就是金山银山的理念，坚持生态优先、绿色发展，结合实施“一带一路”建设、京津冀协同发展、长江经济带建设战略，深入开展水生态文明建设。要以水源涵养为根本，推进重点区域水土流失治理，加快坡耕地综合整治和生态清洁小流域建设，积极发展农村水电，加强重要生态保护区、水源涵养区、江河源头区生态保护，大力开展城乡水生态文明创建，健全水利风景区动态监管体系。要以水域保护为基础，全面落实水污染防治行动计划，强化江河湖泊和城乡水环境治理，落实河湖生态空间用途管制，严格限制建设项目占用自然岸线，积极开展退耕还湿、退养还滩、退渔还湖，构建科学合理的自然岸线。要以生态修复为抓手，加快完成国家地下水监测工程建设任务，严格地下水开发利用总量和水位双控制，加快华北等地下水严重超采区综合治理，逐步实现采补平衡。抓好生态脆弱河流治理，有序推动河湖休养生息。

第六，围绕精准脱贫，打好水利扶贫攻坚战。全面落实中央扶贫开发工作会议精神，进一步加大对贫困地区水利改革发展的支持力度。要突出六大重点。紧紧围绕农村饮水安全、农田灌溉保障、防洪抗旱减灾、水资源开发利用与节约保护、水土保持生态建设与农村水电开发，补齐贫困地区水利基础设施短板。要把革命老区作为水利扶贫攻坚的重要领域，加快改善当地发展条件。要落实五项机制。按照精准扶贫、精准脱贫的要求，建立健全水利扶贫需求调查、项目储备、投资倾斜、统计分析、工作考核等机制，切实做到扶持目标精准、项目安排精准、解决措施精准、扶贫效果精准。要强化四项支持。从项目、资金、人才和技术等方面精准发力，全方位加大水利扶贫力度，优先安排实施贫困地区急需的水利项目，不断提高贫困地区的水利技术、人才、管理和服务能力。

第七，坚持以人为本，着力强化城市水利工作。坚持以人民为中心的发展思想，坚持人民城市为人民，是加快城市水利发展的基本遵循。要高度重视近年来城市内涝日益严重问题，结合全面开展海绵城市建设，科学确定城市防洪排涝标准，统筹城市蓄水设施、排水管网、排涝泵站、堤防护岸建设，不断健全城市防洪排涝减灾工程、监测预警、组织动员、应急救援体系。要高度重视城市发展带来的供水压力，把水资源承载能力和环境容量作为确定城市发展规模的重要指标，加强城市饮用水水源地的规划、管理和保护，合理布局建设一批重点水源工程和重大城镇供水工程，搞好城镇供水管网建设和改造，注重城市水循环利用，开展城市节水综合改造示范，提高城市供水保障能力。要高度重视城市宜居环境建设，把划定水域保护范围摆在控制城市开发强度的首要位置，着力维护城市水系完整性，有条件的地方要积极修复城市山体、河湖、湿地生态功能；严格城市水功能区管理，加大截污控源、中水利用、雨污分流、清淤保洁和岸线整治力度，努力把城市建成人水和谐的美丽家园。

第八，深化改革创新，不断健全水治理体系。围绕重点领域和关键环节，进一步加大改革攻坚力度。在转变水行政管理职能方面，研究制定政府水行政管理权力清单、责任清单，推进投资项目涉水行政审批分类合并实施，建立纵横联动协同监管机制，加强事中事后监管。在水利投融资机制改革方面，加大各级公共财政的投入力度，积极拓宽水利建设资金渠道，用足用好开发性金融支持政策，鼓励和吸引社会资本投入水利建设。在水生态文明建设机制改革方面，全面推进农业水价综合改革，分类建立有利于节水增效、有利于工程运行、有利于现代农业发展的农业水价合理形成机制。搞好用水权初始分配，稳步开展水资源使用权确权登记，积极培育水权交易市场。在河湖管理和水利工程管理体制改革方面，坚持建管并重，完善水利建设市场诚信体系，强化工程质量与安全监督，积极推广“河长制”河湖管理模式，分类推进水利工程产权制度和管理体制改革，加强基层水利服务体系建设。

第九，夯实发展基础，推进依法治水科技兴水。深入推进水法治建设和水利科技创新，为水利改革发展提供强有力的法治保障与科技支撑。要以法治为引领，加快重点领域、薄弱环节水利立法进程，推进水利综合执法和依法行政，有效化解水事矛盾纠纷，把水利工作全面纳入法治轨道。要以规划为龙头，加快完善国家、流域、区域水利规划体系，统筹规划水利重点任务、工程布局、体制机制和重大政策，着力强化水利规划对涉水活动的管理和约束作用。要以科技为支撑，健全水利科技创新体系，深化水利科研院所改革，加强水利智库建设，加快水利信息化步伐，抓好水利基础理论研究、应用技术研发、高新技术应用和科技普及推广，不断提高水利科技自主创新水平和水利科技贡献率。

## 四、扎实做好 2016 年水利工作，实现“十三五”水利改革发展良好开局

2016 年是全面建成小康社会决胜阶段的开局之年，也是推进结构性改革的攻坚之年。中央经济工作会议、中央城市工作会议、中央扶贫开发工作会议和中央农村工作会议对水利工作提出明确要求。要按照中央的总体

部署，着眼于“五位一体”总体布局和“四个全面”战略布局，坚持稳中求进工作总基调，贯彻宏观政策要稳、产业政策要准、微观政策要活、改革政策要实、社会政策要托底的总体思路，统筹做好今年水利工作。要紧紧围绕全面建成小康社会这一目标，衔接好未来五年水利改革发展目标与今年年度工作目标，一步一个脚印扎实向前推进。要紧紧围绕经济发展进入新常态这一形势，充分发挥水利在稳增长、调结构、惠民生、防风险中的基础性、先导性、保障性作用。要紧紧围绕提高供给体系质量和效率这一核心，抓紧补齐补强水利基础设施短板，增加水利公共产品有效供给，释放更多发展活力。要紧紧围绕全面深化改革这一主线，加快推进水利体制机制创新，以改革牵引各项水利工作，着力增强水利发展的内生动力。

第一，扎实做好防汛抗旱防台风工作。厄尔尼诺事件在2015年持续发展并达到峰值，预计2016年气候变化形势更趋复杂，极端天气的不确定性更趋明显，防汛抗旱防台风形势更为严峻。要立足于防大汛、抗大旱、防强台、抢大险、救大灾，坚持依法防控、科学防控、群防群控，全面落实以防汛抗旱行政首长负责制为核心的各项责任制。抓紧修复各类水毁灾损水利设施，及早落实组织保障、物资储备、预案方案、抢险队伍，加快防汛抗旱能力建设，完善防汛抗旱督察制度。突出抓好重要堤防、水库水电站和在建工程安全度汛，强化汛前检查、监测预警、指挥调度、人员转移和抢险救灾等关键环节，切实做好江河洪水、山洪泥石流、台风灾害防御以及城市防洪排涝、北方河流防凌等工作，确保人民群众生命财产安全。加快落实《全国抗旱规划实施方案（2014—2016年）》，圆满完成三年建设任务，做好2017—2020年实施方案编制工作。完善抗旱用水管理和水量应急调度，搞好雨洪资源利用，确保城乡供水安全。

第二，加快节水供水重大水利工程建设。抓紧陕西引汉济渭、贵州夹岩、西江大藤峡、西藏拉洛水利枢纽等在建工程建设，尽快增加实物工程量。全力做好今年新开工的引江济淮等20项重大工程开工准备，统筹推进滇中引水等储备项目，成熟一项、开工一项，确保在建重大水利工程投资规模保持在8000亿元以上。加快推进黄河古贤、珠三角水资源配置等其他60多个项目前期工作，积极协调解决前期论证中遇到的问题。继续加强西南等工程性缺水地区中型水库建设，抓好防洪薄弱环节建设，推进重要蓄滞洪区建设。认真贯彻落实脱贫攻坚战略，全面加强水利行业扶贫、滇桂黔石漠化片区联系、水利定点扶贫、重点地区对口支援、贵州水利扶贫试点工作，切实抓好水利援疆援藏援青，统筹做好水库移民管理工作。

第三，抓紧补齐农村水利基础设施短板。启动实施农村饮水安全巩固提升工程，集中安排中西部贫困地区，并做好与建档立卡贫困村贫困户的精准对接，对分散性供水和水质不达标工程实行升级配套改造。加快灌排骨干工程建设与配套改造，完成30处大型灌区和30处大型灌排泵站更新改造规划投资任务，启动灌区现代化改造、中型灌排泵站更新改造。加快发展区域规模化高效节水灌溉，加强农业取用水计量设施建设与配套，新增高效节水灌溉面积2000万亩以上。要创新农田水利组织发动方式，广泛动员农民群众和新型农业生产经营主体开展冬春农田水利建设，力争超额完成年度建设任务，为稳定农业发展奠定坚实基础。

第四，进一步落实最严格水资源管理制度。全面完成53条跨省江河水量分配任务，统筹规划和组织好其他跨省江河流域水量分配工作。积极开展水资源承载能力评价和监测预警能力建设，推动建立水资源督察制度，做好2015年度考核和“十二五”期末考核工作。加快国家水资源监控能力建设，加强农业用水计量监控，提高重要饮用水水源地在线监测覆盖率。抓紧编制节水型社会建设“十三五”规划，大力推进节水型社会综合示范，抓紧实施用水产品、重点用水行业和灌区等方面的水效领跑者引领行动，全面实行水效标识制度，加快推进合同节水管理制度建设、平台建设和试点建设，积极培育专业化节水管理服务企业。组织实施好南水北调中东线一期工程和黄河、黑河水资源调度。妥善应对突发水污染事件。

第五，积极推进水生态保护和治理修复。完善水功能区分级分类管理制度，开展重要水源地安全保障达标建设，严控入河湖排污总量。加快建设国家地下水监测系统，抓好地下水超采综合治理试点工作，实施重点流域水生态修复。总结推广105个水生态文明城市试点建设和16个海绵城市试点建设经验，继续抓好中小河流重点县综合整治和水系连通试点，积极推进城乡水生态文明创建，全面开展农村河道堰塘整治。加快长江上中游、黄河中上游、西南岩溶区、东北黑土区等重点区域水土保持工程建设和生态修复，抓好黄土高原病险淤地坝除险加固，年内完成水土流失综合治理面积5.4万$km^2$，完成坡耕地整治400万亩。启动农村水电扶贫工程，推进农村水电增效扩容改造，建成1000座农村水电标准化试点电站。全面完成小水电代燃料生态保护工程续建任务，解决300多万农民生活燃料问题。

第六，着力抓好全面深化水利改革工作。认真贯彻落实全国农田水利改革现场会和汪洋副总理重要讲话精神，积极推广云南等试点的成功经验，做好即将出台的《关于推进农业水价综合改革的意见》贯彻落实工作，完善农业水价形成机制。把“先建机制、再建工程”贯穿农田水利建设始终，改革农田水利组织发动、投入保障、建设管理、运行管护体制，继续抓好100个农田水利设施产权制度改革和创新运行管护机制试点工作。深化水利投融资体制改革，争取尽早落实与下达中央水利投资计划，发挥开发性金融作用，用好过桥贷款、专项建设基金、抵押担保贷款（PSL）、融资担保等扶持政策，争取中央和地方财政贴息政策，加强对社会资本参与重大水利工程建设运营试点的跟踪指导，建立健全引导社会资本踊跃参与水利建设的激励机制。加快水资源用途管制、取水权转让等水权制度建设，稳步开展水资源使用权确权登记，配合做好河北省水资源费改税试点工作，探索建立水生态补偿机制。加强对水利改革重点任务的考核监督，对改革力度大、进展快、成效好的地方，要在水利建设的政策、项目、资金等方面给予倾斜。

第七，切实加强水利工程运行管理和维护。把水利工程特别是中小水利工程建设与运行管护摆在更加突出的位置，进一步强化规划统筹和约束，统一建设标准和竣工验收要求，确保工程建设质量，为运行管护打好基础。探索分级负责、分类管理有效途径以及“以大带小、小小联合”等管理模式，推进工程运行管理、维修养护、技术服务的专业化、集约化、社会化、市场化，全面落实水利工程运行管护主体、责任。参照农田水利工程维修养护定额标准，积极争取并足额落实工程维修养护经费，落实好灌排工程运行维护经费财政补助政策。加快完善农田水利管理信息系统，建立工程数字化档案，做到工程上图、数据入库，实时更新、动态监管。进一步健全乡镇或流域水利站，抓好农民用水合作组织创新发展和示范创建工作，积极培育防汛抗旱、灌排服务、灌溉试验等专业化服务队伍，着力提升基层水利队伍的管理和服务能力。

第八，统筹推进水法治建设和水利科技创新。抓紧完成全国水利发展“十三五”规划等一批重大规划协调报批工作，推进流域综合规划编制和审批。抓紧做好《农田水利条例》《大中型水利水电工程建设征地补偿和移民安置条例（修订）》颁布后的宣贯和实施工作，加快节约用水、地下水管理、河道采砂管理等立法进程。加大对水事违法行为的打击力度，及时排查化解水事矛盾纠纷。健全完善水利工程督导、稽察、审计、检查工作机制，逐级强化安全生产责任制，深入开展水利安全生产大检查和专项整治，坚决杜绝重特大安全生产事故。进一步深化水利科研体制改革，完善水利技术标准体系，深入开展重大水利科技攻关，加快水利科技成果转化和推广应用。深化多边双边水利务实合作，扎实做好国际河流工作。加强水文行业管理，抓好水利信息化重点工程建设。积极培育和践行社会主义核心价值观，广泛开展水文化建设和行业精神文明创建，进一步加强水利新闻宣传出版工作，大力普及水情教育，扎实做好离退休干部、水利社团管理、后勤保障等工作。

## 五、贯彻落实全面从严治党要求，为水利事业健康发展提供坚强保证

全面从严治党是以习近平同志为总书记的党中央作出的重大战略部署。水利系统各级党组织要按照部党组和地方党委要求，以坚定不移的态度和坚强有力的措施，扎实履行好从严管党治党职责，切实把全面从严治党要求落实到水利工作的全过程和各方面。

第一，加强组织领导，全面落实主体责任。要坚持把管党治党与水利业务工作一同谋划、一同部署、一同检查、一同考核，着力强化从严治党主体责任。水利系统各级党组织主要负责同志要履行好第一责任人职责，领导班子成员要肩负起分管领域责任，各有关部门要发挥好参谋助手、指

导协调和监督检查作用。要建立主体责任清单，把责任逐级细化到部门、分解到岗位、落实到人头，形成以上率下带动、逐级传导压力、层层夯实责任的工作格局。要健全完善责任考核体系，不断健全责任分解、监督检查、倒查追究的工作机制。

第二，严明纪律规矩，筑牢崇德守纪根基。要坚持固本培元，引导广大党员干部深入学习贯彻习近平总书记系列重要讲话精神，进一步强化理论武装，增强看齐意识，坚定理想信念，牢记党的宗旨，永葆对党绝对忠诚的政治品质。要认真学习贯彻党章和《中国共产党廉洁自律准则》《中国共产党纪律处分条例》，引导党员干部知晓党规党纪、敬畏党规党纪、严守党规党纪，切实做到把纪律和规矩挺在前面。要始终把严明党的政治纪律和政治规矩摆在首位，严肃党的组织纪律、廉洁纪律、群众纪律、工作纪律和生活纪律，切实强化党规党纪的刚性约束，对违反纪律的单位和部门，要严肃追究主要领导和相关责任人的责任，使纪律真正成为带电的“高压线”。

第三，从严从实管理，强化干部队伍建设。要坚持好干部标准，严格执行《干部任用条例》和“四个坚持”的选人用人原则，认真贯彻中央关于推进领导干部能上能下的若干规定，配强各级领导班子和领导干部，加大干部交流力度，着力培养造就一支高素质的水利干部队伍。要进一步从严规范选人用人关键环节，健全干部监督管理和日常考核机制，严格执行述职述廉、一报告两评议、个人有关事项报告等制度，加强对贯彻执行民主集中制和选拔任用工作情况的监督检查。要深入落实《干部教育培训工作条例》，大力实施《2014—2017 年水利干部教育培训规划》，进一步提高水利干部职工的综合素质和业务能力。

第四，抓住关键环节，强化廉政风险防控。要通过全面深化改革，积极构建决策科学、执行坚决、监督有力、制约有效的权力运行体系，最大程度减少体制障碍和制度漏洞。要着力抓好水利行业惩防体系建设和《廉政风险防控手册》贯彻执行，加快构建覆盖所有水利业务管理领域的廉政风险防控制度体系。要认真贯彻落实水利部关于加强水利基层单位党风廉政建设指导意见，切实强化对水利基层单位、国有企业以及社团组织的监督管理。要加快健全水利财务管理制度，抓好“三项机制”的贯彻落实，深化水利审计免疫系统建设。要进一步规范项目法人组建、招标投标、工程监理、合同管理，加快水利建设市场信用体系建设，着力打造阳光工程、廉洁工程。

第五，加强监督检查，加大执纪问责力度。要坚持抓早抓小，通过约谈、诫勉、质询等方式，及时“扯袖子”“敲戒尺”，把问题发现和解决在萌芽状态。要认真贯彻《巡视工作条例》，紧扣党的“六大纪律”开展巡视监督，加快实现对部直属单位巡视的全覆盖。要建立健全信访举报协作和问题线索管理机制，按照问题线索五种处置方式和监督执纪“四种形态”要求及时处理违纪问题，坚持以零容忍态度严肃查处各类腐败案件。要进一步健全直属单位纪检监察工作机构，配齐配强专职纪委书记（纪检组长），切实推进水利系统各级纪检监察机关转职能、转方式、转作风。

第六，践行“三严三实”，不断深化作风建设。要按照习近平总书记在中央政治局“三严三实”专题民主生活会上的重要讲话精神，对“三严三实”专题教育开展情况进行对照梳理，没有召开专题民主生活会的，要对照讲话精神组织开好专题民主生活会；已经召开的，要对照讲话精神进行检查，做得不够的要进行补课。要扎实做好专题教育靠后阶段的工作，狠抓整改落实、立规执纪、深化成果工作，恢复和发扬党的优良传统和作风。要认真贯彻执行中央八项规定精神，看住年节、假期等“四风”问题易发多发重要节点，坚决防止“四风”问题反弹。要大力弘扬焦裕禄精神和水利行业精神，引导水利系统广大党员干部牢记使命、勇于担当，勤勉敬业、主动作为，始终保持风清气正、干事创业、为民务实的良好作风。

（编者注：本文选自水利部陈雷部长2016年1月11日在全国水利厅局长会议上的讲话）

# 发展战略篇

# 实行最严格的水资源管理制度

陈 雷

水是生存之本、文明之源、生态之基，解决好水资源问题事关“四个全面”战略布局、事关中华民族永续发展、事关国家长治久安。《中共中央关于制定国民经济和社会发展第十三个五年规划的建议》明确提出，“实行最严格的水资源管理制度，以水定产、以水定城，建设节水型社会。”这是党中央在深刻把握我国基本国情水情和经济发展新常态，准确判断“十三五”时期水资源严峻形势的基础上，按照创新、协调、绿色、开放、共享的发展理念，针对水资源管理工作提出的指导方针和总体要求。

## 一、实行最严格的水资源管理制度是重大而紧迫的战略任务

党的十八大以来，以习近平同志为总书记的党中央高度重视水资源问题，明确提出“节水优先、空间均衡、系统治理、两手发力”的水治理新思路，推动水资源管理工作取得新的明显成效。在制度建设方面，出台最严格水资源管理制度和水污染防治行动计划，水资源开发利用控制、用水效率控制、水功能区限制纳污“三条红线”已基本覆盖省市县三级行政区域。在用水效率方面，开展了100个国家级节水型社会建设试点和200个省级试点，全国万元工业增加值用水量由2010年的90$m^3$下降到61$m^3$，农田灌溉水有效利用系数由2010年的0.50提高到0.532。在保障能力方面，着力加快172项节水供水重大水利工程建设，可新增城乡供水能力800亿$m^3$，新增农业节水能力260亿$m^3$，增加灌溉面积7800多万亩。在生态保护方面，启动105个水生态文明城市试点建设，年均治理水土流失面积5万$km^2$，黄河连续16年不断流，塔里木河、石羊河等流域生态功能逐步得到恢复。但要看到，我国基本水情特殊、水资源供需矛盾突出、水生态

环境容量有限，实行最严格的水资源管理制度，加强水资源节约保护，是一项长期而艰巨的战略任务。

### （一）实行最严格的水资源管理制度，是解决我国水资源短缺问题的根本途径

我国人均水资源占有量仅为世界平均水平的28%，正常年份全国缺水量达500多亿$m^3$，近2/3城市不同程度缺水。随着经济社会不断发展，今后相当长时间内，水资源供需矛盾将更加突出。从根本上破解水资源短缺的瓶颈制约，必须实行最严格的水资源管理制度，全面建设节水型社会，以水资源的节约使用、可持续利用保障经济社会的可持续发展。

### （二）实行最严格的水资源管理制度，是适应和引领经济发展新常态的迫切需要

水资源是经济发展的约束性、先导性、控制性要素。长期以来，我国用水方式比较粗放，水资源短缺和用水浪费并存，生态脆弱和开发过度并存，污染治理和超标排放并存。当前，我国经济发展进入新常态，需要加快转变高消费的发展方式，更加强调节约集约利用资源。适应和引领经济发展新常态，必须实行最严格的水资源管理制度，充分发挥水资源管理红线的倒逼机制，推进产业结构调整和区域经济布局优化，实现经济社会发展与水资源和水环境承载能力相协调。

### （三）实行最严格的水资源管理制度，是加快推进生态文明建设的重要举措

水生态文明是生态文明的重要内涵和组成部分。当前，我国部分地区水资源开发已经接近或超出水资源和水环境承载能力，引发河道断流、湖泊干涸、湿地萎缩、绿洲退化、地面沉降等生态问题。加快推进生态文明建设、建设美丽中国，必须实行最严格的水资源管理制度，保障环境用水，维护河湖健康生命，为人民群众提供良好的水环境。

### （四）实行最严格的水资源管理制度，是国家水治理领域的深刻革命

随着工业化、城镇化快速推进和全球气候变化影响加剧，未来我国面临的水问题将更趋复杂，传统的水利发展方式已经难以适应新形势、新任

务和新要求。推进水治理体系和治理能力现代化，必须实行最严格的水资源管理制度，加快实现从供水管理向需水管理转变，从粗放用水方式向高效用水方式转变，从过度开发水资源向主动保护水资源转变，切实把绿色发展理念融入水资源开发、利用、治理、配置、节约、保护各个领域。

## 二、实行最严格的水资源管理制度是艰巨而复杂的系统工程

实行最严格的水资源管理制度，必须全面贯彻党的十八大和十八届三中、四中、五中全会精神，深入贯彻习近平总书记系列重要讲话精神，认真落实新时期水利工作方针，坚持绿色发展理念，树立底线思维，以水资源节约、保护和配置为重点，加强用水需求管理，以水定产、以水定城，建设节水型社会，促进水资源节约集约循环利用，保障经济社会可持续发展。

要坚持以下原则。一是尊重自然、人水和谐，促进人口经济与资源环境相均衡。二是以人为本、改善民生，着力解决直接关系人民群众生命安全、生活保障、生产发展、人居环境等方面问题。三是统筹兼顾、系统治理，立足山水林田湖是一个生命共同体，系统解决水资源、水环境、水生态、水灾害问题。四是深化改革、创新驱动，健全水生态文明建设体制机制，增强水资源管理内生动力。五是依法治水、依法管水，完善适合我国国情和水情的水法治体系，把水资源管理全面纳入法治轨道。

要重点做好以下工作。

### （一）树立底线思维，着力强化约束性指标管理

解决复杂的水资源问题，必须牢固树立底线思维，实行水资源消耗总量和强度双控行动，强化水资源管理“三条红线”刚性约束。一是严控用水总量。加快推进江河水量分配，把相关控制指标落实到相应河段、湖泊、水库和地下水源，到2020年，全国年用水总量控制在6700亿$m^3$以内。建立水资源承载能力监测预警机制，切实把水资源承载能力作为区域发展、城市建设和产业布局的重要条件，对超出红线指标的地区实行区域限批。二是严管用水强度。加强用水定额和计划管理，明确各行业节水要求，健全取水计量、水质监测和供用耗排监控体系，到2020年，万元国内

生产总值用水量、万元工业增加值用水量较 2015 年分别降低 23%、20%，农田灌溉水有效利用系数提高到 0.55 以上。三是严格节水标准。健全节水技术标准体系，制定用水产品、重点用水行业、城市节水等方面的领跑者指标，开展水效领跑者行动，带动全社会向领跑者学习。

### （二）落实节水优先，着力推进节水型社会建设

在观念、意识、措施等各方面都把节水放在优先位置，切实把节约用水贯穿于经济社会发展和生活生产全过程。一是突出节水强农，积极发展东北节水增粮、西北节水增效、华北节水压采、南方节水减排等区域规模化高效节水灌溉，加快大中型灌区续建配套和节水改造。二是突出节水降耗，大力推广工业水循环利用，普及节水工艺和技术，重点实施高耗水工业行业节水技术改造。三是突出节水控需，加强城镇公共供水管网改造，加快淘汰不符合节水标准的生活用水器具，大力发展低耗水、低排放现代服务业，推进高耗水服务业节水技术改造，全面开展节水型单位和居民小区建设。四是突出节流补源，把非常规水源纳入区域水资源统一配置，加大雨洪资源以及海水、中水、矿井水、微咸水等非常规水源开发利用力度。五是突出节奖超罚，统筹考虑市场供求关系、资源稀缺程度、环境保护要求、社会可承受能力等因素，加快推进农业水价综合改革，全面实行非居民用水超计划、超定额累进加价制度，全面推行城镇居民用水阶梯水价制度，充分发挥水价在节水中的杠杆作用。

### （三）坚持人水和谐，着力加强水生态保护

牢固树立尊重自然、顺应自然、保护自然的生态文明理念，统筹好水资源开发与保护关系，更加注重水生态保护。一是加强重要生态保护区、水源涵养区、江河源头区保护，推进生态脆弱河流生态修复，加强水土流失防治，建设生态清洁小流域。二是开展退耕还湿、退养还滩，严格禁止擅自围垦占用湖泊湿地、在河口和滨海湿地开展人工养殖，限期恢复已经侵占的自然湿地等水源涵养空间，维护湿地生物多样性。三是落实水域岸线用途管制制度，编制水域岸线利用与保护规划，按照岸线功能属性实行分区管理，严格限制建设项目占用自然岸线，构建合理的自然岸线格局。四是实施水污染防治行动计划，全面落实全国重要江河湖泊水功能区划，

建立联合防污控污治污机制，强化从水源地到水龙头的全过程监管。五是严格地下水开发利用总量和水位双控制，加强华北等地下水严重超采区综合治理，逐步实现采补平衡，建设国家地下水监测系统。六是综合运用“渗、滞、蓄、净、用、排”等工程措施和非工程措施，建设自然积存、自然渗透、自然净化的“海绵城市”；通过清淤疏浚、河塘整治等措施，打造河畅水清、岸绿景美的“美丽乡村”。七是按照确有需要、生态安全、可以持续的原则，集中力量加快建设一批全局性、战略性节水供水重大水利工程，为经济社会持续健康发展提供坚实水利支撑。

### （四）科学谋划布局，着力连通江河湖库水系

实施江河湖库水系连通，是优化国土空间格局、增加水环境容量、改善水安全状况的战略举措。一是在国家层面，系统整治江河流域，同时以重要江河湖泊为基础，重要控制性水库为中枢，南水北调等重大跨流域调水工程为依托，逐步形成“四横三纵、南北调配、东西互济”的河湖水系连通总体格局。二是在区域层面，因地制宜建设必要的引调水工程和区域水网工程，加快构建布局合理、生态良好，引排得当、循环通畅，蓄泄兼筹、丰枯调剂，多源互补、调控自如的江河湖库水系连通体系。三是在工程层面，深化河湖水系连通运行管理和优化调度研究，协调好上下游、左右岸、干支流关系，科学实施调度，充分发挥江河湖库水系连通工程的综合效益。

### （五）注重改革创新，着力构建水权制度体系

实行最严格的水资源管理制度，必须坚持政府和市场两手发力，发挥市场在资源配置中的决定性作用和政府的引导、监管作用，加快建立水权制度体系。一是搞好用水权初始分配。开展水域、岸线等水生态空间确权试点，分清水资源所有权、使用权及使用量，探索建立分级行使所有权的体制。推进水资源使用权确权登记，将水资源占有、使用、收益的权利落实到取用水户。二是培育水权交易市场。鼓励和引导地区间、流域间、流域上下游间、行业间、用水户间开展水权交易，探索多种形式的水权流转方式。研究制定水权交易管理办法，明确可交易水权的范围和类型、交易主体和期限、交易价格形成机制、交易平台运作规则等。逐步建立健全国

家、流域、区域层面水权交易平台体系，以及水权利益诉求、纠纷调处和损害赔偿机制，维护水市场良好秩序。三是推行合同节水管理。培育一批专业化节水管理服务企业，推动企业与用户以契约形式约定节水、治污、非常规水源利用等目标，并向用户提供节水技术改造、节水产品和项目融资、运营管理维护等专业化服务，实现利益共享，促进节水减排，提高水资源利用效率和效益。

## 三、实行最严格的水资源管理制度需要全党全社会的共同努力

实行最严格的水资源管理制度，涉及各行各业、千家万户，需要全民动手、全社会参与。

### （一）落实责任，形成上下联动格局

将水资源开发、利用、节约和保护的主要指标纳入地方经济社会发展综合评价体系，落实地方政府的主体责任。建立完善部门分工协作和行业协调联动机制，指导和督促各地完善水资源管理体制，各有关部门按照职责分工，密切协调配合，形成工作合力。

### （二）健全机制，完善政策法规体系

以健全法律法规、完善标准体系、加大财税政策支持为核心，推动形成实行最严格的水资源管理制度的长效机制，引导、规范和约束各类开发、利用、节约和保护水资源的行为，对涉水领域各类违法违规行为，依法加大查处力度。

### （三）严格监督，加大考核奖惩力度

完善实行最严格的水资源管理制度目标指标体系、考核办法、奖惩机制，加强监督和考核，考核结果作为干部主管部门对政府领导班子和相关领导干部综合考核评价的重要依据。建立国家水资源督察制度，对不顾水资源水环境条件盲目决策、造成严重后果的，严肃追究责任。

### （四）加强宣传，形成良好舆论氛围

从青少年抓起，从家庭、学校教育抓起，深入开展水资源节约保护宣

传教育，在全社会树立水忧患意识和水资源节约保护意识，倡导先进的水生态伦理价值观和适应水生态文明要求的生产生活方式，培养科学的用水态度和规范的用水行为，形成节水、惜水、爱水、护水、亲水的浓厚氛围。

（编者注：原文刊载于人民出版社出版的《〈中共中央关于制定国民经济和社会发展第十三个五年规划的建议〉辅导读本》）

# 水利规划计划工作综述

水利部规划计划司

## 一、2015 年工作进展和成效

2015 年，水利规划计划工作认真贯彻党的十八大和十八届三中、四中、五中全会以及习近平总书记系列重要讲话精神，按照新时期水利工作方针，围绕水利中心工作，突出重点、求实创新，重大水利工程建设、投资计划管理、水利规划编制、项目前期审批、深化水利改革等各项工作均取得了积极的进展和成效。

### （一）重大水利工程年度开工目标超额完成

2015 年，建立了重大水利项目审批部际联席会议制度，改串联办理为并联办理，减少中央审批事项，简化项目审批环节，下放初步设计审批权限，加快推进项目前期工作。2015 年重大水利工程的可研报告获批平均周期为 9 个多月，比往年压缩一半时间以上，为项目及早开工赢得了时间。截至 2015 年年底，当年新开工 28 项重大水利工程，超额完成 2015 年《政府工作报告》明确的新开工 27 项工程的目标任务。2015 年，水利部上报国家发展改革委项目建议书 10 项、可行性研究报告 43 项、工程规划 1 项。国家发展改革委批复项目建议书 16 项、可行性研究报告 40 项、工程规划 1 项，批复总投资 4085.28 亿元。截至 2015 年年底，172 项节水供水重大水利工程已开工建设 85 项，在建工程投资总规模超过 8000 亿元。

### （二）中央水利建设投入规模创历史最高水平

2015 年中央水利建设投资规模达到 1685.22 亿元，创历史最高水平，较 2014 年增加 58.07 亿元，增长 3.57%。其中，中央预算内投资 817.11 亿元，较 2014 年增加 49.93 亿元，增长 6.5%；中央水利建设基金 22 亿元，与2014年基本持平；中央财政专项资金846.11亿元，较2014年略有增长（见图1）。自2015年8月国家出台专项建设基金政策以来，已安排4批专项建设基金共491亿元用于重大水利工程、中型水库、江河防洪、河湖连通等项目建设。中央水利投资继续向中西部地区倾斜，安排中部地区中央投资699.36亿元、占年度中央投资总规模的42%，安排西部地区中央投资730.52亿元、占年度中央投资总规模的43%，水利建设投资结构不断优化（见图2）。

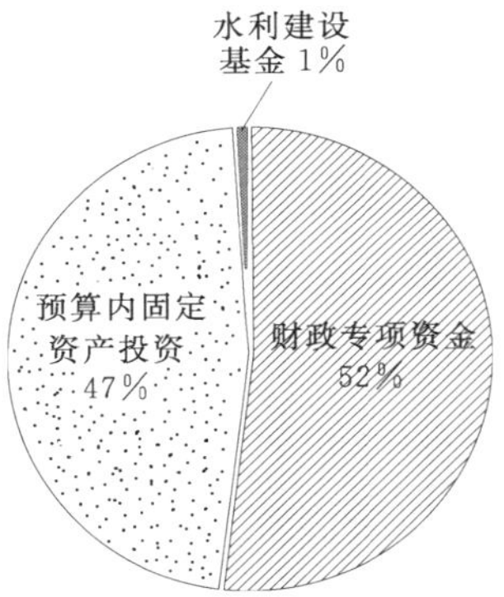


图1　2015年中央水利建设投资来源构成

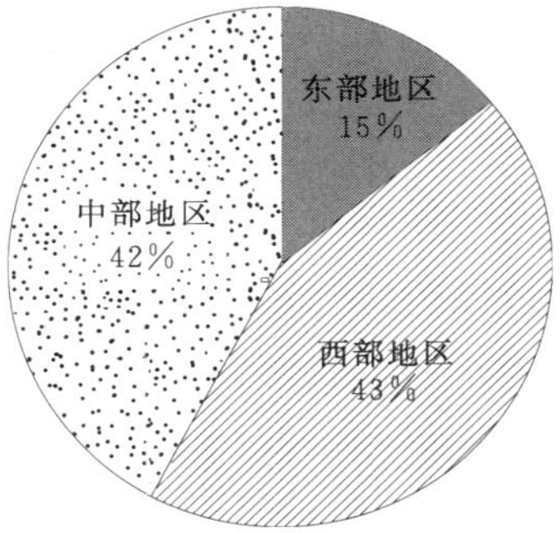


图2　2015年中央水利建设投资区域构成

### （三）重大水利规划编制扎实推进

全面总结评估水利发展“十二五”规划执行情况，对规划确定的12项指标进行系统评估，其中节水、防汛抗旱、农村饮水安全等11项水利重要指标全部实现，“新增供水能力”指标基本完成。科学谋划“十三五”水利改革发展，全面贯彻创新、协调、绿色、开放、共享的发展理念，研究提出“十三五”时期水利发展思路、目标指标、主要任务、保障措施等，基本编制完成“十三五”规划报告。围绕推动京津冀协同发展、长江经济带发展和“一带一路”战略，编制完成《京津冀协同发展水利专项规划》《长江经济带发展水利专项规划》《水利部贯彻落实〈丝绸之路经济带和21世纪海上丝绸之路建设战略规划〉实施方案》等系列重大专项规划。

### （四）深化水利改革取得初步成效

国家发展改革委、财政部、水利部联合印发了《关于鼓励和引导社会资本参与重大水利工程建设运营的实施意见》，通过投资补助、财政贴息、价格机制、税费优惠等政策措施，鼓励社会资本以多种形式参与重大水利工程建设运营，并选择了12个项目作为第一批国家层面联系的试点，加强试点项目的跟踪与指导。积极推进水行政审批制度改革，制定印发了《水利部精简前置审批、规范中介服务、实行网上并联审批的实施方案》，明确水利部现有7项前置审批事项全部调整为开工前审批，与项目核准实施并联办理。研究制定了《水利部关于简化整合投资项目涉水行政审批事项的建议方案》和实施办法，按照资源开发利用与管理、防洪安全与工程影响、生态环境保护与治理3类，对7项涉水前置审批进行分类合并实施。

### （五）规划计划管理基础进一步夯实

加强重大水利工程建设专报统计，推动专报工作的规范化、制度化和常态化，对重大水利工程建立动态台账，逐项跟踪前期工作、投资落实和建设进展情况。2015年编发12期重大水利工程建设进展情况专报，增编4期旬报，不断强化水利统计服务支撑作用。扎实做好水利综合统计年报、水利投资统计月报、水利服务业统计等常规统计工作。组织开展水资源资产负债表试编研究，由国家统计局联合水利部等部门印发《自然资源资产负债表试编制度（编制指南）》。组织开展或参与了重大水利工程建设、基层水利改革发展能力、大型灌区节水改造、社会资本投入水利基础设施建设运营等基层调查研究，及时发现基层水利工作亮点和经验，跟踪解决基层实际困难和问题。

## 二、2016年工作思路和重点

“十三五”时期，水利仍处于补短板、破瓶颈、增后劲、上水平、促发展、惠民生的发展阶段，是加快完善水利基础设施网络、全面深化水利改革、有效破解新老水问题、构建国家水安全保障体系、加快推进水利现代化进程的关键时期。2016年，水利规划计划工作将继续深入贯彻党中央、国务院有关方针政策，紧紧围绕“四个全面”战略布局，坚持创新、协调、绿色、开放、共享发展理念，按照水利工作的总体部署，围绕中心、突出重点、狠抓落实，重点抓好以下工作。

### （一）全力做好重大水利规划编制工作

抓紧完成《全国水利发展“十三五”规划》修改完善等工作，争取2016年上半年印发实施。抓紧完成“十三五”重点项目筛选工作，建立五年重点项目库，完成投资规模测算工作。完成“十三五”各专项规划编制工作，进行审查验收，成果纳入“十三五”规划体系。继续配合做好京津冀协同发展、长江经济带发展、“一带一路”等国家三大战略水利相关工作。推动全国地下水利用和保护规划、水中长期供求规划、水资源保护规划成果报批工作。在国务院已批复七大江河流域综合规划修订的基础上，协调规划审批程序和审批方式，重点抓好其他流域综合规划审批工作，全力推进怒江等重要流域综合规划审批。抓紧做好全国水利扶贫规划等专项规划编制工作。启动开展第三次全国水资源调查评价。

### （二）全面加快节水供水重大水利工程建设

督促各级政府加大水利前期工作投入力度，明确责任，落实资金，保证质量和进度。重点加快引江济淮、滇中引水等31项重大水利工程前期工作，确保2016年内新开工20项重大水利工程。做好“十三五”重大水利工程建设安排，按照“成熟一个，开工一个”的原则，力争多开、早开。继续推进黄河古贤、珠三角水资源配置工程等重大水利工程前期工作。加快南水北调东中线后续工程和西线一期工程、黄河黑山峡河段开发等重大项目前期论证，为工程科学决策奠定扎实基础。进一步加强与国家发展改革委的沟通协商，加快重点水利工程审批进程。同时，启动实施农村饮水安全巩固提升，继续加快防洪薄弱环节建设，加快实施农村水电增效扩容改造和小水电扶贫工程建设，推进水土流失综合治理及坡耕地整治工程建设，加快贫困地区民生水利项目建设。

### （三）突出抓好水利建设投资落实

积极协调国家发展改革委、财政部等有关部门，争取加大中央财政对水利的投入力度，确保重点建设任务的资金需求。进一步优化水利投资结构，继续向民生水利建设和中西部、贫困地区倾斜，加大水利扶贫、援藏、援疆投入力度。积极商国家发展改革委、财政部，争取对以中央事权为主的大江大河大湖治理、重要蓄滞洪区建设等项目，以及集中连片特困地区等贫困地区水利项目适当提高中央投资比例，进一步解决地方配套投资落实难的问题，促进工程顺利实施。落实好金融支持水利的一揽子政策，扩大过桥贷款专项建设基金的使用范围和规模，督促各地落实地方建设资金，保障水利建设资金需求。尽早下达 2016 年中央水利建设投资计划，力争 2016 年上半年将计划基本下达完毕，同时加大对重大水利工程年度投资计划执行的督促力度，继续做好投资计划执行月调度会商和跟踪统计工作，及时发现问题，提出整改落实意见。

### （四）继续推动重点领域水利改革工作

制定水利部深化水利改革领导小组年度工作要点，明确责任分工、阶段性目标和时间进度要求，统筹推进各项改革工作。加强对社会资本参与重大水利工程建设运营试点的跟踪指导，研究制定政府和社会资本合作建设运营重大水利工程操作指南。积极协调有关部门研究设立重大水利工程投资基金。组织指导水资源资产负债表试编工作。加强对水利改革重点任务的跟踪督促和汇总分析，及时掌握地方水利改革动态，总结挖掘改革经验和做法。组织开展水利改革重大问题调查研究。

王　勇　杜国志　石海峰　乔建华　李　明　张世伟　执笔
汪安南　吴　强　审核

# 全国水利发展“十三五”规划概要

水利部规划计划司

水利是国民经济社会发展的重要基础设施，不仅直接关系防洪安全、供水安全、粮食安全，而且关系到经济安全、生态安全、国家安全。党中央、国务院高度重视水利，“十二五”期间，相继出台了加快水利改革发展、保障国家水安全、推进节水供水重大水利工程等一系列决策部署，提出“节水优先、空间均衡、系统治理、两手发力”的新时期水利工作方针，有力地推动了水利改革发展取得新的跨越。“十二五”时期，重大水利工程和民生水利工程全力提速，最严格水资源管理制度加快实施，水利改革全面推进，依法治水管水得到加强，圆满完成了规划确定的主要目标和任务，规划确定的12项水利目标指标中，有11项超额或如期完成，1项基本完成。

当前和今后一个时期，水利作为国家稳增长调结构促改革惠民生防风险的重要领域，要集中力量补短板、破瓶颈，着力增强国家水安全保障能力，为全面建成小康社会、促进经济持续健康发展提供更加有力的水利支撑和保障。

## 一、“十三五”水利改革发展总体思路

“十三五”时期是全面建成小康社会的决胜阶段，是全党全社会加快推进“四个全面”战略布局的关键五年。从水利来讲，今后一个时期是全面落实中央新时期水利工作方针、加快完善水利基础设施网络、全面深化水利改革、有效破解新老水问题、构建国家水安全保障体系、加快推进水利现代化进程的关键时期。做好“十三五”水利改革发展工作，要全面贯彻落实党的十八大和十八届三中、四中、五中全会和习近平总书记系列重要讲话精神，紧紧围绕“四个全面”战略布局，牢固树立五大发展理念，

积极践行新时期水利工作方针，加快建设节水型社会，加快完善水利基础设施网络，加快推进水生态文明建设，加快健全水利科学发展体制机制，着力提高民生水利发展水平，着力构建与全面建成小康社会相适应的国家水安全保障体系。

“十三五”水利改革发展工作要遵循以下原则。一是坚持把人民群众利益放在首位，着力解决人民群众最关心最直接最现实的水利问题，提高水利发展成果的共享水平。二是坚持并落实节水优先方针，加强用水需求侧管理，加快转变用水方式，形成有利于水资源节约利用的空间格局、产业结构、生产方式和消费模式。三是坚持把水资源承载能力作为刚性约束，以水定产、以水定城，量水而行、因水制宜，实现水资源可持续利用，促进经济社会发展与水资源水环境承载能力相协调。四是坚持江河流域系统治理，统筹兼顾、综合施治，强化整体保护、系统修复、综合治理，有效提升河湖水生态系统稳定性和生态服务功能。五是坚持深化改革创新体制机制，政府主导和市场机制协同发力，构建系统完备、科学规范、运行有效的现代水治理制度体系。

## 二、“十三五”水利改革发展目标

力争到2020年，基本建成与经济社会发展要求相适应的防洪抗旱减灾体系、水资源合理配置和高效利用体系、水资源保护和河湖健康保障体系、有利于水利科学发展的制度体系，加快完善水利基础设施网络，水利公共服务均等化水平稳步提高，水治理体系和水治理能力现代化加快推进，国家水安全保障综合能力显著增强。

防洪抗旱减灾体系进一步完善。大江大河重点防洪保护区达到规划确定的防洪标准，城市防洪防涝设施建设明显加强，经治理的中小河流重要河段防洪标准达到10～20年一遇，主要低洼易涝地区排涝标准达到5～10年一遇。重点区域和城乡抗旱能力明显增强。

水资源利用效率和效益大幅提升。年供用水总量控制在6700亿$m^3$以内，万元国内生产总值用水量、万元工业增加值用水量较2015年分别降低23%和20%，农田灌溉水有效利用系数提高到0.55以上。

城乡供水安全保障水平显著提高。新增供水能力270亿$m^3$，城镇供水水源地水质全面达标，农村自来水普及率达到80%以上，集中供水率达到85%以上，水质达标率和供水保障程度大幅提高。

农村水利基础设施条件明显改善。基本完成大型灌区、重点中型灌区续建配套和节水改造规划任务。全国农田有效灌溉面积达到10亿亩，节水灌溉工程面积达到7亿亩左右。新增农村水电装机600万kW。

水生态治理与保护得到全面加强。重要江河湖泊水功能区水质达标率提高到80%以上，新增水土流失综合治理面积27万$km^2$，地下水超采得到严格控制，水生态系统稳定性和生态服务功能逐步提升。

水利改革管理工作取得重要突破。水利投入稳定增长机制进一步完善，合理的水价形成机制基本建立，水权水市场初步建立，水利工程良性运行机制基本形成，依法治水管水全面强化，水利科技创新能力明显增强。

## 三、"十三五"水利改革发展重点任务

第一，落实双控行动，全面建设节水型社会。落实节水优先方针，强化最严格水资源管理制度，实行水资源消耗总量和强度双控行动。在总量控制方面，加快推进江河水量分配，强化规划和建设项目水资源论证，建立国家水资源督察制度以及水资源承载能力评价与监测预警机制，形成水资源节约保护和高效利用的倒逼机制。在强度控制方面，加强用水定额和计划管理，健全取水计量、水质监测和供用耗排监控体系，全面推进农业、工业、服务业和城镇生活节水，大力实施雨洪资源利用、再生水利用、海水淡化工程。在政策支撑方面，大力推行合同节水管理，开展水效领跑者引领行动，健全节水法规和技术标准体系，完善节水财税优惠政策，把节水作为约束性指标纳入政绩考核，建立节奖超罚的长效机制。

第二，统筹当前长远，完善水利基础设施网络。适应和引领经济发展新常态，围绕推进供给侧结构性改革，集中力量建设一批补短板、增后劲，强基础、利长远，促发展、惠民生的重大水利工程，不断增强水利公共产品供给和水安全保障能力。加快实施江河湖泊治理骨干工程，推进东

北三江治理、进一步治淮、太湖水环境综合治理骨干工程等大江大河大湖治理，加快西江大藤峡、淮河出山店等控制性枢纽建设，新开工黄河古贤、陕西东庄等一批骨干控制性工程，进一步提高洪水调控能力。着力加强重点水源工程建设，科学规划、有序建设四川李家岩、贵州黄家湾等一批重点水源工程，建立应对特大干旱水源战略储备体系，确保人民群众生产生活基本用水需求，增强城乡供水保障和应急能力。推动实施重大引调水工程，立足节水优先、环保治污、提效控需，在中西部地区建设一批跨流域跨区域引调提水工程，疏通水资源调控动脉，分类解决好工程性和资源性缺水问题。

第三，立足普惠共享，大力发展民生水利。坚持普惠性、均等化、可持续方向，大力发展民生水利，更好地造福人民群众。在保障农村饮水安全方面，按照精准扶贫、精准脱贫的要求，聚焦中西部贫困地区，启动实施农村饮水安全巩固提升工程，对已建工程进行配套、改造、升级、联网，健全工程管理体制和运行机制，进一步提高农村集中供水率、自来水普及率、水质达标率和供水保证率。在农田水利建设方面，紧紧围绕稳定提高粮食产能，加快大中型灌区续建配套和节水改造，全面推进区域规模化高效节水灌溉，在水土资源条件具备的地区新建一批灌区，推进小型农田水利建设，因地制宜兴建“五小水利”工程，抓好冬春农田水利兴修，加快牧区节水灌溉饲草料地建设，解决好农田灌溉“最后一公里”问题。在防洪薄弱环节建设方面，继续抓好江河重要支流和中小河流治理、山洪灾害防治、病险水库水闸除险加固，加强重点易涝区治理，积极开展重点蓄滞洪区建设，推进重点海堤达标建设，构建更为完善的防洪防涝防潮体系。

第四，强化系统整治，连通江河湖库水系。加快实施江河湖库水系连通工程，积极开展国土江河综合整治，全面提升水资源水环境承载能力。构建江河湖库水系连通格局，坚持恢复自然连通与人工连通相结合，因地制宜建设区域水网工程，加快构建布局合理、生态良好，引排得当、循环通畅，蓄泄兼筹、丰枯调剂，多源互补、调控自如的江河湖库水系连通体系。推进江河湖库水系综合整治，坚持以流域为单元，结合国土江河综合整治项目，创新江河湖库治理模式，建立流域生态补偿机制，构建河湖绿色生态廊道，打造安全型、生态型河流。优化江河湖库水系调度机制，统筹考虑防洪、供水、发电、航运、生态等目标，协调好上下游、左右岸、干支流、调出调入区关系，按照兴利服从防洪、区域服从流域、电调服从水调的原则，科学制定调度方案，优化水库群联合调度，充分发挥江河湖库水系的综合效益。

第五，坚持绿色发展，加强水生态文明建设。牢固树立绿水青山就是金山银山的理念，坚持绿色优先、生态优先，结合实施"一带一路"建设、京津冀协同发展、长江经济带建设战略，深入开展水生态文明建设。以水源涵养为根本，推进重点区域水土流失治理，加快坡耕地综合整治和生态清洁小流域建设，积极发展农村水电，加强重要生态保护区、水源涵养区、江河源头区生态保护，大力开展城乡水生态文明创建，健全水利风景区动态监管体系。以水域保护为基础，全面落实水污染防治行动计划，强化江河湖泊和城乡水环境治理，落实河湖生态空间用途管制，严格限制建设项目占用自然岸线，积极开展退耕还湿、退养还滩、退渔还湖，构建科学合理的自然岸线格局。以生态修复为抓手，加快建设国家地下水监测工程，严格地下水开发利用总量和水位双控制，加强华北等地下水严重超采区综合治理，逐步实现采补平衡。抓好生态脆弱河流治理，有序推动河湖休养生息。

第六，围绕精准脱贫，打好水利扶贫攻坚战。全面落实中央扶贫开发工作会议精神，进一步加大对贫困地区水利改革发展的倾斜支持力度。抓好六大重点。紧紧围绕农村饮水安全、农田灌溉保障、防洪抗旱减灾、水资源开发保护、水土保持生态建设与农村水电开发，补齐贫困地区水利基础设施短板。要把革命老区水利扶贫作为扶贫攻坚的重要领域，加快改善当地发展条件。落实五项机制。按照精准扶贫、精准脱贫的要求，建立健全水利扶贫需求调查、项目储备、投资倾斜、统计分析、工作考核等机制，切实做到扶持目标精准、项目安排精准、扶贫效果精准。强化四项支持。从项目、资金、人才和技术等方面精准发力，全方位加大水利扶贫力度，优先安排实施贫困地区急需的水利项目，不断提高贫困地区水利技术、管理和服务能力。

第七，坚持以人为本，着力强化城市水利工作。坚持以人民为中心的发展思想，坚持人民城市为人民，是加快城市水利发展的基本遵循。高度重视近年来城市内涝日益严重问题，结合全面开展海绵城市建设，科学确定城市防洪排涝标准，统筹城市蓄水设施、排水管网、排涝泵站、堤防护岸建设，不断健全城市防洪排涝减灾工程体系、监测预警体系、组织动员体系、应急救援体系。高度重视城市发展带来的供水压力，把水资源承载能力和环境容量作为确定城市规模的重要指标，加强城市饮用水水源地的规划、管理和保护，合理布局建设一批重点水源工程和重大城镇供水工程，搞好城镇供水管网建设和改造，注重城市水循环利用，开展城市节水综合改造示范，提高城市供水保障能力。高度重视城市宜居环境建设，把划定水域保护范围摆在控制城市开发强度的首要位置，着力维护城市水系完整性，有条件的地方要积极修复城市山体、河湖、湿地生态功能；严格城市水功能区管理，加大截污控源、雨污分流、清淤保洁和岸线整治力度，努力把城市建成人水和谐的美丽家园。

第八，深化改革创新，不断健全水治理体系。围绕重点领域和关键环节，进一步加大改革攻坚力度。在转变水行政管理职能方面，研究制定政府水行政管理权力清单、责任清单，推进投资项目涉水行政审批事项分类合并实施，建立纵横联动协同监管机制，加强事中事后监管。在水利投融资机制方面，加大各级公共财政的投入力度，积极拓宽水利建设资金渠道，用足用好开发性金融支持政策，鼓励和吸引社会资本投入水利建设。在水生态文明建设机制改革方面，全面推进农业水价综合改革，分类建立有利于节水增效、有利于工程运行、有利于现代农业发展的农业水价合理形成机制。搞好用水权初始分配，稳步开展水资源使用权确权登记，积极培育水权交易市场。在河湖管理和水利工程管理体制改革方面，坚持建管并重，完善水利建设市场诚信体系，强化工程质量与安全监督，积极推广“河长制”河湖管理模式，分类推进水利工程产权制度和管理体制改革，加强基层水利服务体系建设。

第九，夯实发展基础，推进依法治水科技兴水。深入推进水法治建设和水利科技创新，为水利改革发展提供强有力的法治保障与科技支撑。以法治为引领，加快重点领域、薄弱环节水利立法进程，推进水利综合执法和依法行政，有效化解水事矛盾纠纷，把水利工作全面纳入法治轨道。以规划为龙头，加快完善国家、流域、区域水利规划体系，统筹规划水利重点任务、工程布局、体制机制和重大政策，着力强化水利规划对涉水活动的管理和约束作用。以科技为驱动，健全水利科技创新体系，深化水利科研院所改革，加强水利智库建设，加快水利信息化步伐，抓好水利基础理论研究、应用技术研发、高新技术应用和科技普及推广，不断提高水利科技自主创新水平和水利科技贡献率。

附表　　“十二五”规划主要指标完成情况

| 指　标　名　称 | 指标完成情况 | |
|---|---|---|
| | 规划指标 | 完成情况 |
| 1. 解决农村饮水安全人口/亿人 | 2.98 | 3.04 |
| 2. 洪涝灾害年均损失率/% | (<0.7) | (0.4) |
| 3. 干旱灾害年均损失率/% | (<1.10) | (0.18) |
| 4. 新增供水能力/亿 $m^3$ | 400 | 380 |
| 其中：新增城市供水能力/亿 $m^3$ | 260 | 250 |
| 5. 新增农田有效灌溉面积/万亩 | 4000 | 7500 |
| 6. 新增高效节水灌溉面积/万亩 | 5000 | 12000 |
| 7. 农田灌溉水有效利用系数 | [0.53] | [0.532] |
| 8. 万元工业增加值用水量/$m^3$ | [63] | [61] |
| 9. 万元 GDP 用水量/$m^3$ | [105] | [105] |
| 10. 新增水土流失综合治理面积/万 $km^2$ | 25 | 26.6 |
| 11. 新增农村水电装机容量/万 kW | 1000 | 1400 |
| 12. 重要江河湖泊水功能区主要水质指标达标率/% | [60] | [68] |

注　1. 指标带（ ）为5年平均值，带［ ］为期末达到数，其余为5年累计数。
2. 重要江河湖泊水功能区水质评价指标包括COD、氨氮两项。
3. 万元工业增加值用水量、万元GDP用水量采用2010年不变价计算。

乔建华　周智伟　马　越　孙凌凯　执笔

汪安南　高敏风　审核

专栏一

# 2003—2014 年水利发展主要指标

水利部规划计划司

| 指 标 名 称 | 2003 年 | 2004 年 | 2005 年 | 2006 年 | 2007 年 | 2008 年 | 2009 年 | 2010 年 | 2011 年 | 2012 年 | 2013 年 | 2014 年 |
|---|---|---|---|---|---|---|---|---|---|---|---|---|
| 1. 耕地灌溉面积/万亩 | 83851 | 84378 | 84844 | 85617 | 86674 | 87708 | 88892 | 90522 | 92522 | 93737 | 95210 | 96809 |
| 其中：本年新增面积/万亩 | 1839 | 1740 | 1519 | 2015 | 2016 | 1977 | 2300 | 2582 | 3195 | 3227 | 2328 | 2472 |
| 2. 节水灌溉面积/万亩 | 29164 | 30519 | 32007 | 33639 | 35234 | 36653 | 38633 | 40971 | 43769 | 46826 | 40663 | 43528 |
| 3. 除涝面积/万亩 | 31708 | 31797 | 32010 | 32064 | 32129 | 32137 | 32376 | 32538 | 32582 | 32786 | 32915 | 33554 |
| 4. 水土流失治理面积/万 $km^2$ | 90 | 92 | 95 | 97 | 100 | 102 | 104 | 107 | 110 | 103 | 107 | 112 |
| 其中：本年新增面积/万 $km^2$ | 6 | 4 | 4 | 4 | 4 | 4 | 4 | 4 | 4 | 4 | 5 | 6 |
| 5. 万亩以上灌区/处 | 5729 | 5800 | 5860 | 5894 | 5869 | 5851 | 5844 | 5795 | 6575 | 7756 | 7709 | 7709 |
| 其中：30 万亩以上灌区/处 | 281 | 280 | 287 | 285 | 294 | 325 | 335 | 349 | 348 | 457 | 470 | 456 |
| 万亩以上灌区农田（有效）灌溉面积/万亩 | 37866 | 38259 | 39629 | 42032 | 42512 | 44160 | 44343 | 44123 | 44623 | 45131 | 45324 | 45384 |
| 其中：30 万亩以上灌区农田（有效）灌溉面积/万亩 | 20198 | 20657 | 21465 | 21918 | 22001 | 23102 | 23363 | 23487 | 23679 | 16890 | 16992 | 16877 |

续表

| 指标名称 | 2003年 | 2004年 | 2005年 | 2006年 | 2007年 | 2008年 | 2009年 | 2010年 | 2011年 | 2012年 | 2013年 | 2014年 |
|---|---|---|---|---|---|---|---|---|---|---|---|---|
| 6. 水库总计/座 | 85153 | 85160 | 85108 | 85849 | 85412 | 86353 | 87151 | 87873 | 88605 | 97543 | 97721 | 97735 |
| 其中：大型/座 | 453 | 460 | 470 | 482 | 493 | 529 | 544 | 552 | 567 | 683 | 687 | 697 |
| 中型/座 | 2827 | 2869 | 2934 | 3000 | 3110 | 3181 | 3259 | 3269 | 3346 | 3758 | 3774 | 3799 |
| 总库容/亿 $m^3$ | 5658 | 5542 | 5624 | 5842 | 6345 | 6924 | 7064 | 7162 | 7201 | 8255 | 8298 | 8394 |
| 其中：大型/亿 $m^3$ | 4279 | 4147 | 4197 | 4379 | 4836 | 5386 | 5506 | 5594 | 5602 | 6493 | 6529 | 6617 |
| 中型/亿 $m^3$ | 783 | 796 | 826 | 852 | 883 | 910 | 921 | 930 | 954 | 1064 | 1070 | 1075 |
| 7. 堤防长度/km | 278671 | 277305 | 277450 | 280850 | 283770 | 286896 | 291420 | 294104 | 299911 | 277293 | 276823 | 283886 |
| 保护耕地/万亩 | 65813 | 65901 | 66182 | 68229 | 68277 | 68568 | 69821 | 70247 | 70247 | 63896 | 60476 | 64191 |
| 保护人口/万人 | 51304 | 53065 | 54174 | 55403 | 56487 | 57289 | 58978 | 59853 | 63938 | 56566 | 55857 | 58584 |
| 8. 水闸总计/座 | 39834 | 39313 | 39839 | 41209 | 41110 | 43829 | 42523 | 43300 | 44306 | 97256 | 98191 | 98686 |
| 其中：大型/座 | 416 | 413 | 405 | 426 | 438 | 504 | 565 | 567 | 599 | 862 | 870 | 875 |
| 9. 已解决饮水安全及困难人口/万人 | 28189 | 29662 | 31459 | — | — | — | — | — | — | — | — | — |
| 10. 当年解决农村饮水安全人口/万人 | — | — | 1104 | 2945 | 4468 | 5378 | 7295 | 6717 | 6397 | 7294 | 6343 | 6710 |
| 11. 水灾 | | | | | | | | | | | | |
| 受灾面积/万亩 | 30549 | 11673 | 22451 | 15783 | 18823 | 13469 | 13122 | 26801 | 10787 | 16827 | 17851 | 8879 |
| 成灾面积/万亩 | 19500 | 6026 | 12325 | 8388 | 8954 | 6810 | 5694 | 13092 | 5090 | 8807 | 9934 | 4245 |
| 12. 旱灾 | | | | | | | | | | | | |
| 受灾面积/万亩 | 37278 | 25883 | 24042 | 31107 | 44079 | 18206 | 43889 | 19889 | 24456 | 14000 | 16830 | 18408 |

续表

| 指标名称 | 2003年 | 2004年 | 2005年 | 2006年 | 2007年 | 2008年 | 2009年 | 2010年 | 2011年 | 2012年 | 2013年 | 2014年 |
|---|---|---|---|---|---|---|---|---|---|---|---|---|
| 成灾面积/万亩 | 21705 | 11926 | 12719 | 20117 | 24255 | 10196 | 19796 | 13481 | 9898 | 5263 | 10457 | 8616 |
| 13. 完成水利基建投资/亿元 | 743.42 | 783.55 | 746.85 | 793.84 | 944.85 | 1088.20 | 1894.03 | 2319.93 | 3086.03 | 3964.24 | 3757.63 | 4083.13 |
| 按投资来源分: | | | | | | | | | | | | |
| （1）预算内拨款/亿元 | 105.83 | 125.89 | 133.06 | 193.15 | 270.03 | 390.36 | 929.95 | 918.05 | 898.82 | 1291.48 | 1136.75 | 1282.04 |
| （2）预算内专项资金/亿元 | 234.61 | 199.24 | 179.36 | 184.72 | 195.70 | 160.47 | 128.76 | 94.79 | 29.17 | 25.38 | 12.73 | 2.39 |
| （3）国内贷款/亿元 | 91.42 | 102.64 | 94.18 | 80.66 | 83.36 | 96.95 | 152.86 | 337.44 | 270.31 | 265.50 | 172.69 | 299.64 |
| （4）利用外资/亿元 | 10.34 | 12.23 | 19.26 | 14.34 | 9.48 | 10.51 | 7.57 | 1.31 | 4.42 | 4.13 | 8.57 | 4.33 |
| （5）自筹资金/亿元 | 247.19 | 296.29 | 242.20 | 212.34 | 219.94 | 235.36 | 333.87 | 316.19 | 406.83 | 350.42 | 360.67 | 339.90 |
| （6）水利建设基金/亿元 | 29.49 | 28.79 | 30.27 | 36.12 | 67.78 | 60.49 | 105.47 | 215.18 | 79.61 | 120.05 | 108.06 | 132.45 |
| （7）财政专项资金/亿元 | — | — | — | — | — | — | — | — | 564.81 | 1004.20 | 937.45 | 1159.24 |
| （8）重大水利工程建设基金/亿元 | — | — | — | — | — | — | — | — | 437.83 | 434.89 | 424.95 | 136.75 |
| （9）其他投资/亿元 | 24.54 | 25.46 | 48.51 | 72.51 | 98.57 | 134.04 | 235.56 | 436.97 | 394.24 | 468.19 | 595.76 | 726.39 |
| 按投资用途分: | | | | | | | | | | | | |
| （1）防洪/亿元 | 359.65 | 357.93 | 278.16 | 278.71 | 298.57 | 346.52 | 628.74 | 663.59 | 996.23 | 1394.28 | 1304.46 | 1467.45 |
| （2）灌溉/亿元 | 74.04 | 87.55 | 106.60 | 109.47 | 103.92 | 116.59 | 248.23 | 334.27 | 469.12 | 634.47 | 671.72 | 823.05 |
| （3）除涝/亿元 | 6.76 | 9.02 | 14.67 | 9.41 | 19.91 | 23.52 | 46.07 | 21.06 | 22.08 | 31.68 | 31.31 | 55.10 |

续表

| 指标名称 | 2003年 | 2004年 | 2005年 | 2006年 | 2007年 | 2008年 | 2009年 | 2010年 | 2011年 | 2012年 | 2013年 | 2014年 |
|---|---|---|---|---|---|---|---|---|---|---|---|---|
| （4）供水/亿元 | 162.02 | 130.79 | 116.52 | 208.23 | 301.17 | 351.26 | 617.81 | 736.27 | 815.02 | 1277.09 | 1061.41 | 1029.11 |
| （5）水电/亿元 | 51.29 | 71.53 | 65.47 | 57.32 | 66.49 | 77.37 | 72.04 | 105.39 | 109.01 | 117.20 | 164.42 | 216.90 |
| （6）水土保持及生态/亿元 | 46.21 | 58.71 | 39.19 | 42.22 | 60.32 | 76.87 | 86.74 | 85.90 | 95.39 | 118.12 | 102.89 | 141.30 |
| （7）水利基础设施/亿元 | 15.83 | 7.17 | 22.40 | 6.56 | 8.85 | 10.60 | 10.60 | 19.56 | 40.25 | 59.55 | 52.54 | 40.94 |
| （8）前期/亿元 | 5.94 | 10.32 | 10.26 | 13.64 | 11.60 | 16.04 | 15.88 | 24.87 | 42.04 | 40.74 | 40.73 | 65.06 |
| （9）其他/亿元 | 21.68 | 50.52 | 93.59 | 68.29 | 74.02 | 69.42 | 167.92 | 329.02 | 496.91 | 291.10 | 328.15 | 244.22 |
| 14. 年末全国水电装机容量/万kW | 9490 | 10813 | 11652 | 12847 | 14523 | 17090 | 19686 | 21157 | 23007 | 24881 | 28028 | 30183 |
| 全年水电发电量/（亿kW·h） | 2813 | 3277 | 3952 | 4163 | 4870 | 5614 | 5055 | 6813 | 6507 | 8657 | 9304 | 10661 |
| 15. 农村水电装机容量/万kW | 3887 | 4336 | 4309 | 4720 | 5386 | 5127 | 5512 | 5924 | 6212 | 6569 | 7119 | 7322 |
| 全年水电发电量/（亿kW·h） | 1208 | 1229 | 1357 | 1484 | 1635 | 1628 | 1567 | 2044 | 1757 | 2173 | 2233 | 2281 |
| 16. 水利工程供水量/亿$m^3$ | 5320 | 5548 | 5633 | 5795 | 5819 | 5910 | 5965 | 6022 | 6107 | 6142 | 6183 | 6095 |

注 1. 本数据不包括香港特别行政区、澳门特别行政区以及台湾省的数据。
2. 节水灌溉面积2013年统计数据与第一次全国水利普查数据进行了衔接，其他水利发展主要指标2012年统计数据已与第一次全国水利普查数据进行了衔接；其中，堤防长度与水利普查成果衔接后，进一步明确为5级及以上堤防。
3. 2011年及以前万亩以上灌区处数及灌溉面积按有效灌溉面积达到万亩以上进行统计，2012年以后按设计灌溉面积达到万亩以上进行统计。
4. 农村水电的统计口径为装机容量5万kW及5万kW以下水电站。

王 勇 乔根平 张 岚 执笔
吴 强 陈群香 审核

专栏二

# 南水北调后续工程规划工作进展

水利部南水北调规划设计管理局

南水北调工程是构建我国“四横三纵、南北调配、东西互济”水资源配置总体格局的重大战略性工程。东、中线一期主体工程分别于2013年11月、2014年12月建成通水，对缓解受水区水资源供需紧张矛盾，保障经济社会可持续发展，改善生态环境发挥了重要作用。2012年，国务院南水北调工程建设委员会第六次全体会议要求加快开展南水北调东、中线后续工程论证及西线项目前期工作。根据第六次建委会的会议精神，水利部于2012年印发了《南水北调工程前期工作近期工作方案》（以下简称《工作方案》），启动了南水北调东、中线后续工程补充规划工作和西线一期工程项目建议书补充工作。根据《工作方案》和批复的任务书的要求，在各有关单位的密切协作下，各项工作稳步推进，到2015年年底已取得了阶段性成果。

东线工程：在补充规划的编制过程中，根据水利部领导指示精神，按照习近平总书记提出的新时期水利工作方针和经济社会发展的新常态、京津冀协同发展的新部署、实施最严格水资源管理制度的新要求，确定了东线后续工程补充规划编制采取“两步走”的工作计划，即：2015年年底前完成核心内容的研究工作，编制完成《南水北调东线后续工程补充规划总体方案》；2016年在此基础上重点完成规划环境影响评价报告书以及治污规划等专题研究，2017年6月底前提交完整的规划报告。目前已完成了《南水北调东线后续工程补充规划总体方案》，初步提出了受水区范围、调水量和调水线路成果。

中线工程：补充规划重点研究了中线干线与左岸山区水库连通方案、中线增加调水对汉江中下游可能带来的影响及解决对策，后续水源工程布局等问题。2015 年 5 月完成了《南水北调中线工程补充规划（送审稿）》，并全面征求了受水区、水源区各省（直辖市）对补充规划的意见和建议。

西线工程：2015 年年底，围绕西线一期工程项目建议书补充工作开展的黄河上中游地区节水潜力研究、新形势下黄河流域水资源供需分析、调入水量细化配置方案细化研究、调水对水力发电影响研究、调水对调水河流生态环境影响研究、调水对调水河流水资源开发利用影响研究等 6 个重要专题研究论证工作已基本完成。

下一步，南水北调工程按照水利部的统一部署，将进一步加强组织协调，强化工作措施，加快推动后续工程各项前期工作开展，力争到“十三五”期末，东线后续工程具备开工条件，西线一期工程完成前期工作。具体如下：

东线工程：在各省（直辖市）人民政府确认需调水量的基础上，结合东线工程向北京供水专题论证成果，尽快完善东线二期工程规划总体方案，研究提出编制东线二期工程规划的工作方案，力争 2016 年年底前完成规划环境影响评价报告书、水土保持、水质保护规划、工程建设和管理规划、经济评价与财务分析等专项规划。

中线工程：完成中线后续工程左岸调蓄专题研究，补充完善中线工程补充规划相关成果；完成中线一期配套调蓄工程建设指导意见；完成中线一期工程扩大供水能力论证，细化口门和渠道改造方案等。

西线工程：完成 6 个重要专题的专家咨询论证，进一步修改完善西线一期工程项目建议书。根据需要，做好西线工程建设管理体制、机制研究和输水对地震带活动影响 2 个专题研究，在此基础上抓紧完善西线一期工程项目建议书编制工作。

姚文锋　执笔
金　旸　审核

# 深化改革篇

# 深化水利改革工作综述

水利部规划计划司

2015 年是深化水利改革的关键之年，也是实施水利发展“十二五”规划的收官之年。水利部深入贯彻落实党的十八大和十八届三中、四中全会精神，按照《中央全面深化改革领导小组 2015 年工作要点》和《水利部关于深化水利改革的指导意见》，制定印发了《水利部深化水利改革领导小组 2015 年工作要点》，明确了 10 个方面 42 项重点任务、部门分工及成果要求，在水权制度建设、农业水价综合改革、水利投融资机制创新、水利建设与管理体制改革和河湖管护体制机制创新等重要领域和关键环节取得重要进展。

## 一、水利改革的主要进展和成效

2015 年水利改革工作总体进展顺利，在一些重要领域和环节取得了阶段性成果。

一是加快水行政审批制度改革。全面清理企业投资项目涉水前置审批事项及其中介服务，将水利部现有 7 项前置审批事项全部调整为开工前审批，与项目核准实施并联办理；精简审批事项，提出了简化整合投资项目涉水行政审批事项的建议方案和实施办法，开展高速公路涉水行政审批改革；出台了加强投资项目水利审批事中事后监管的通知，建立健全纵横联动协同监管机制。

二是推进水资源管理体制改革。基本完成覆盖省市县三级行政区的“三条红线”控制指标分解工作，开展了 2014 年度最严格水资源管理制度考核，第一批 25 条跨省主要河流已有 17 条的水量分配方案具备报批条件；发布了铜冶炼生产、铅冶炼生产、柠檬酸制造 3 项取水定额国家标准；制定了全国重要江河湖泊水功能区纳污能力核定和分阶段限制排污总量控制方案并函送环保部。

三是建立健全水权制度和水价机制。深入开展水权试点工作，部分试点已取得初步成效，申请设立中国水权交易所，成立了水权交易监管办公室；完成了 80 个农业水价综合改革试点县验收工作，形成了一批可复制、可推广的改革经验，2016 年 1 月 29 日，国务院办公厅正式印发了《关于推进农业水价综合改革的意见》。

四是加强水生态文明制度建设。完成 105 个水生态文明城市试点实施方案审查，围绕试点城市启动了一批河湖水系连通示范工程建设；各省份完成了水资源费“十二五”末最低征收标准调整工作；完成水资源资产账户编制试点方案，并纳入国家统计局牵头印发的《自然资源资产负债表试编制度（编制指南）》。

五是建立严格的河湖管理与保护制度。加强河道科学化、规范化、制度化管理，研究提出了《河道等级划分办法（暂行）》；推进河湖管护体制机制创新试点，研究提出了《关于总结推广“河长制”经验加强河湖管理工作的意见》；开展河湖管理和保护范围划定工作，起草了《河湖水域岸线登记办法》。

六是完善水利投入稳定增长机制。加大金融支持力度，与中国农业发展银行联合印发《关于专项过桥贷款支持重大水利工程建设的意见》，为地方开展水利建设提供过渡性资金支持；中国农业发展银行印发《关于调整大中型水利建设贷款品种期限加大水利建设信贷支持的通知》，将国家和地方大中型水利建设中长期贷款期限调整为原则不超过 20 年，特殊的最长可放宽至 25 年。鼓励和引导社会资本参与，联合国家发展改革委、财政部印发《关于鼓励和引导社会资本参与重大水利工程建设运营的实施意见》，选择湖南莽山水库、浙江舟山大陆引水三期等 12 个项目开展国家层面的试点工作，鼓励社会资本以多种形式参与重大水利工程建设运营。

七是深化水利工程建设和管理体制改革。印发《关于水利工程建设项目代建制管理的指导意见》，对相关单位职责、代建项目资金管理和奖励、代建单位禁止性行为及违约责任等事项作出规定；制定了节水供水重大水利工程建设督导检查工作制度，建立省级水行政主管部门经常性自查、流域机构全面检查、水利部重点抽查的三级督导检查工作机制；印发《水利部关于加强中小型水利工程建设管理防范廉政风险的指导意见》，提出了加强中小型水利工程建设管理、防范廉政风险等具体措施；印发《水利建设市场信用评价管理暂行办法》，建立健全守信激励失信惩戒机制，继续大力推动水利建设项目进场交易；全面推进小型水利工程管理体制改革工作，全国小型水库管理体制改革工作已基本完成。

八是创新农村水利发展机制。深入推进农村水利设施产权制度改革和创新运行管护机制试点，印发《小型农田水利工程维修养护定额（试行)》，进一步完善水利工程维修养护定额体系，规范小型农田水利工程维修养护经费编制。

九是推进基层水利服务体系建设。结合小型农田水利建设项目实施、农田水利设施产权制度改革和创新运行管护机制试点积极推进灌溉排水等专业化服务队伍建设；继续深入实施万名县市水利局长和万名基层水利站所长培训计划并做好2015年水利“三支一扶”工作；水利扶贫项目储备、投资倾斜等工作机制不断完善。

十是强化水利法治建设与科技创新。积极推进《农田水利条例》《大中型水利水电工程建设征地补偿和移民安置条例》等法律法规的立法修法工作，按照行政审批制度改革等有关要求，对水利部部门规章进行修订，共废止1件、修改8件；围绕国家水安全保障和水利改革发展的科技需求，开展编制《水利科技发展“十三五”规划》工作。

## 二、下一步推进水利改革的思路和安排

2016年是全面建成小康社会决胜阶段的开局之年，也是推进结构性改革的攻坚之年。下一步，水利部将认真贯彻落实党的十八大，十八届三中、四中、五中全会精神和新时期水利工作方针，充分发挥市场配置资源的决定性作用，更好发挥政府作用，加大水利重点领域和关键环节改革攻坚力度，力争在水利行政审批制度改革、水资源管理体制改革、水权制度

建设、农业水价综合改革、小型农田水利设施产权制度改革、水利投融资机制创新等方面取得一批重要改革成果。

杜国志　韩　涛　王俊杰　马　超　执笔
汪安南　高敏凤　审核

专栏三

# 河湖管护体制机制创新试点建设

水利部建设与管理司

河流、湖泊是水资源的载体，是生态系统的重要组成部分，人类生存和经济社会发展与河流、湖泊的关系极为密切。创新河湖管护体制机制，加强河湖管理与保护，维护河湖健康生命，是贯彻党的十八大和十八届三中、四中、五中全会精神，推进生态文明建设的必然要求，是深化水利改革、提高河湖管理能力的重要任务，是加强水利社会管理的重要工作。

## 一、启动试点工作

2014年9月，水利部印发了《关于开展河湖管护体制机制创新试点工作的通知》（以下简称《通知》），正式启动试点工作。《通知》决定选取一批基础条件较好的县（市）开展河湖管护体制机制创新试点，拟用3年左右时间，到2017年年底前建成一批河湖管护制度健全、主体明确、责任落实、经费到位、监管有力、手段先进的试点县（市），发挥示范带头作用，推进建立符合我国国情、水情的河湖管护长效体制机制。

## 二、做好前期工作

经有关省（自治区、直辖市）水利（水务）厅（局）遴选和申报，确定北京市海淀区等46个县（市）为第一批河湖管护体制机制创新试点县（市）。2014年年底，水利部办公厅印发《关于公布第一批河湖管护体制机制创新试点县（市）名单的通知》，要求各试点县（市）加强组织领导，抓紧编制试点实施方案，严格试点建设管理。

为切实做好河湖管护体制机制创新试点工作，2015年年初，水利部办公厅印发了《河湖管护体制机制创新试点县（市）实施方案编制大纲》，要求各试点县、市组织编制试点实施方案，有关省级水行政主管部门要加强对试点工作的组织和指导，对实施方案组织初审后报部。2015 年 7—9 月，水利部组织有关单位对各地试点实施方案进行技术审查，并将审查意见印发各有关省级水行政主管部门。各试点县、市实施方案将根据审查意见进行修改完善后，由各试点县、市人民政府正式批复实施。

## 三、试点初见成效

截至2015 年年底，41 个试点县（市）政府批复了实施方案，各地试点工作陆续启动。其中，浙江宁波、湖北鄂州等地积极推动创新试点工作，已初见成效。宁波市北仑区以健全管护机制、“一河三长”管理模式、实施“服务外包”河道保洁模式等为特点，积极探索“制度健全、主体明确、责任落实、经费到位、监管有力、手段先进”的河湖管护长效机制，取得明显进展。湖北以梁子湖流域的鄂州市等 4 个试点为重点，通过强化领导、明确职责、精心组织、编制方案、学习交流、加强督导等措施，采取公布全省湖泊“湖（段）长”名单，组织试点单位积极学习交流等方式，整体推进了梁子湖流域的河湖管护体制机制创新和水生态环境保护。

刘　江　孟祥龙　李宏强　执笔

孙继昌　祖雷鸣　审核

专栏四

# 积极探索农田水利改革发展新模式

水利部农村水利司

2015年，国家发展改革委、财政部、水利部通过资金激励、检查咨询、现场督导、培训交流等方式继续指导各地开展全国100个县农田水利设施产权制度改革和创新运行管护机制试点。组织指导各地大胆探索、勇于实践，坚持问题导向，加强顶层设计，注重综合施策，统筹推进组织发动、建设投入、建管模式、运行管护等机制改革，成效显著。

一是健全完善“以奖代补、先建后补”建设模式。安徽、浙江、湖南、四川等14个省份，针对小型农田水利工程零星分散、工程规模较小等特点，健全完善“以奖代补、先建后补”模式，充分调动社会各方力量共同参与。如四川省实行自下而上、逐层申报，由群众按照落实权属、自主申报、竞争立项、自主实施、监督监管、验收兑现、确权颁证“七步工作法”自主建设。

二是明晰和移交工程产权，搞活经营权。87个县开展了“产权确权和移交”改革试点，推行农田水利工程“两证一书一台账”管理改革，颁发工程所有权证、使用权证，签订管理协议书、建立运行管理台账。17个县开展产权抵押借贷融资试点，盘活水利资产。安徽定远县探索农田水利设施所有权、使用权抵押贷款途径，凯源农业科技有限公司等18户企业和个人获得银行抵押贷款1030万元。黑龙江克山县利用机电井和大型喷灌设备办理抵押贷款20万元。

三是两手发力，探索建立多元投入机制。38个县利用市场机制、探索完善项目建设方式，鼓励社会资本参与农田水利建设，形成政府资金与社会资本协同投入农田水利的崭新格局。云南省陆良县恨虎坝中型灌区开展引进社会资本建设和管理农田水利工程试点，引入社会资本646万元。黑龙江省五常市利用“稻花香”大米品牌优势与东方集团在龙凤山灌区内合作开展PPP模式试点，企业与政府合作建设灌区田间工程，实行“互联网+农业、水利”的新模式。

四是创新运行管护模式，落实工程管护主体和经费。各试点县通过多渠道筹措工程管护经费，根据工程特点、用途因地制宜采取多种管护方式，提高管护效率和水平。江苏省洪泽县采取“上级争取一点、县镇安排一点、受益村居筹集一点、水利开发赚取一点”的方式，多方筹集管护资金，建立管护经费的长效投入机制，落实年管护经费1657万元。因地制宜采取竞争承包管护、新型农业经营主体管护、用水户协会管护等多种管护模式。

五是创新资金补助方式，探索政府购买服务。39个县探索由政府付费、公开招投标等方式，选择社会化管护公司，提供专业化管理服务。江苏省高邮市界首镇实行农村垃圾清运、河道管护、道路养护、绿化维护、治安联防、桥闸涵洞管护“六位一体”管护模式，市、镇财政每年投入125万元购买农村环境保洁公司专业化服务，使农田水利设施能够及时、全面得到维修养护，确保工程长期发挥效益。

刘云波　袁晓奇　执笔

王爱国　顾斌杰　审核

# 水行政审批制度改革稳步推进

水利部人事司　水利部政策法规司　水利部规划计划司

2015 年是全面深化改革的关键之年，是全面推进依法治国的开局之年，简政放权、放管结合和转变政府职能的任务更加紧迫、更加艰巨。水利部认真贯彻落实国务院有关精神及要求，稳步推进水行政审批制度改革，改革工作取得良好成效。

## 一、水行政审批制度改革工作总体情况

水利部党组高度重视水行政审批制度改革工作，按照简政放权、放管结合和职能转变的工作新要求，从减少审批向放权、监管、服务并重转变，在多个方面迈出了坚实步伐。一是健全工作机制。成立了水利部推进职能转变协调小组，下设 4 个专题组，密切协作、协调联动，形成工作合力，确保了各项改革整体推进。二是坚持高位推动。水利部领导多次就推进行政审批制度改革工作做出重要批示，提出明确要求，听取专门汇报，主持专题研究，解决改革中的重点难点问题。三是注重顶层设计。对改革工作进行了系统谋划和整体布局，制定印发了《水利部 2015 年推进简政放权放管结合转变政府职能工作方案》等指导性文件，统筹安排，整体推进。四是切实抓好落实。对取消的审批事项，确保取消到位，加强事中事后监管；对保留的审批事项，进一步规范审批行为，提高审批效率，改进审批工作。

## 二、水行政审批制度改革重点工作及取得成效

水利部严格贯彻落实国务院的工作部署，自我加压，主动改革，采取有力措施，切实抓好水行政审批制度改革各项重点工作。

## （一）切实减少行政审批数量，清理规范行政审批中介服务

一是大幅削减了水行政审批事项。水利部共有行政审批事项48项，其中行政许可33项，非行政许可审批事项15项。共计划取消26项，包括行政许可11项、非行政许可审批事项15项，保留22项（均为行政许可），目前已全部落实到位，其中的15项非行政许可审批事项全部取消或调整为政府内部审批事项。二是全面清理了中央指定地方实施的审批事项。经过与国务院审改办的反复核实和沟通协调，水利部共梳理出中央指定地方实施行政审批事项54项，不列入许可的22项，拟取消7项，仅保留25项。目前，经国务院批准，已分两批取消了6项。三是清理规范了行政审批中介服务。水利部对现有行政审批事项涉及的11项中介服务逐项进行了研究论证，决定最大限度予以清理，计划取消10项（其中1项取消后转为技术性服务），仅保留1项关系到工程安全和人民生命财产安全的中介服务事项。目前，经国务院批准，已分两批取消了10项，如图1所示。

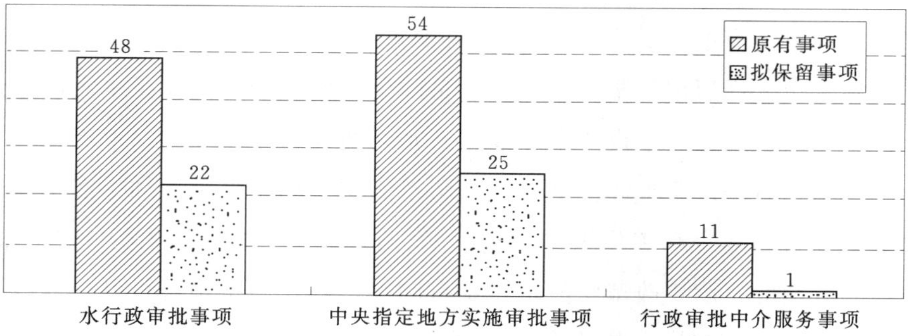


图1　改革前后各类事项对比

## （二）简化整合涉水审批事项，下放投资项目审批权限

一是大力精简投资项目涉水前置审批事项，制定印发了《水利部精简前置审批、规范中介服务、实行网上并联审批的实施方案》，明确将水利部现有7项前置审批事项全部调整为开工前审批，与项目核准实施并联办理；制定印发了《水利部关于简化整合投资项目涉水行政审批事项的建议方案》和实施办法，按照资源开发利用与管理、防洪安全与工程影响、生态环境保护与治理3类，对7项涉水前置审批进行分类合并实施。二是推

进高速公路涉水行政审批改革，制定印发了《水利部关于高速公路涉水行政审批改革的通知》，对三项高速公路涉水行政审批事项采取了归并审批事项、整合技术报告、减少审批层级、明确实施主体等多项改革措施，积极支持高速公路等国家重要基础设施建设。三是下放水利建设项目审批权限，水利部积极与国家发展改革委等部门沟通协调，明确对按规定由国家发展改革委审批或由其核报国务院审批的重大水利项目，除库容大于2亿$m^3$或坝高大于70m的大型水库、大型引调水工程和涉及跨省（自治区、直辖市）水事协调的工程由水利部审批初步设计外，其他项目的初步设计原则上由地方负责审批。

### （三）规范行政审批行为，改进行政审批工作

水利部制定印发了《关于规范行政审批行为改进行政审批工作的通知》及《关于规范和改进部直属单位行政审批工作的通知》，提出了具体工作措施。一是行政审批事项统一受理。水利部行政审批受理中心已于2015年6月15日正式挂牌运行，负责部本级行政审批事项的统一受理、进程监督、审批结果统一送达工作，方便了企业和群众办事。截至2015年年底，行政审批受理中心共受理行政审批事项1406项，办结1298项，全部按照时限要求办理，办结事项满意度达100%。二是规范审批流程、压缩审批时限。水利部制定并公开了《水利部行政审批事项服务指南》，进一步优化了审批程序，明确了办理流程、审查环节和时限要求；行政审批事项审查工作细则、一次性告知单、行政审批受理单、申请人满意度评价表等已正式印发使用；建立“绿色通道”，压缩重大水利工程建设等审批时限，通过减少审批时间、加快计划下达、简化审批程序等措施，提高重大水利工程建设项目审批效率。

### （四）优化服务，推进行政审批事项网上办理

在横向联通层面，水利部积极推动行政审批在线监管平台建设，经与国家发展改革委沟通，水利部已于2015年6月采取“浏览器对接”方式实现了与国家发展改革委在线审批监管平台对接。截至2015年年底，已受理企业投资项目审批事项51项，办结25项，运行情况总体良好有序。在纵向贯通层面，水利部积极推动部本级及流域管理机构水行政审批事项网

上预受理预审查，加快网上预受理预审查系统建设，减少了审查受理时间，提高了审批效率，与现有审批流程保持了有机衔接。水利部保留的22项行政审批事项现已全部实现网上预受理预审查。

### （五）做好后续工作，巩固水行政审批制度改革成果

一是加强事中事后监管。及时印发了《水利部办公厅转发国务院审改办关于严肃纪律巩固行政审批制度改革成果的通知》，要求有关司局认真开展自查，确保没有在水利部对外公布的行政审批事项清单之外增设、变相增设或实施其他行政审批事项；要求部属事业单位、部管水利社团及所举办的企业不得再开展与本部门行政审批事项相关的中介服务；有关水利社团要采取有别于政府部门审批的方式，加强对行业行为的规范，发挥自律作用。制定印发了《水利部关于加强投资项目水利审批事中事后监管的通知》，通过落实监管责任、创新监管方式、完善监管机制等举措，加强投资项目事中事后监管。二是做好相关法律法规的修改衔接工作。积极配合国务院法制办研究修改《中华人民共和国水法》《中华人民共和国防洪法》《水文条例》《河道管理条例》《取水许可和水资源费征收管理条例》《大中型水利水电工程建设征地补偿和移民安置条例》等6部水法律法规的相关条款，多次提出修改意见；组织完成了部门规章的专项清理工作，共废止部规章1件、修改部规章8件；同时，不断推进相关规范性文件的修改工作，确保水行政审批制度改革工作于法有据。

## 三、下一步重点工作

### （一）进一步规范行政审批行为，改进行政审批工作

对于保留的行政审批事项，要切实贯彻落实《国务院关于规范国务院部门行政审批行为改进行政审批有关工作的通知》要求，进一步优化审批流程、减少审批环节、提高审批效率、创新服务方式、提升服务水平。

### （二）不断加强水行政审批事中事后监管

进一步细化监管措施，形成监管制度。脱离人盯人的传统监管套路，创新监管手段，既要有内部监管，也要有公民、法人、其他组织和媒体的

外部监督；既注重审批实施过程中的监管，也不能忽视事后追责问责。

### （三）继续做好相关法律法规的修改衔接工作

积极配合国务院法制办研究提出相关法律法规条款的修改意见。对涉及的规章以及规范性文件，按照权限尽快履行相关程序，尽早完成清理修改工作，为水行政审批制度改革的深入推进铺平道路。

王　健　李晓静　石海峰　陈　东　王　超　裴少锋　李　翔　执笔
侯京民　李　鹰　汪安南　高敏凤　审核

专栏五

# 水利部行政审批受理中心投入运行

水利部办公厅

2015 年，水利部贯彻落实国务院简政放权决策部署，成立水利部行政审批受理中心，集中受理依法保留的水利部本级行政审批事项，水利部行政审批工作进入新阶段。

## 一、水利部行政审批受理中心成立背景

2015 年，《国务院关于规范国务院部门行政审批行为改进行政审批有关工作的通知》和《国务院审改办关于贯彻落实〈国务院关于规范国务院部门行政审批行为改进行政审批有关工作的通知〉的指导意见》，要求国务院各部门全面实行“一个窗口”受理行政审批事项。水利部积极认真贯彻落实，开展了认真细致的调查研究和论证分析，制定了行政审批受理中心组建方案。在 100 天左右的时间内，完成了审批事项服务指南和受理单编制、工作制度制定、人员择选培训、场地修整建设、办公软硬件配备调试等多项工作。2015 年 6 月 15 日，水利部行政审批受理中心投入运行，实现“一个窗口”向公众提供服务。

## 二、水利部行政审批受理中心主要工作内容和流程

受理中心负责行政审批事项的接收、审批进程的监控和督导、审批结果的送达等工作。操作程序细化分解为“材料接收、司局审核、技术审查、办结送达”4 个阶段 18 个步骤，受理中心研究制定了内部工作规则、暂停计时工作规则、工作人员行为守则、办事规则、印章使用管理办法等管理制度，保证受理工作各环节有章可循。为提高办理效率，简化办理流程，将加快建设水利部行政审批在线监管平台，推进水行政审批事项网上

办理，实现与中央层面投资项目在线审批监管平台连接，实现部本级与7个流域机构在统一平台上开展审批工作。

## 三、具体受理情况

目前受理中心已经建成水利部行政审批事项网上预受理预审查系统，实现与国家发展改革委投资项目在线审批监管平台“浏览器”方式对接，做到部本级9个审批事项和水利部水文局1个审批事项统一在受理大厅集中受理。截至2015年12月31日，已接收部本级行政审批事项1510项，其中受理1477项，办结1379项，按法定时限办结率100%；接收水文审批事项5项，受理5项并已全部办结。

李海军　执笔

刘建明　李国隆　审核

专栏六

# 水利政务公开工作进展

水利部办公厅

2015 年，水利部进一步完善工作制度，丰富公开载体，突出行业特色，政府信息公开工作取得明显成效。

## 一、做好重点领域信息公开工作

推进行政权力清单公开，制定并发布《水利部行政处罚项目及依据》《水利部行政审批事项服务指南》，组建水利部行政审批受理中心，开通水利部行政审批事项网上预受理预审查系统，行政审批更加便民高效。推进公共资源配置信息公开，进一步完善全国水利建设市场信用信息平台，共发布 463249 条信用记录，涉及从业单位 4041 家，从业人员 38.85 万人。推进财政资金信息公开，公开《2015 年水利部部门预算》《2014 年水利部部门决算》，一般公共预算基本支出公开到款级科目。推进重大建设项目公开，及时在水利部网站公开重大水利工程初步设计批复信息，实行农村水利项目建设公示制，组织对病险水库除险加固工作进行年度考核并进行通报。

## 二、做好政策措施热点解读工作

围绕水利重点工作进展，在国务院新闻办举行节水供水重大水利工程建设情况新闻发布会。围绕节约水资源保障水安全、农田水利工作情况、重大水利工程建设进展、大江大河流域环境治理等主题在水利部机关举行 12 场新闻通气会。充分发挥专家的权威性、专业性优势，多次就大江大河流域环境治理、节水供水重大水利工程建设等媒体和公众关心的水利热点、焦点问题进行及时回应，解疑释惑。

## 三、做好依申请公开信息工作

认真受理和答复社会公众提出的公开政府信息申请，2015年度收到申请101件，全部规范受理并及时予以答复。其中，6件属于已经主动公开的，告知申请人获取的途径；24件属于可予公开，向申请人提供所申请的信息；15件依法不属于水利部公开，告知申请人应申请获取信息的机关；28件申请信息不存在或不属于信息公开条例规定的公开范围，书面告知申请人；另有其他情形的28件申请信息，也进行了答复。

## 四、充分发挥水利部网站在政府信息公开中的作用

规范水利部网站信息发布工作，实行统一管理、分栏负责、专人把关，落实信息公开责任。定期发布《水利部公报》和水资源、水土保持、水旱灾害、河流泥沙等水利专业公报。按照常规栏目+专题栏目的模式，完善水利部网站栏目设置，推出“公众咨询”栏目，建立受理机制，规范办理流程，及时回复社会公众的问询；协调将水利建设市场信用信息平台、规划计划、政策解读等栏目上调至水利部网站首页，对长期未更新栏目及空白栏目进行关停并转，栏目设置更加优化。截至2015年12月31日，在水利部网站“政务公开”“水利要闻”“通知公告”“公报简报”等栏目主动公开政府信息3917条。2015年度水利部网站访问量3710万人次，“政务公开”专栏访问量355万人次。

李海军　执笔

刘建明　李训喜　审核

# 加快水利改革试点工作全面完成

水利部规划计划司

为贯彻落实《中共中央 国务院关于加快水利改革发展的决定》精神，水利部于2011年起在湖南、浙江、重庆、甘肃4个省（直辖市）部署开展了加快水利改革试点工作，在水利投融资、水资源管理、水利工程建设和管理、基层水利服务体系、水价等5个领域开展实践探索。目前，各试点地区已完成既定的改革试点任务，通过开展第三方评估工作，对改革试点开展情况和取得的成效进行了全面分析，总结提炼了一批典型经验和做法，为全国全面推进深化水利改革工作提供借鉴示范。

## 一、加强组织领导，全面完成试点任务

自试点工作启动以来，4个试点省份按照水利部和各省（直辖市）人民政府联合批复的试点方案要求，加强组织领导，抓好试点工作组织实施，经过3年左右的实践探索，较好地完成了试点任务。一是加强组织领导，强力推进试点。各试点地区成立了政府分管领导任组长，水利、发展改革、财政、编办等多部门共同参与的加快水利改革试点领导小组，细化改革试点内容，明确牵头单位，落实责任分工，加强协同配合，通过加强跟踪督办、召开联席会议等措施，强力推进改革试点工作。试点地区水利部门将试点作为年度工作重点，纳入工作考核，实行“奖优罚劣”，有力促进试点工作的推进。二是抓好顶层设计，鼓励基层探索创新。各试点地区围绕加快水利改革试点重点内容，加强顶层设计，明确改革试点路线图，以开展试点实验为抓手推进破解难点问题，以出台政策措施为抓手推进创新体制机制，以完善法规制度为抓手推进巩固改革成果，确保各项改革试点任务有效推进、落地生根。三是加强宣传引导，营造良好改革氛围。各试点地区充分利用各种媒体，积极宣传试点工作的意义、作用、涌

现出的改革典型和取得的改革实效，提高社会认识，调动各方积极性，为加快水利改革营造了良好的舆论氛围和工作环境。

## 二、注重探索创新，形成一批改革经验

各地通过试点探索，积极推进水利重点领域和关键环节创新突破，形成了一批可复制、可推广的水利改革经验。

### （一）水利投融资体制改革方面

一是建立水利建设基金多渠道、足额增额计提机制。湖南省和重庆市通过出台和修订水利建设基金筹集和使用管理办法，明确可从河道采砂权出让价款、矿业权出让价款、成品油价格和水费改革税收等项目提取水利建设基金。二是推动建立并做大做强多层级水利投融资平台。湖南省成立了由省水利厅和财政厅共同出资的湖南水利发展投资有限公司，打造了省、市、县（区）三级水利投融资平台，2014 年全省共融资 91.54 亿元。重庆市组建了市级水务资产经营公司和 35 个区县融资主体公司，2012 年以来共融资 104.2 亿元。三是以 BT、PPP 等建设运营新模式吸引社会资本投入水利建设。重庆市合川、巴南、黔江等部分沿江区县引入 BT 模式建设了县城防洪护岸综合整治等工程，彭水、合川、荣昌等地应用 PPP 新模式引入社会资本建设了凤升水库等工程。四是推动落实以“民办公助、先建后补、以奖代补”为核心的小型农田水利建设新机制。湖南省和重庆市积极探索引入社会资金，通过独资、合资、合作捐赠以及村民“一事一议”、筹资投劳等多种方式参与农田灌溉、水土保持等小型农田水利建设。

### （二）完善水资源管理体制方面

一是推进以跨地市综合管理为重点的流域管理体制改革。湖南省将湘江流域纳入综合管理，成立了由省长任主任、沿江地级市有关部门作为成员单位参与的湘江保护协调管理委员会，制定了《湖南省湘江保护条例》，出台了《湘江流域科学发展总体规划》等规划，并由省水利厅牵头开展湘江流域水行政专项执法活动，省政府及沿江各市将湘江保护和治理纳入政府效能考核。二是推进职能整合与城乡水务市场培育，建立城乡涉水事务

一体化管理机制。湖南省长沙市将城市涉水事务整合划入水务局，组建长沙水业集团，形成了“水务投融资一平台+引水、供水、排水、水务建设四板块”的发展格局，有效统筹考虑水的资源功能、环境功能、生态功能，实现了治水合力。甘肃省强力推进省水投公司的组建，与兰州新区、天水市等 15 个市、县（区）开展了水务一体化合作经营，整合、盘活市县水利供水存量资产。

### （三）加快水利工程建设和管理体制改革方面

一是完善中小型水利工程相对集中建设管理制度。浙江省通过组建和规范县级集中式项目法人，对中小型水利工程施行相对集中的建设管理模式，不仅发挥了融资平台功能，而且较好地解决了以往水利工程建设管理分散、技术力量薄弱问题。二是建立多级覆盖的水利工程质量监督体系，实行工程质量“飞检”和动态检测制度。浙江省建立了覆盖全省、11 个市和 80 个县（市、区）的质监网络，实行由质监机构对受检工程原材料、中间产品及工程质量进行随机抽检的“飞检”制。湖南省制定了《湖南省水利工程建设飞行检查实施方案》，随机开展市场主体行为飞行检查和工程质量飞行检测。三是建立水利工程建设市场主体信用公开制度、健全准入、监管和退出机制。浙江省印发了《浙江省水利建设市场信息登记和发布管理办法（暂行）》，建立了水利建设市场信息平台进行项目管理；湖南省搭建了水利建设市场信用信息平台、水利工程招标投标公共服务平台、水利工程建设项目远程视频监控平台，建立了市场主体信用“红黑名单”制度，加强建设市场监管。四是探索实施水利工程物业化管理，推进水利工程运行管理的专业化和市场化。浙江省借鉴房屋建筑物业管理的经验，探索实施水利工程物业化管理，由工程管理单位通过招投标或政府采购、委托等方式选定工程物业管理企业，按合同负责对水利工程及其附属配套设施、设备进行运行操作、检查观测和维修养护。

### （四）健全基层水利服务体系方面

一是推动基层水利服务体系构建。湖南省岳阳市按照“有机构、有编制、有人员、有场地、有设备、有经费、有制度、有活动”的“八有”标准对市内全部乡镇水利站进行了重新建设。长沙县通过小农水资金、“民办公助”补助、“以奖代补”资金等对给予用水户协会项目投入支持，调动农民参加水利管理的积极性。甘肃省全面推进县级水利工程建设管理站、县级水利工程质量监督与安全管理站、基层水利站、县级抗旱防汛服务队等“三站一队”建设，河西地区酒泉、武威等地按照“一村一会”、中部地区按照“一村一组”的标准全面组建村社管水组织、水利合作社、农民用水者协会等多种形式的农民用水合作组织。

二是建立首席水利员制度和村级水利员队伍，推动基层水利队伍素质提高。浙江省从全省乡镇水利员队伍中评选出154名首席水利员，让其负责开展乡镇一级水利服务活动，发挥好示范带头作用。同时，通过政府购买服务的方式组建村级水利队伍并招聘配备村级水利员，负责农村水利相关工作，调动了农民自我管理的主体作用。

## （五）推进水价改革方面

一是以水权确权为基础，建立“定额为界、超额加价、节约奖励”的农业水价改革模式。湖南省长沙县桐仁桥灌区以灌溉定额为基础，确定灌区每个用水户协会的基本水权，实行超出定额部分累进加价收费，节约部分递减返还收费，促进节约用水。甘肃省河西自流灌溉区、中部提水灌溉区各市在确定农业初始水权总量的基础上，将水权逐级分配到流域、市、县、灌区、农民用水户协会甚至农户，配合完善地表、地下水计量设施，推动定额累进加价和节水奖励。二是推行工程改造、水价改革与种植结构调整“三位一体”。甘肃省民勤县、凉州区、高台县等地依托《石羊河流域重点治理规划》《黑河流域重点治理规划》的实施，对灌区进行渠系防渗、机电井配套改造，推广高效节水农业，配套建设支（斗）口计量设施，同时大幅度调整农业水价，凉州、民勤地表水计量水价提高1倍以上，达到全成本水平。在水价调整过程中，各地还大力支持调整种植结构，发展设施农业与特色林果业，大幅提高了农民收入和农民对水价的承受能力。三是探索实行区域内生活用水同源同质同价，推进城乡基层水利公共服务均等化。甘肃省庄浪县对全县的农村人饮水价统一核算，核定基本用水量，统一水价标准，为水费应收尽收、工程良性运行打下了基础。

## 三、突出完善机制，取得明显改革成效

在试点过程中，各试点地区加强政策引领，通过制定出台政策措施、完善法规制度体系，推动改革纵深发展。湖南省出台了《湖南省湘江保护条例》，制定实施了《湖南省水利建设基金筹集和使用管理办法》《水利工程建设管理事权划分依据》《推进基层水利服务体系改革的意见》等政策文件，浙江省出台了《关于深化农村水利改革强化基层水利服务能力的意见》《浙江省小型农村水利工程建设管理实施意见（暂行）》《浙江省水利建设市场信息登记和发布管理办法（暂行）》等政策文件，甘肃省出台了《关于进一步推进农业水价综合改革的实施意见》以及《关于加强水利建设管理站等基层水利服务组织建设管理的指导意见》等政策文件，重庆出台了《建立水利投入稳定增长机制的指导意见》《加强对水利建设农业政策性金融支持若干意见》等政策文件。

通过加快水利改革试点，各项改革工作取得了明显的成效，有利于水利科学发展的体制机制和制度体系加快建立。湖南省湘江流域管理体制机制初步建立并在流域保护与管理中发挥了积极作用；湖南省和重庆市的水利建设基金和水利规费征收管理制度不断完善，水利投入多渠道筹措机制加快建立；湖南省、浙江省、甘肃省试行水利工程建设总承包制、代建制以及中小型水利工程集中建设管理取得有益经验，水利建设市场监管以及市场主体守信激励和失信惩戒机制加快建立，水利工程良性运行机制加快完善；湖南省、浙江省、甘肃省的基层水利服务机构全面建立，各类农民用水户协会加快建设并在推进专业化管理和农民自主管理方面发挥越来越大作用；湖南省、甘肃省、重庆市的农业用水权初始分配和农业水价综合改革方法路径加快探索，通过市场机制有力促进农业节水。

杜国志　韩　涛　王俊杰　马　超　执笔

高敏凤　审核

# 不断深化小型水利工程管理体制改革

水利部建设与管理司

2015 年，在完成全国小型水利工程管理体制改革示范县总结验收工作的基础上，各地进一步深入推进省级改革试点县的工作，并以小型水库为重点，全面开展面上改革工作。截至 2015 年年底，全国纳入改革的 8.5 万座小型水库中，已有近八成明晰了工程产权，落实管护经费近 10 亿元，改革工作取得明显成效。

## 一、扎实推进小型水利工程管理体制改革工作

各地在改革过程中，强化政府责任，加强组织领导，充分调动各方积极性，拓宽管护资金筹集渠道，将小型水利工程管理体制改革工作推向深入。

一是积极推广试点经验，不断将改革推向深处。各地及时做好全国改革示范县的总结验收工作，并通过召开座谈会、现场会等形式对改革试点进行深入细致的总结，提炼改革工作经验，不断完善改革思路和措施。如山东、山西、河南、广东等省在完成改革试点验收工作的基础上，召开现场会，交流经验，研究措施，对下一步工作进行统筹安排，全面推广试点经验和做法。

二是多渠道筹集资金，建立稳定的经费保障机制。为落实小型水利工程管护经费，形成稳定的经费保障渠道，各地进行了积极的探索。一些地方按照工程产权所有者负责筹集、财政适当给予补助等原则，制定符合自身财政实际的管护经费落实政策，多渠道筹集工程管护经费，建立稳定的管护经费保障机制。

三是以明晰产权为核心，不断创新管护模式。各地结合自身实际和工程特点，厘清小型水利工程的产权归属，明确建设和管护权责，通过向工程所有者颁发产权证书，进一步明确工程功能、管理和保护范围，落实产

权所有者及其权益与义务，积极探索实施了专业化集中管理及社会化管理等多种管护方式。同时，不断加强基层水利服务体系建设，完善基层水利服务机构，组建农民用水合作组织，并采取承包、租赁、拍卖、股份合作和委托管理等方式，在面向社会购买公共服务方面做出了各种积极的尝试。

四是强化督导考核，确保改革措施落实到位。通过现场督导、定期通报、奖惩激励等方式，各地加强对市（县）改革工作的督导，指导帮助解决改革中遇到的困难和问题，督促按照既定进度推进改革工作，确保如期完成年度改革任务。如四川省将农村小型水利工程确权登记颁证工作纳入全省农村改革的考核指标体系，辽宁省将农村水利管理工作纳入到省政府对各市政府绩效考核、省农建“大禹杯”考核指标中，起到了很好的督促作用。

五是加强舆论宣传，营造良好氛围。充分调动乡镇、村组集体及农民合作组织等基层力量的广泛参与是深化小型水利工程管理体制改革的关键一环。各地通过利用各种媒介开展内容丰富、覆盖面广的宣传活动，采取不同方式的专题培训，提高相关工作人员和农民群众的知情权、参与权、监督权，在全社会营造良好的改革氛围。如黑龙江、福建、贵州、湖北等省在水利厅官方网站开辟“小型水利工程管理体制改革”专题宣传，海南、陕西等省多次在省级报纸、电视台进行报道，吉林、广西等省（自治区）举办了专题培训班，进一步提高相关人员意识。

## 二、不断深化小型水利工程管理体制改革工作

虽然小型水利工程管理体制改革取得了明显成效，但是仍然面临部分地区改革进展慢、部门之间协调难度大、改革主体参与改革的积极性不高、管护经费和人员缺口大、工程产权界定难和责任主体落实难等突出问题。下一步要继续坚定目标，精心组织，突出重点，全力以赴推进各类工程的改革工作，确保如期完成改革任务。

一是继续分类指导推进改革工作。指导各地结合不同类型工程特点，分类分年度予以重点推进。2016 年要在 2015 年基本完成小型水库水管体制改革的基础上，重点推进水闸、中小河流及其堤防等涉及公共安全的水利工程的改革，全面落实管护主体和责任，确保工程安全运行。通过水利

建设与管理工作要点和工作会议等方式布置年度改革目标任务，对改革任务进行全面部署；做好改革工作的调研督导，及时掌握地方改革情况，指导各地有针对性地推进改革工作；根据需要适时召开深化小型水利工程管理体制改革座谈会或现场会，进一步推动地方研究改革措施，督促地方加快改革步伐，顺利完成年度改革任务。

二是不断拓宽管护经费筹措渠道。督促指导各级水行政主管部门加强与财政部门的沟通协调，加大小型水利工程管理体制改革的资金投入力度，把改革经费列入财政年度预算，为改革提供有力的经费保障。指导地方不断拓宽小型水利工程改革及工程管护资金的筹措渠道，结合小型农田水利重点县、中小河流治理重点县建设，整合其他各类涉农支水项目资金，参考中央财政农田水利设施建设补助资金的做法，在省、市、县级财政安排的建设资金中安排一定比例用于小型水利工程的维修养护，助推小型水利工程管理体制改革。同时，要通过市场化运作等方式，吸引民间资本投入，拓宽小型水利工程管护经费筹措渠道。

三是进一步完善工作机制，强化督促指导。指导各地继续完善监督检查、信息报送和联系协调等工作机制，规范改革进展情况的信息报送工作，以便于准确掌握改革工作动态，及时发现改革过程中存在的困难和问题，采取有针对性的措施，加强对改革工作的督促、指导和帮扶。适时对改革不力、进展滞后的县（市、区）重点督办，确保如期完成目标任务。及时宣传各地改革做法和经验、取得的显著成效，形成良好的舆论氛围。

四是做好典型案例总结提炼推广工作。在宣传推广全国改革示范县改革经验的同时，积极指导地方对改革工作做一次全面的回顾梳理，收集成功的典型案例进行剖析，提炼可复制易推广的经验，印制宣传手册大力推广。同时，及时发现其他县（市、区）好的改革做法和经验，做好宣传以供各地学习借鉴。

王　建　段荟芳　执笔

孙继昌　徐元明　审核

链接

# 山东：莒县创新小型水利工程“1+3”联动管理

山东省莒县是全国首批小型农田水利重点县，也是全国小型水利工程管理体制改革示范县。近年来，该县创新思路，按照“建、管、养、用”一体化改革思路，探索实施了“1+3”（一个平台、三方联动）联动管理运行模式，并先后对4217处小型水利工程分类实施改革，初步形成了工程产权明晰、管理主体明确、经费保障有力、运行公开高效的管理运行体制。

“一个平台”指在县、乡两级建立水利工程“116”服务热线平台，24小时受理群众农田灌溉、农村饮水、涉水案件等方面的诉求。“三方联动”中，第一方指政府通过购买服务的方式，确定“莒县清水水利工程维修养护中心”为县级工程管护主体，负责全县小型水利工程管理调度、维修养护任务；第二方指依托各类农田灌溉专业合作社，打造专业化服务机构，负责工程的维修养护；第三方指聘用村级水管员，作为服务延伸到做好“最后一公里”的保障，水管员负责村级小型水利工程的日常巡查、用水服务及工程安全管理。通过三方有机配合，实现小型水利工程管护“全方位、全时段、无缝隙”。同时，为提高工程运行效率，树立“互联网+水利工程”理念，建成并运行“互联网+农田灌溉”“互联网+农村饮水”等系统，提高了农灌自动化、智能化水平。

莒县把确权划界作为改革的“突破口”，努力实现小型水利工程的产权归属、使用权归属和管护主体归属“三个明确”。一方面，对全县小型水利工程进行排查摸底，根据工程类别、属性、规模、建设资金来源等，分别确定工程产权归属，分“确权颁证”和“划界登记”两类进行改革，全县共投入资金810万元，对1661处小型水库、塘坝等水利工程完成确权划界。另一方面，在完成确权划界的基础上，把改革的重点放在“谁来管”上，本着“政府主导、权责一致、市场运作”的原则，通过严格的产权公示、招标投标、合同签订等程序，明确了乡镇政府、供水公司及村级水管员等不同管理主体，建立了小型水库安全管理员和农村水管员的管护队伍，颁发小型水利工程经营管理权证书，从根本上形成了“权、责、利”一致的长效管护制度。

庄乾清　李晓卫　执笔

毕玉娟　审核

# 扎实推进水权试点工作

水利部水资源司

为贯彻中央决策部署，落实水利改革任务，积极稳妥推进水权工作，水利部在宁夏、江西、湖北、甘肃、河南、内蒙古、广东7个省（自治区）开展水权试点（2014—2017年）工作。国家发展改革委、财政部、水利部在80个县开展了农业水价综合改革试点，将水权作为重要内容。河北、山西、新疆等省（自治区）开展了省级水权试点。目前，各地试点正在稳步推进，部分地区已取得阶段成效，为全国层面推进水权制度建设积累了初步经验。

## 一、试点工作进展情况

### （一）在确权方面，探索开展三种类型的确权

一是对纳入取水许可管理范围内的取用水户，通过规范取水许可确权。宁夏回族自治区、江西省等地对新增取水户通过严格水资源论证和取水许可审批、发放取水许可证进行确权；对已有取水户按照先进的用水定额标准，评估取水量和节水水平，通过延续取水许可、重新核定许可水量进行确权。

二是对农业灌区内用水户，通过灌区内水量指标分解确权。甘肃省、宁夏回族自治区、江西省等地将区域用水总量控制指标细化分解到灌区、各乡镇、用水户协会或农户，下一步将确权颁证。农业水价综合改革试点县将农业水权明确到用水户或用水合作组织，颁发了水权证。河北省在地下水超采综合治理试点地区将地下水可开发利用量细化到灌区，确权到农户。

三是结合农村小型水利设施产权改革，将农村集体经济组织的水塘或修建管理水库中的水资源使用权确权到农村集体经济组织或农户。湖北省

宜都市调查了全市8500余口堰塘，对4000余口堰塘进行了整治，开展了计量设施建设，下一步将确权颁证。

### （二）在交易方面，开展了多种形式的水权交易

一是跨区域水权交易。内蒙古自治区巴彦淖尔市将节约的农业用水有偿转让给鄂尔多斯市的工业企业。自治区成立水权收储转让交易中心，已与7家用水企业签订交易合同，完成投资3亿元。

二是跨流域水量交易。河南省依托南水北调中线一期工程，组织开展新密市（黄河流域）与平顶山市（淮河流域）之间南水北调水量交易。平顶山市与新密市已签订交易意向书（平顶山市向新密市有偿转让2200万$m^3$/年）。新密市投资3亿多元建设的引水入密工程已于2014年12月开工。

三是行业间和用水户间水权交易。甘肃省在疏勒河流域等地组织开展农户间、工业企业间、农业与工业间水权交易；在石羊河流域开展农户间水权交易，武威市凉州区2015年完成交易241笔，交易水量468万$m^3$，交易金额约98万元。新疆维吾尔自治区在昌吉回族自治州开展农业与工业间、农户间水权交易，玛纳斯县2015年交易水量高达950万$m^3$。

四是流域上下游间的水权交易。广东省通过东江流域上游惠州市等地实施节水，将节约水量有偿转让给下游的广州市、深圳市，目前惠州市和广州市已初步达成交易意向。

### （三）积极开展确权和交易制度建设

河南省政府出台《南水北调水量交易管理办法（试行）》，明确规定了水量交易的条件、范围、程序等。河北省政府出台《水权确权登记办法》，明确规定将县域内可以持续使用的水量分配给取用水单位和个人，非农生产用水以取水许可形式确定水权，农业用水按农户耕地面积确定水权。内蒙古自治区政府出台《闲置取用水指标处置实施办法》。广东省人大颁布《广东省实施〈中华人民共和国水法〉办法》，明确水资源使用权可以转让。山东省水利厅印发《关于加快推进水权水市场制度建设的意见》。

## 二、试点取得的初步经验

### （一）开展用水权确权登记必须以健全用水总量控制指标和监控计量体系为基础

现阶段对微观层面的取用水户用水权进行确权，面临的突出制约是用水总量控制指标尚未从区域层面细化到水源、行业层面，确权的边界约束条件不清晰。宁夏回族自治区在开展确权之前，首先将各市县用水总量控制指标细化到引黄水等地表水和地下水源，以及各行业和各灌区干渠取水口，明确了确权边界约束条件。同时，对确权对象配备必要的计量设施。既保障用水总量控制指标得到落实，又确保用水户用水权有清晰的来源、具体的用途和明确的水量，有效避免权属争议纠纷，为开展确权登记奠定了坚实的基础。

### （二）建立水权交易市场必须充分发挥政府引导作用

在建立水权交易市场初期，由于没有明确的交易规则、统一的交易平台，相关信息不对称、认识不统一容易导致有交易意向的相关方预期不明确、动力不足。内蒙古自治区鄂尔多斯市工业企业发展用水刚性需求较大，但用水指标空间严重不足；巴彦淖尔市灌区节水潜力较大，但节水资金缺口大。内蒙古自治区政府因势利导，成立水权收储转让交易中心，出台闲置取用水指标处置实施办法，为引导和规范相关企业和灌区开展水权交易搭建了统一平台，消除了相关方的顾虑，激发了水权交易的动力，已经有多家用水企业和灌区积极参与到水权交易中，顺利落实了节水投资和项目。

### （三）水权制度建设必须充分体现用途管制的要求

在确权和交易环节，农业和生态往往处于弱势地位，如果没有严格的用途管制要求，易导致以水权交易之名变相挤占农业、生态用水，随意变更水资源用途等问题。山西省清徐县在推进水权工作过程中，以地下水不超采为前提实施水权分配，倒逼用水户调整种植结构和节约用水，目前地下水位已回升近10m，初步实现采补平衡。内蒙古自治区水权试点在确保灌区合理农业用水前提下，明确通过实施节水工程节约的2.3亿$m^3$水量中，只可转让 1.2 亿 $m^3$，其余用来退减超用的黄河水，保障了黄河生态用水和下游省（自治区）用水权益。

### （四）水权、水价改革、农村小型水利工程产权制度改革需要统筹推进

80 个农业水价综合改革试点县都将明晰农业水权作为水价改革的首要环节，其中 40 个县将用水权确权到用水户协会、40 个县将用水权确权到农户，为实施水权内平价水、水权外高价水、政府对水权内节约水量回购等措施奠定了基础，有力地推动了水价改革工作。新疆维吾尔自治区以昌吉市为试点统筹开展水权水价改革，政府将用水权分配到二轮承包地农户，农户用水在水权指标内水价为 0.124 元/$m^3$，超过水权指标和二轮承包地以外的用水水价为 0.372 元/$m^3$；水权指标内如能节约水量，政府按 0.372 元/$m^3$ 价格进行回购，水权和水价改革同步进行、有机结合、相互促进。

湖北省宜都市水权试点将农村堰塘工程的使用权按照各受益户灌溉面积比例确定到户，按照堰塘工程使用权的份额分配堰塘中的水资源使用权。两权合一，统筹推进，在保障农民用水权益的基础上，充分调动了农民参与工程产权和水资源使用权确权、工程运行维护的积极性。

## 三、存在的问题和困难

### （一）试点工作进展区域不平衡

北方水资源紧缺的试点地区，将水权交易作为保障经济社会发展用水，尤其是工业发展用水的重要途径，开展水权工作的需求迫切，积极性高、动力足。南方试点地区，由于水资源相对丰沛，缺水压力小，水权交易的需求不足，试点工作进度相对较慢。此外，不同试点区域在确权期限、权属凭证名称、确权对象等方面还不够规范。

### （二）水资源监控计量和江河水量分配相对滞后

部分试点地区水资源监控计量水平难以有效支撑水权工作。从全国层面看，水资源监控计量体系总体薄弱，特别是量大面广的农业用水普遍缺乏计量监控设施；完成跨省江河水量分配还需时间，用水总量控制指标尚

未细化到各河段、湖泊、水库和地下水源，尚未配置到各行业，水资源使用权确权登记的边界约束条件尚不清晰。

### （三）缺乏上位法的支撑

在确权方面，现有法律法规仅明确了直接从江河湖泊和地下水取用水资源需办理取水许可证、取得取水权；对灌区内用水户的用水权、农户使用农村集体经济组织的水塘和修建管理的水库中水的用水权确权没有法律依据。在水权交易方面，现有法律法规仅对取水权转让、南水北调受水区水量交易做了规定，灌区内用水户之间水权交易、其他区域间水量交易没有法律依据。由于缺乏上位法支撑，试点地区开展水权工作遇到较大阻力。

### （四）水权确权和交易中的有关问题尚需深入研究

试点过程中，在确权和交易方面，还存在一些问题没有形成共识，需要进一步深入研究。如水资源使用权人的具体权利和责任内容、确权期限、交易定价机制、交易平台运作方式、风险防控措施、区域间水权交易情形和条件以及政府与市场的关系等。

## 四、下一步工作考虑

一是加快开展试点工作。督促试点地区加大工作力度，按照试点方案明确的各项任务和时间节点要求，加快落实各项措施，尽快形成可复制可推广的经验。加强试点工作交流，及时总结、宣传报道试点工作经验。

二是夯实工作基础。加快完成国家水资源监控一期项目，以农业取用水计量监控为重点全面开展二期项目，健全水资源计量监控体系。加快开展江河水量分配，将区域用水总量控制指标细化到各水源、各行业。全面加强和规范农业取水许可管理，从严核定许可水量，严格取水工程验收和取水许可延续管理。

三是加快推进相关制度建设。加快制定水资源使用权确权登记方案，明确确权的主体、对象、形式、权属凭证期限及主要任务，在试点地区试行。加快出台水资源用途管制指导意见，区分生活、生产、生态等类型，指导各地落实用途管制措施。加快出台水权交易管理办法，推动水权交易规范有序开展。鼓励指导试点地区在确权和交易方面制定出台地方性政策法规。

四是强化重大问题研究。组织好水权相关课题研究，在水资源使用权的权责内容和权利期限、交易条件、定价机制以及平台运作方式等方面取得突破，研究解决如何统筹处理好政府和市场的关系，体现公平和效率。

齐兵强　张续军　刘国军　执笔

陈明忠　审核

**链接**

## 新疆：昌吉回族自治州水权改革再谱新篇

昌吉回族自治州（以下简称“昌吉州”）是新疆维吾尔自治区最缺水的3个地区之一。该州现状经济社会年用水总量达36亿$m^3$，比自治区确定的2030年用水总量控制目标超出6.7亿$m^3$，其中农业用水占比达94%。虽然农田节水面积已达550万亩，然而由于没有充分发挥出水权水价对水资源配置的调节作用，节约出的水量继续被农业挤占，缺水问题依然严峻。

昌吉州在2014年水权改革试点成果的基础上，2015年全州7个县（市）全面推进农业用水初始水权确权登记工作。本次只针对农民第二轮承包地、牧民定居饲草料地、移民安置土地、村集体预留机动地等（以下统称“基本农田”）进行确权。按照“群众的问题用群众的方法去解决”的原则，各县（市）充分发挥农民用水协会或村委会的主体作用，对所有基本农田进行梳理、甄别，并进行公示，最终确认昌吉州基本农田476万亩。在此基础上，以水资源“三条红线”控制指标为基准，灌溉定额为参考，根据各县（市）水资源稀缺程度分别核定每亩基本农田基础水权水量，再将初始水权确定到农户，并向农户颁发农业用水初始水权证（卡）13.6万本，覆盖率100%。

依据《昌吉州农业初始水权分配及水量交易管理办法（暂行）》，农民依法取得的农业初始水权在使用节水灌溉技术后，其节余水量可进行交易。小额水量农户之间可自主交易；大额水量交易，在具备工业、城镇供水条件的区域，通过搭建水量收储交易平台，按不低于3倍的执行水价回购农户初始水权内的节余水量。2015年，昌吉州各县（市）均成立水量收储交易中心，农业节水实现交易转移6113万$m^3$，其中向工业、城市交易转移2913万$m^3$、占48%，农业内部转移3200万$m^3$、占52%。各县（市）交易中心回购农户初始水权内节余水量执行水价价格在6~10倍之间，如玛纳斯县回购节水量水价达到执行水价10倍（即0.93元/$m^3$），当年回购节水量400万$m^3$，节水区亩均节水交易收入72元，户均净增收1944元。

水权改革的红利激发了农户的节水热情，昌吉州目前已打通农业节水向工业转换的通道，截至2015年年底，全州建立水量收储交易平台30个，当年农业节水实现交易6113万$m^3$，节水效益显著，再次点燃了农业节水引擎。水权改革真正成为了解决新疆新兴工业化、城镇化用水需求的关键。

年自力　执笔

王伟成　审核

# 农业水价综合改革试点工作取得预期成效

水利部财务司

为促进农业节水增效和农业发展方式转变，按照国务院决策部署，2014年10月，国家发展改革委、财政部、水利部、农业部联合印发了《深化农业水价综合改革试点方案》，在全国27个省份80个县开展了深化农业水价综合改革试点工作。4部委和试点地区协同配合，上下联动，精心组织，强力推进，经过一年多的努力，完成了试点工作，在明晰农业水权、完善水价形成机制、用水精准补贴和节水奖励机制等方面取得新突破，形成了一批可复制、可推广的改革样板，为稳步推进农业水价综合改革奠定了基础。

## 一、试点工作的总体思路

深入贯彻党的十八大和十八届三中、四中全会精神，按照习近平总书记提出的“节水优先”的指导思想和国务院工作要求，在总结以往试点成功经验基础上，坚持顶层设计与基层实践相结合，事先制定试点实施方案，从适当提高农业水价、加强需求管理、拓宽资金渠道、推动结构调整和提高农技水平等方面入手，以促进农业节水增效为目标、以完善农业水价形成机制为核心、以创新体制机制为动力，因地制宜、综合施策，着力深化农业水价综合改革试点，探索形成可复制易推广的改革模式，为全面推进农业水价综合改革积累经验。

## 二、试点工作的主要任务

按照统筹兼顾、突出重点，多方联动、形成合力，因地制宜、积极稳妥的原则，选择覆盖不同水资源条件、灌溉方式、经济发展水平、种植养殖结构的地区开展试点，综合运用工程配套、管理创新、价格调整、财政奖补、技术推广、结构优化等举措统筹推进试点工作。重点是：明晰农业水权，建立总量控制和定额管理制度，从源头上强化用水约束，鼓励通过水权交易优化水资源配置；建立合理的农业水价机制，综合考虑水资源稀缺程度、用户承受能力等因素，以工程运行维护成本为下限，合理制定价格标准，区分地表地下水源、种植养殖品种、用水量级等探索实行分类、分档水价；建立精准补贴机制和节水奖励机制，在适当提高农业水价的基础上，研究通过精准补贴等办法，重点对农户、用水合作组织、新型农业经营主体给予补贴，确保水费支出不过多增加，同时，对节水的用户给予奖励，调动农民参与改革的积极性；推进农田水利工程管理体制改革，重点是规范农民用水合作组织建设，明晰工程产权，落实管护主体和管护责任，创新建管机制，探索吸引社会资本参与；加强农业节水工程建设，突出强化计量设施配套和末级渠系建设，解决农田灌溉"最后一公里"问题，调整优化种植结构。由此打出一套"组合拳"，促进节约用水和工程良性运行。

## 三、试点工作的主要做法

一是明晰农业水权。各试点县全部将农业水权明确到用水户或用水合作组织，通过用水总量控制和定额管理强化节水约束，如甘肃省凉州区按照区、灌区、乡镇、协会、用水小组、用水户逐级细化分配水权，逐户颁发水权证。有的试点县探索通过水权转让使节水获得效益，如湖南省长沙县实行节约水量在协会间流转，或由灌区管理单位加价回购。

二是完善农业水价机制。试点普遍提高水价，80 个试点水价调整后，总体能够满足工程运行维护需要，有 12 种粮食作物水价达到全成本水平，有 10 种经济作物水价达到全成本或微利水平。各试点普遍建立超定额累进加价制度，因地制宜区分粮食、经济作物实行分类水价，部分试点对末级渠系水价实行协商定价，一些试点实行基本水价与计量水价相结合的两部制水价。

三是探索开展多种形式的精准补贴和节水奖励。各试点以地方财政为主多渠道筹集资金，实施精准补贴和节水奖励。补贴主要有两种方式：一种是对供水管理单位、农民用水合作组织等工程运行维护费给予补贴，分担农户的部分用水成本，在提价幅度不大的情况下，保证工程正常运行，长期发挥惠民效益；另一种是在水价提高后，对种粮农户定额内用水予以补贴，在保护种粮积极性的同时，激励农户采取节水措施将用水量控制在定额内。补贴标准由试点地区综合考虑供水成本、水价调整幅度、地方财力状况、作物类型等因素自行确定。各试点均建立了节水奖励机制，采取现金奖励、物质奖励等多种方式对节水的农户和用水合作组织进行奖励，以实现节水得实惠。

四是实施工程产权制度改革。各试点结合实际将小型农田水利工程产权明确给农民用水合作组织、村集体、新型经营主体或农户，并发放产权证。产权明晰后，一些试点地区还创新工程管护机制，有的积极探索通过 PPP 等方式引入社会资本投入农田水利，有的委托专业化公司进行工程管护。

五是规范组建农民用水合作组织。各试点组建了农民用水合作组织。这些合作组织大部分在民政部门登记注册成用水户协会，也有一部分在工商部门登记注册成合作社。农民用水合作组织在工程建设、用水管理、水费计收、协调水事纠纷等方面发挥了积极作用。

六是开展了末级渠系和计量设施配套建设。为实现工程节水和计量收费，各试点重点加强末级渠系和供水计量设施配套，解决农田灌溉“最后一公里”和用水计量问题，为改革提供硬件支撑。80 个试点共新建和改造末级渠系 4800 多 km，安装计量设施 2 万多处，可计量到用水户或农民用水合作组织，地下水灌溉试点区全部实现计量到户。

## 四、试点工作取得的主要成效

通过机制建设和工程配套建设，试点区在节水增效、工程运行、结构调整等方面初见成效，形成了一批既有利于促进节约用水和农田水利事业发展，又切合不同地区水资源实际的各具特色的农业水价综合改革模式。

一是促进了农业节水增效。通过节水改造、强化计量、调整水价等综合措施，试点区农田水利工程面貌得到根本改善，“最后一公里”问题有效解决，试点区亩均节水110$m^3$/亩，灌溉周期平均缩短近20%，预计农业生产能力平均提高15%。

二是建立了工程良性运行机制。通过实施产权改革、健全水价机制、组建农民用水合作组织，明晰了工程所有权、使用权，明确了管护主体和责任，落实了工程维修养护经费，解决了工程有人用、没人管、没钱管的问题，促进了农田水利工程长效运行。

三是调动了农民用水管水的积极性。通过规范组建农民用水合作组织，担当工程管护、用水管理、协商定价、水费计收的责任主体，农民用水自主管理、自我服务能力明显提高。

四是促进了农业生产方式转变。试点区通过提高灌溉保障能力，推动种植结构优化调整和土地流转、规模经营，为现代农业发展创造了有利条件，促进了试点区传统农业向现代农业的转变。

五是涌现了一批改革典型样板。各试点在统一采取明晰农业水权、完善水价机制、实行精准补贴、推进工程管理体制改革、配套计量设施等综合措施的同时，积极探索符合当地实际的改革模式。如湖北省当阳市、云南省陆良县的“协商定价”模式，骨干工程水价由政府制定，末级渠系水价由协会组织农户代表民主协商确定，确保了水价得到普遍认可。湖南省长沙县的“骨干工程财政补助、终端水费反哺于民”模式，由财政补助骨干工程运行维护成本，农民只承担末级渠系运行维护成本，水费由协会收取，用于末级渠系管护，实现取之于民、用之于民。江苏省宿迁市宿豫区、四川省绵阳市游仙区的“阳光操作、精准奖补”模式，在提高水价的同时对农民定额内用水予以补贴，有效降低水费支出、保护种粮积极性。河北省尚义县、云南省元谋县的“引入社会资本”模式，政府和社会资本共同出资建设供水管网和计量设施，社会资本通过水费回收投资，有效弥补财政资金不足。甘肃省民勤县、云南省宾川县的“水权流转”模式，通过明晰水权、鼓励农户开展水权交易，有效推动水资源优化配置，等等。

试点让农民看到了实效、得到了实惠，同时，也促进了农民用水观念转变，极大地激发了干部群众的积极性，发挥了很好的示范带动作用。

## 五、下一步推进改革的打算

2016 年 1 月，国务院办公厅印发了《关于推进农业水价综合改革的意见》（以下简称《意见》），根据《意见》精神，水利部将联合有关部门重点做好农业水价综合改革的推进工作：

一是认真抓好《意见》落实。精心制订贯彻落实方案，督促地方落实主体责任，编好实施办法，明确时间表、路线图，鼓励有条件的地方率先实现改革目标。及时发现和总结各地改革的好经验、好做法，因地制宜加强宣传推广，推动改革有序实施。

二是全面贯彻“先建机制、再建工程”要求。督导地方把农业水价形成机制建设与工程建设同步设计、同步实施、同步验收，确保工程建成一处、良性运行一处、持续发挥效益一处。对现有未建立合理水价形成机制的灌溉面积，指导地方有计划、有步骤地实施农业水价综合改革，突出抓好计量设施配套，尽快补齐机制“短板”。

三是切实强化改革考核评价。健全农业水价综合改革绩效评价与资金安排挂钩机制，对改革力度大、进展快、成效好的予以重点支持，对改革不好的不予支持，对不改革的调减相关资金，充分调动改革的积极性。

姜　楠　汪习文　王健宇　康　健　执笔

吴文庆　赫崇成　审核

链接

# 甘肃：全面完成农业水价综合改革试点任务

2015 年 7 月，甘肃省水利厅会同省发展改革委、财政厅、农牧厅组成验收组，对凉州、民勤、民乐、高台、白银等 5 个试点县（区）2014 年农业水价综合改革试点任务完成落实情况进行了审查、验收。这标志着甘肃省全面完成农业水价综合改革试点工作。

明晰了农业初始水权，实行用水总量控制和定额管理。试点县（区）科学核定本区域农业用水总量和用水定额，细分到各种水源。明晰农业水权，实行用水总量“封顶”政策。建立了水权交易制度，搭建水权交易平台。民勤县实行年初预算、年中审计、年末决算、年度调节的水权管理办法，试点项目区分配的用水总量 3809 万 $m^3$，水权交易量 1.5 万 $m^3$，交易金额 7830 元。白银区制定了农业水权政府回购政策，试点灌区农业水权向生态用水转让、向湿地公园转让，用水者协会向砂厂转让水权。凉州区实行精细化管理、过程性控制，建立了 4 个水权网上交易中心，水权交易市场活跃。

建立了合理的农业水价形成机制，实行差别水价和超定额累进加价制度。试点县（区）按照有关规定测算农业供水成本，并综合考虑水资源稀缺程度以及用户承受能力等因素，合理制定农业用水价格。充分考虑田间水利设施建设情况、节水技术推广应用情况，对超定额用水探索实行累进加价。凉州区、民勤县根据作物类型和种植方式实行分类水价，并按照超定额 30% 以内、30% ~50% 、50% 以上实行三级超定额累进加价。高台县、民乐县对粮食作物和经济作物实行分类水价，并分地表水、地下水制定三级阶梯超定额累进加价制度。白银区分粮食作物、经济作物和设施农业实行分类水价，按照超定额50%以内和以上分两级阶梯推行累进加价制度。

建立了农业节水精准补贴机制和节水奖励基金。试点县（区）重点对农民用水合作组织、新型农业经营主体、用水户进行补贴，提高补贴精准性、指向性，充分调动了地方各级政府和农民群众用水改革的积极性。在保障水利工程正常运行的基础上，多渠道筹资，建立节水奖励基金，对采取节水措施、调整生产模式促进农业节水的农户给予奖补。省级财政为5个试点县（区）各安排100万元资金，支持建立奖补机制。5个试点县（区）通过县（区）财政、水资源费、水费等落实奖补资金562.43万元，向协会及农户发放奖补资金136.26万元。

杨　飞　杨忠琪　赵继宗　执笔

毕玉娟　审核

# 协同加大金融支持水利建设力度

水利部财务司

水利部党组高度重视发挥金融机构作用，2015 年，水利部积极与中国人民银行、财政部、银监会等部门沟通，强化与国家开发银行、中国农业发展银行、中国农业银行等金融机构合作，全面深入推动金融支持水利建设工作。

## 一、深入推进与金融机构战略合作

在争取中央财政投入的同时，水利部加强与金融机构合作，积极运用金融力量支持水利建设。

2015 年 1 月 10 日，水利部陈雷部长、中国农业银行刘士余董事长主持召开深化战略合作座谈会，贯彻落实党中央、国务院关于加快水利改革发展的重大战略部署，交流水利部门与中国农业银行系统的合作经验，研究进一步深化战略合作、加大水利信贷支持的政策举措，并组织 31 个省（自治区、直辖市）水利部门与中国农业银行分行就具体合作事宜进行对接。

3 月 18 日，陈雷部长、国家开发银行胡怀邦董事长主持召开座谈会，贯彻党中央、国务院关于加快推进重大水利工程建设的决策部署，落实开发性金融支持水利建设的战略举措，签署《共同推进重大水利工程建设战略合作备忘录》。

7 月 24 日，陈雷部长、中国农业发展银行解学智董事长主持召开全面支持水利建设融资工作座谈会，深入贯彻落实国务院第 83 次常务会议精神。对各地落实重大水利工程专项过桥贷款政策的做法和经验进行认真总结，对加快推进重大水利工程和民生水利建设融资工作进行再部署、再督促。会上，两部门签署了关于全面支持水利建设战略合作框架协议，组织省级水利部门和中国农业发展银行分行进行现场对接，进一步推动政策落地。

各省级水利部门也进一步强化与金融机构合作。截至目前，共有20多个省级水利部门分别与有关金融机构签订了合作协议。

## 二、全面推动专项过桥贷款政策落实

为贯彻落实国务院第83次常务会议精神，2015年2月28日、5月22日，陈雷部长分别与中国农业发展银行原行长郑晖、中国农业发展银行解学智董事长会谈，共同研究为地方加快推进重大水利工程建设提供过渡性资金支持。2月28日，中国农业发展银行印发了《重大水利工程专项过桥贷款管理办法（试行）》；3月9日，水利部与中国农业发展银行联合印发《关于专项过桥贷款支持重大水利工程建设的意见》，明确专项过桥贷款的贷款对象为中央或省级政府设立的承担重大水利工程建设职能的项目法人，以及省级政府授权的承担负责统贷统还职能的地方政府投融资平台，采用信用方式，无须担保，期限原则上不超过3年，在基准利率基础上分别对东中西部分别下浮10%、15%和20%，并开辟绿色通道，限时15个工作日内办结。为确保落实专项过桥贷款政策，中国农业发展银行成立了客户四部负责有关水利项目融资工作。

各有关地方政府高度重视、迅速行动，组织财政、发展改革、水利、中国农业发展银行分行与承贷主体专题协调，协商落实过桥贷款支持重大水利工程建设工作。截至2015年年底，2015年中国农业发展银行各地分行共审批专项过桥贷款689亿元，实际发放378亿元，有力地支持了河北双峰寺水库、安徽引江济淮、湖北大中型灌区节水改造、陕西引汉济渭等61项重大水利工程的实施。

## 三、协调推动水利融资模式创新

水利部加强与中国人民银行、银监会的沟通协调，积极争取金融监管部门对水利建设资金需求的支持。协调国家开发银行、中国农业发展银行、中国农业银行结合水利行业特点，在风险可控的前提下，创新水利融资模式。

国家开发银行充分发挥开发性金融作用，积极探索运用公司合作、参股控股等模式为水利提供中长期优惠贷款，对跨区域跨流域调水、江河湖泊治理骨干工程、重点水源等重大水利工程执行利率下浮优惠政策。根据项目现金流情况，适当延长贷款期限，最长可达40年。建立预评审授信机制，对短期内不具备评审条件的重大水利工程开展预评审。开通项目审批绿色通道，加快评审、审批进度，提高省级分行单个水利项目审批权限最高至40亿元。创新PPP、政府采购等融资模式，引导社会资本积极参与。

中国农业发展银行在积极发放重大水利工程专项过桥贷款的同时，针对水利建设项目公益性强、投资规模大、回收周期长的特点，研究确定将水利建设中长期贷款期限由目前的12年延长到20年，最长放宽至30年。同时为加快贷款投放，将关口适当前移，对于可行性研究报告尚未批复或正在批复中的项目，可先行受理、调查评估、审批和发放贷款。

中国农业银行发挥国有商业大行的优势，在水利贷款条件设定、期限结构、审批流程、贷款管理等方面，提供最优惠的政策支持。将重大水利工程列入农业银行重大项目库，建立服务台账，逐项落实责任，将30亿元以下重大水利工程项目下放至分行自主审批。

截至2015年年末，国家开发银行、中国农业发展银行、中国农业银行大口径水利建设贷款余额9902亿元，较2014年增长2117亿元，增长27.2%。三家银行2015年全年发放水利项目贷款3236亿元，较2014年增长948亿元，增长41.4%。此外，国家开发银行、中国农业发展银行全年分四批发放水利项目专项建设基金692亿元，银行信贷资金已经成为水利建设资金的重要来源。

郑红星　周维伟　蔡　泓　陈艺伟　刘婉迪　执笔

吴文庆　高　军　审核

专栏七

# 《关于鼓励和引导社会资本参与重大水利工程建设运营的实施意见》解读

水利部规划计划司

水利具有很强的公益性，且投资规模大、建设周期长、盈利能力弱，主要以政府投资为主，社会资本投资不足水利总投资的20%，其中企业和私人投资平均不足5%。随着大规模水利建设全面开展，当前水利建设投资面临较大的资金缺口，吸引社会资本参与成为解决资金缺口的一个重要途径，迫切需要研究制定有关政策措施，促进社会资本在更大范围、更高程度上参与水利建设。

党的十八届三中全会以来，党中央、国务院对深化投资体制改革、鼓励社会资本发展做出新的部署，对吸引社会资本参与水利建设提出了新的要求。2015年3月，国家发展改革委、财政部和水利部制定印发了《鼓励和引导社会资本参与重大水利工程建设运营的实施意见》（以下简称《意见》）。《意见》的印发实施，对于建立公平开放透明的市场规则，营造权利平等、机会平等、规则平等的投资环境，激发市场主体活力和潜力，建立健全水利投入资金多渠道筹措机制，加快重大水利工程建设，提高水利管理效率和服务水平，加快完善水安全保障体系，支撑经济社会可持续发展，具有重要意义。

《意见》分为5个部分、共24条，主要包括以下内容。

## 一、明确参与范围和方式

为进一步鼓励社会资本参与，《意见》从拓宽社会资本进入领域和合理确定项目参与方式两个方面进行了明确。

一是拓宽社会资本进入领域。《意见》明确除法律、法规、规章特殊规定的情形外，重大水利工程建设运营一律向社会资本开放。只要是社会资本，包括符合条件的各类国有企业、民营企业、外商投资企业、混合所有制企业以及其他投资、经营主体，愿意投入重大水利工程的，原则上应优先考虑由社会资本参与建设和运营。但综合水利枢纽、大城市供排水管网的建设经营需按规定由中方控股。

二是合理确定项目参与方式。水利是公共基础设施，既可以由政府直接提供，也可以通过向社会购买服务的方式提供。《意见》提出建立健全政府和社会资本合作（PPP）机制，鼓励社会资本以特许经营、参股控股等多种形式参与重大水利工程建设运营。对公益性较强、没有直接收益的河湖堤防整治等水利工程建设项目，可通过与经营性较强项目组合开发、按流域统一规划实施等方式，吸引社会资本参与。

## 二、完善优惠和扶持政策

单纯依靠自身收益难以吸引社会资本进入水利建设。针对这一问题，为促进社会资本获得合理收益，《意见》重点从政府投资引导、财政补贴、价格机制等方面提出了优惠和扶持措施。

一是充分发挥政府投资的引导带动作用。《意见》提出重大水利工程建设投入，原则上按功能、效益进行合理分摊和筹措，并按规定安排政府投资。对同类项目，中央水利投资优先支持引入社会资本的项目。公益性部分政府投入形成的资产归政府所有，同时可按规定不参与生产经营收益分配。为更好带动民间资本、金融机构和大型国有企业等参与水利建设，《意见》提出鼓励发展支持重大水利工程的投资基金，政府可以通过认购基金份额、直接注资等方式予以支持。

二是完善项目财政补贴管理。针对能够承担一定公益性任务、社会效益较好，但项目收入不能覆盖成本和收益的政府和社会资本合作（PPP）重大水利项目，《意见》提出政府可对工程维修养护和管护经费等给予适当补贴。财政补贴的规模和方式要以项目运营绩效评价结果为依据，综合考虑产品或服务价格、建设成本、运营费用、实际收益率、财政中长期承受能力等因素合理确定、动态调整，并以适当方式向社会公示公开。

三是完善价格形成机制。针对目前水利工程供水等价格水平偏低，不能补偿供水成本费用，更难以体现资源稀缺性和市场供求关系等问题，《意见》提出完善主要由市场决定价格的机制，对社会资本参与的重大水利工程供水、发电等产品价格，探索实行由项目投资经营主体与用户协商定价。需要政府制定价格的，既要考虑社会资本的合理回报，又要考虑用户承受能力、社会公众利益等因素；价格调整不到位时，地方政府可根据实际情况安排财政性资金，对运营单位进行合理补偿。

四是发挥政策性金融作用。考虑为水利工程建设提供长期稳定、相对低成本的资金支持，增强水利工程融资能力，《意见》提出加大重大水利工程信贷支持力度，完善贴息政策。允许水利建设贷款以项目自身收益、借款人其他经营性收入等作为还款来源，允许以水利、水电等资产作为合法抵押担保物。

五是推进水权制度改革。结合内蒙古等地的水权改革经验，《意见》提出积极探索多种形式的水权交易流转方式，鼓励开展地区间、用水户间的水权交易，允许各地通过水权交易满足新增合理用水需求，通过水权制度改革吸引社会资本参与水资源开发利用和节约保护。

此外，《意见》明确了税收、建设用地等方面的有关优惠政策，以提高社会资本投入重大水利工程的积极性。

## 三、落实投资经营主体责任

社会资本具有逐利性和不稳定性等特点，在经营过程中为追求自身经济利益最大化，可能产生与防洪安全、供水安全、粮食安全、生态安全等公益性目标的背离，对水利公共服务质量造成不利影响。为规范社会资本投资主体行为，保障重大水利工程功能发挥和安全运行，《意见》从完善法人治理结构和履行投资经营权利义务两个方面提出要求。

一是完善法人治理结构。《意见》要求项目投资经营主体应依法完善企业法人治理结构，健全和规范企业运行管理、产品和服务质量控制、财务、用工等管理制度，不断提高企业经营管理和服务水平。

二是认真履行投资经营权利义务。《意见》要求项目投资经营主体应严格执行基本建设程序，落实项目法人责任制、招标投资标制、建设监理制和合同管理制，对项目的质量、安全、进度和投资管理负总责。要建立健全质量安全管理体系和工程维修养护机制，按照协议约定的期限、数量、质量和标准提供产品或服务，依法承担防洪、抗旱、水资源节约保护等责任和义务，服从国家防汛抗旱、水资源统一调度。

## 四、加强政府服务和监管

吸引社会资本投入重大水利工程建设运营，政府必须加强服务与监管，以提高社会资本参与水平和效率，保障社会资本合法权益和社会公共利益。《意见》重点从加强信息公开、加快项目审核审批、落实应急预案和完善退出机制等方面提出了具体措施。

一是加强信息公开。《意见》明确要求发展改革、财政、水利等部门要及时向社会公开发布水利规划、行业政策、技术标准、建设项目等信息，保障社会资本投资主体及时享有相关信息。加强项目前期论证、征地移民、建设管理等方面的协调和指导，为工程建设和运营创造良好条件。

二是加快项目审核审批。《意见》提出建立健全重大水利项目审批部际协调机制，优化审核审批流程，创新审核审批方式，开辟绿色通道，加快审核审批进度。对于法律、法规没有明确规定作为项目审批前置条件的行政审批事项，一律放在审批后、开工前完成。

三是落实应急预案。为预防和应对水利公共服务突发公共事件，《意见》提出在发生危及或可能危及公共利益、公共安全等紧急情况时，政府可采取应急管制措施。

四是完善退出机制。为避免和降低社会资本退出的不利影响，维护社会资本的合法权益，保证公共利益不受侵害，《意见》提出政府有关部门应建立健全社会资本退出机制，在严格清产核资、落实项目资产处理和建设与运行后续方案的情况下，允许社会资本退出，妥善做好项目移交接管，确保水利工程的顺利实施和持续安全运行。

## 五、做好组织实施

为确保各项政策落实的有效落实，确保取得实效，《意见》提出各地要结合本地区实际情况，抓紧制订鼓励和引导社会资本参与重大水利工程建设运营的具体实施办法和配套政策措施。因地制宜选择者一批项目开展试点示范，国家发展改革委、财政部、水利部将选择一批项目作为国家层面联系的试点，加强跟踪指导，及时总结经验，推动完善相关政策，发挥示范带动作用，争取尽快探索形成可复制、可推广的经验。同时，要搞好宣传引导，为社会资本参与工程建设运营营造良好社会环境和舆论氛围。

杜国志　乔建华　韩　涛　马　超　王俊杰　执笔

汪安南　高敏凤　审核

专栏八

# 重大水利工程专项过桥贷款政策解读

水利部财务司

为落实国务院第83次常务会议有关部署，2015年2月底，水利部、中国农业发展银行联合印发了《关于专项过桥贷款支持重大水利工程建设的意见》（水财务〔2015〕126号），明确中国农业发展银行通过专项过桥贷款为地方开展水利建设提供过渡性资金支持，保证纳入国家投资计划和地方财政预算的172项重大水利工程顺利实施。

一是采用信用方式发放。对于已列入地方财政年度预算和中期财政规划的172项重大水利工程项目，在省级政府或有关部门提供相关证明材料的基础上，采用信用贷款方式发放，无须担保。过桥贷款既可以按照项目发放，也可以由承贷主体统借统还。

二是贷款期限灵活。贷款期限依据项目投资实际需求和财政预算等因素综合考虑确定，原则上不超过3年，可滚动发放。

三是实行下浮利率优惠。在中国人民银行同期基准利率基础上，利率按照西部及东北、中部和东部地区分别下浮20%、15%和10%执行。

四是开辟绿色通道。中国农业发展银行规定10亿元以下信贷额度由各省分行审批。各级中国农业发展银行对专项过桥贷款开辟绿色通道，优先受理、优先评审、优先批贷，在确定受理后，应于15个工作日内办结，确保借款人可在合同约定的期限和贷款额度内用款。

专项过桥贷款政策是国务院为加快推进172项重大水利工程建设所作出的重大决策，优惠幅度大，政策含金量高，对有效缓解地方财政资金到位与重大水利工程建设进度不相匹配的矛盾具有重要作用。

郑红星　周维伟　蔡　泓　陈艺伟　刘婉迪　执笔

吴文庆　高　军　审核

# 防汛抗旱篇

# 2015 年防汛抗旱工作综述

国家防汛抗旱总指挥部办公室

## 一、汛情、旱情、灾情

2015 年，我国出现多次强降雨过程，西江、太湖、淮河发生超警洪水，一些中小河流发生超历史记录洪水，有 6 个台风登陆，江南、华南发生罕见冬汛，部分地区暴雨山洪、城市内涝灾害严重。北方冬麦区及南方部分地区发生冬春旱，华北、东北、西南等地发生夏旱。汛情、旱情和灾情主要有五个特点：

一是降雨南多北少，局部暴雨强度大。全国共出现 36 次强降雨过程，其中南方 33 次，北方大部降雨偏少。6 月南方地区的强降雨过程覆盖太湖、长江下游和淮河三大流域，面平均降雨量分别达 112mm、110mm 和 48mm。8 月 7 日至 10 日浙江温州东坑岭水库降雨量 871mm，最大 24 小时降雨量 692mm，重现期超 100 年。

二是三大江河接连超警，南方地区发生罕见冬汛。6 月下半月西江、太湖和淮河接连发生超警戒水位洪水。太湖水位连续超警 35 天，7 月 14 日达 4.19m，为 1999 年以来最高水位。全国有 336 条中小河流发生超警洪水，74 条发生超保洪水，15 条发生超历史记录洪水。11 月江南、华南有 30 余条河流发生超警戒水位洪水，部分河流发生有记录以来同期最大洪水。

三是台风登陆强度大，影响范围广。西北太平洋共生成 27 个台风，登陆我国大陆的 6 个台风中有 5 个强度达到台风以上量级，其中“灿鸿”为 1949 年以来 7 月登陆浙闽地区最强台风，“彩虹”为 1949 年以来 10 月登陆我国最强台风，“苏迪罗”先后影响 10 个省（直辖市），是 2008 年“凤凰”之后影响范围最广的台风。

四是春夏旱连续发生，东北地区旱情重。华北、东北、江南的部分地区发生春旱，5 月上旬全国耕地受旱面积达 7133 万亩，171 万人因旱饮水困难。华北、东北、西南等地发生夏旱，7 月下旬全国耕地受旱面积达 4882 万亩，190 万人因旱饮水困难，辽宁、吉林、黑龙江 3 省耕地受旱面积占全国的 6 成。干旱共造成 1.51 亿亩农作物受灾，粮食损失 1444 万 t，有 836 万人因旱饮水困难，直接经济损失 579 亿元。与 2000 年以来均值相比，农作物受灾面积、粮食损失和人饮困难数量分别偏少 52%、51% 和 65%。

五是洪涝灾害区域集中，死亡人数历史最低。全国共有 30 个省（自治区、直辖市）和新疆生产建设兵团 7641 万人遭受洪涝灾害，死亡 319 人、失踪 81 人，农作物受灾 9198 万亩，倒塌房屋 15.2 万间，直接经济损失 1661 亿元。与 2000 年以来均值相比，死亡人口、受灾人口、受灾农作物面积、倒塌房屋分别偏少 76%、35%、44%、85%，直接经济损失偏多 13%，死亡人数为新中国成立以来最低。受灾地区主要集中在南方强降雨多发区域，江苏、浙江、安徽、福建、江西、湖北、湖南、四川、贵州、云南 10 省灾害损失各项主要指标占全国的 6 成左右。

## 二、防汛抗旱工作

党中央、国务院高度重视防汛抗旱防台风工作，中央领导多次作出重要批示指示，主持召开国家防总全体会议和专题会议，对防汛抗旱工作进行全面部署，并多次就灾害防范和应对提出明确要求。国家防总、各流域防总以及地方各级党委政府和防汛抗旱指挥部按照党中央、国务院的要求和部署，加强组织领导，细化落实责任，超前安排部署，科学指挥调度，成功应对了频繁发生的水旱灾害，取得了显著成效。大中型水库无一垮坝，重要堤防无一决口，因灾死亡人数创新中国成立以来最低，城乡生活、生产和生态用水基本满足。全年防汛共减少受灾人口 1565 万人、减淹耕地 1701 万亩、避免粮食损失 411 万 t、避免城市受淹 77 座次，减灾效益 422 亿元；抗旱累计完成灌溉面积 2.5 亿亩，挽回粮食损失 2260 万 t、挽回经济作物损失 201 亿元，解决了 691 万人、653 万头大牲畜的因旱临时饮水困难。

一是全面落实责任，做好防御准备。国家防总召开全国防汛抗旱工作视频会议、全国水库安全度汛视频会议和多次专题会议，全面部署防汛抗旱防台风工作。汛前，调整了国家防总部分组成成员，通报了全国防汛抗旱行政责任人名单，举办了地市级防汛抗旱行政首长培训班，组织开展了汛前检查，针对每省（自治区、直辖市）检查中发现的问题，逐一提出具体整改要求并限期完成，联合国土、住建、安监、气象、能源等部门就突发灾害防范、汛期安全生产和水库水电站安全度汛进行了部署。各级防汛抗旱指挥部层层落实责任，及时修复水毁灾损水利工程，全面排查、消除度汛隐患，修编方案预案，提前部署应急队伍和抢险物资，做好防汛抗旱各项准备。

二是及时启动响应，快速应对灾害。国家防总多次与有关省（自治区、直辖市）防汛抗旱指挥部和流域防总进行异地视频会商，有针对性地部署灾害防范应对工作。先后 9 次启动应急响应，其中Ⅱ级响应 2 次，发出 60 多个调令和工作通知，派出 160 多个工作组、专家组和督察组深入一线，商财政部下达度汛应急和特大防汛抗旱补助费 29.14 亿元。各流域防总和各级防汛抗旱指挥部及时启动应急响应，全力做好水利工程调度、险情巡查抢护、人员转移安置以及抗旱保供水等各项工作，各地防汛累计投入 344 万人次，抗旱投入 3005 万人次，解放军和武警部队出动兵力和民兵预备役 20 余万人，有力支援了防汛抢险和抗旱救灾。

三是加强监测预警，及时转移群众。国家防总强化应急值守，密切监视天气变化，联合中国气象局首次通过中央电视台发布山洪灾害预警。各级气象、海洋、水文部门及时作出暴雨、台风、洪水等灾害的滚动预报，为防汛抗旱决策提供有力支撑。各级防汛抗旱指挥部及时发布灾害预警，加强受影响地区学校、景区、工矿企业管理，采取停课、停工、停业等非常措施，及时组织转移台风影响区、山洪灾害易发区、洪涝灾害威胁区和发生严重险情的水库下游地区人员 628 万人次，解救洪水围困群众 49 万人次，其中防台风共转移 376 万人次、船只回港避风 39.8 万艘次，有力保障了人民生命安全。

四是科学调度工程，有效减轻损失。各级防汛抗旱指挥部精心调度水利工程，发挥了巨大的防灾减灾作用。在应对太湖、淮河和长江下游洪水过程中，太湖防总调度太浦闸、望亭水利枢纽和环湖其他口门，在太湖水位超警戒期间累计排水超 22 亿 $m^3$；安徽省启用荒草二圩、荒草三圩蓄滞洪区分蓄洪水 5500 万 $m^3$，降低滁河水位 0.8m。国家防总组织实施了引黄入冀、珠江枯水期水量调度、引江济太等应急调水，调度三峡、小浪底、丹江口等骨干水库加强汛末蓄水，三峡连续第 6 年实现 175m 蓄水目标；指导长江防总将三峡水库下泄流量由 17200$m^3$/s 压减至 7000$m^3$/s，为救援打捞“东方之星”号客轮创造了有利造条件。

五是强化信息报送，做好宣传引导。国家防总及时向党中央、国务院和有关部门报送防汛抗旱简报以及水旱灾害防御和工作部署等材料。加强宣传工作，汛前联合中央主流媒体深入基层一线开展“防汛备汛”专题系列活动，主汛期启动了央视直播连线。针对社会关注的防汛抗旱焦点和热点问题，通过召开新闻发布会和新闻通气会等形式，向中央各主流媒体通报有关情况。各流域防总、各级防汛抗旱指挥部围绕防汛抗旱工作部署、重大险情灾情应对、防灾减灾能力建设等方面，多形式、多角度及时发布有关情况，为防汛抗旱工作的顺利开展营造了良好氛围。

六是夯实工作基础，提升防灾能力。国家防总报请国务院批复了《长江防御洪水方案》，国家防总批复了《黄河洪水调度方案》《淮河干流水量应急调度预案》《太湖抗旱水量应急调度预案》《城市防洪应急预案管理办法》等，进一步完善方案预案体系。继续大力推进山洪灾害防治、洪水风险图编制、抗旱规划实施、国家防汛抗旱指挥系统等项目建设，有效提升基层防灾减灾能力，2015 年各地利用已建山洪灾害预警系统发布预警短信 855 万条，启动预警广播 28 万余次，转移危险区群众 169 万人次，全国因山洪灾害死亡失踪人数为历史最少；2014 年抗旱规划建成的应急备用井和引调提水工程累计浇灌农田 300 多万亩，解决了 30 多万人的饮水困难。

## 三、2016 年工作重点

2016 年，国家防总将继续组织指导各地做好江河洪水、台风、山洪和干旱等灾害的防御工作，全力确保人民生命安全和供水安全，最大限度减轻灾害损失。同时，进一步加快建设完善防汛抗旱工程体系，不断完善法规制度和方案预案体系，健全应急管理体制机制，加快推进山洪灾害防治、抗旱规划实施、国家防汛抗旱指挥系统建设、应急队伍和物资建设等基础工作，加强风险管理，全面提高水旱灾害防御能力，为经济社会平稳健康发展提供防汛抗旱安全保障。

王　为　执笔

王　翔　审核

**链接**

## 甘肃：陇南山洪灾害防治跨入大数据时代

秦巴山区，山大沟深，地形复杂，水系丰富，生态环境脆弱，山洪、泥石流等自然灾害多发频发……这是甘肃陇南山洪灾害防治面临的现实问题。66次强降雨过程，累计发送700余万条预警信息，指挥转移群众70多万人次，创造了“零死亡”的奇迹……这是甘肃陇南3年来山洪灾害防治工作交出的答卷。一次又一次的暴雨山洪，一次又一次的生死营救，奇迹的背后，是大数据的成功实践，也是干部群众通力合作的生动诠释。

2010年起，陇南市整合水务、气象、国土、安监、环保、公安、消防、交通等多个部门共17类1900多个监测站点的资源，建设自然灾害监测预警指挥系统。通过大数据、云计算的方式，实现全方位的监测预警、精准的模型推演、智能化的指挥调度，为山洪灾害应急处理打造“最强大脑”。

在陇南市大数据政务中心，遍布全市的监测站点每10分钟就会将实时监测的雨情、水情回传指挥系统。暴雨、山洪等紧急情况出现伊始，指挥系统会综合分析水文、气象、地质等信息，模拟计算发展趋势，判断该区域是否启动山洪灾害应急预案。预案启动后，系统会快速处理实时数据并进行模型推演，进一步预判灾害发展趋势，组织水务、气象、国土等部门进行会商，做出应急决策。

系统自动筛选出对应的县、乡、村各级防汛责任人，将决策指令精准传达给该区域所有责任人。同时，对纳入系统的1500多辆配有GPS定位系统的110、120、119、应急车等车辆位置进行综合搜索，找出最合适的救援车辆，确定最优路径，进行统一调度。在大数据平台上，该系统与各相关部门的信息资源建立了共享交换机制，自动完成防汛责任人更换、应急车辆变动等信息的整合、更新，确保存储待用的信息完整、准确。

每年自入汛以来，每次暴雨前，陇南各乡、村干部和部分村民都会收到自然灾害监测预警指挥系统发送的短信提示。在需要组织当地群众撤离的情况下，该系统以短信、微信、乡村广播的形式“一键”发布，在10分钟内将撤离指令发送给县、乡、村各级有关责任人。自然灾害监测预警指挥系统可以综合分析水情、雨情和地理信息等数据，提前规划出最优撤离路径，自动将撤离路线图以彩信、微信等形式发送给灾区乡村负责人，保证村民安全有序撤离。考虑到手机普及率和信号覆盖率的问题，陇南市还布设了预警广播1460个，给每个村配齐手摇式预警器和铜锣，覆盖全市485条流域2万多平方公里，进一步拓展了灾害监测预警功能和范围。

预警信息一条接一条，预警广播响彻全村，手摇预警器声和铜锣声传到每家每户，撤离转移责任到人。面对考验，“最强大脑”指挥得当，预警及时，干部群众同心协力，生命至上。2013年以来，陇南多地虽发生百年一遇的暴洪灾害，却未有一人遇难，70多万受灾群众跑赢了时间，跑赢了山洪，创造着抗击山洪灾害的生命奇迹。

张　凯　执笔

毕玉娟　审核

专栏九

# 2015年气象特点对我国水情的影响

水利部水文局

2015年厄尔尼诺事件自5月后持续发展，于11月达到峰值，其强度已超过历史上其他两次超强厄尔尼诺事件（1997—1998年和1982—1983年），成为20世纪以来最强厄尔尼诺事件。受厄尔尼诺事件、副热带高压、冷空气、暖湿气流等综合因素的影响，2015年我国天气气候异常特征明显，全国降水总体略偏多，呈现“南多北少”的格局，强降雨过程多，局地暴雨强度大；西江、太湖、淮河发生超过警戒水位的洪水，南方部分中小河流发生超过历史记录的大洪水；11月，江南、华南发生罕见冬汛；年内有6个台风登陆，“苏迪罗”“彩虹”等超强台风影响严重；全国主要江河来水偏枯，北方部分重点水库蓄水不足。雨水情主要有以下特点：

一是降雨南多北少，局地暴雨强度大。2015年，全国平均降水量为645mm，较常年同期（625mm）偏多3%。降水时空分布不均，江淮、江南、西南东部和南部、华南大部降雨偏多1～4成；西北东部、华北西部、黄淮、东北东部和南部偏少1～3成。全国共出现38次强降水过程，其中南方地区发生34次，主要以移动性为主。6月26—28日，强降雨过程覆盖太湖、长江下游和淮河三大流域，最大点雨量江苏江阴456mm；8月7—10日，受第13号台风“苏迪罗”影响，福建、浙江两省普降大暴雨，浙江温州东坑岭水库过程降雨量达871mm，重现期超100年；11月，江南、华南发生多次强降水过程，其中11月10—13日广西临桂过程雨量达370mm。

二是台风登陆强度大，深入内陆影响范围广。2015年，西北太平洋共生成27个台风，较常年同期偏多1.5个；有6个登陆，较常年同期偏少1.2个，其中2个登陆时达强台风量级。第1号台风“米克拉”1月14日生成，比多年平均首次生成时间早57天。第10号台风“莲花”和第9号台风“灿鸿”分别于7月9日、7月11日在广东、浙江登陆，其中“灿鸿”登陆时最大风力达14级，为1949年以来登陆浙闽地区最早最强的台风。第13号台风“苏迪罗”8月8日在福建登陆后，相继影响福建、浙江、江苏、安徽、江西、广东、上海、湖南、湖北、河南10个省（直辖市），是2008年台风“凤凰”之后影响范围最广的台风。第22号台风“彩虹”10月4日登陆广东时最大风力达15级，为1949年以来10月上旬同期登陆我国最强台风。

三是大江大河集中超警，中小河流洪水多发。2015年6月下半月，受持续强降雨影响，西江、太湖和淮河三大江河接连发生超警洪水。其中，西江、淮河干流均为2010年以来首次超警；太湖自6月28日至8月1日超警历时长达35天，7月14日最高水位为4.19m，为1999年以来最高水位。汛期，全国共有336条中小河流发生超警洪水，较2000年以来均值偏多50余条（见图1），其中广西湘江上游、浙江浦阳江等74条河流发生超保证水位洪水，安徽滁河、江苏秦淮河及大运河、湖南廖水、江西梅川等15条中小河流发生超历史记录洪水。11月，南方地区发生罕见冬汛，江南、华南有30余条河流发生超警洪水，其中广西桂江和湖南湘江等河流发生建站以来同期最大洪水。

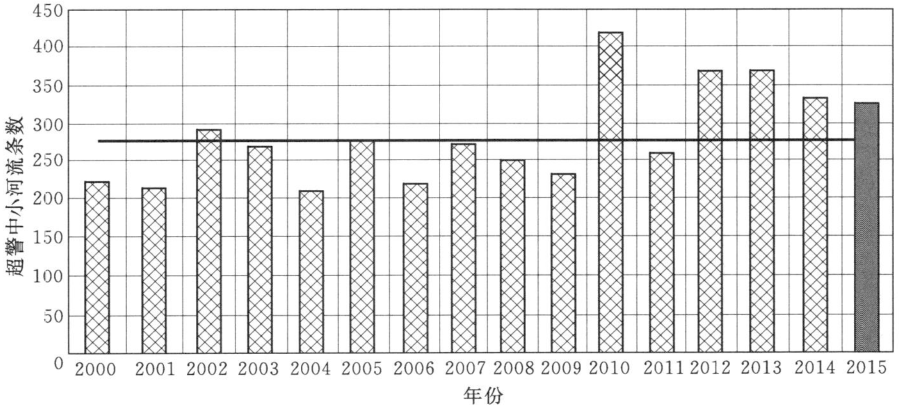


图1　2000年以来超警中小河流条数

四是主要江河来水偏枯，北方部分重点水库蓄水不足。2015 年，全国主要江河来水除西江偏多1 成外，其余大部偏枯，其中松花江、辽河偏少3 ~7 成，海河偏少5 ~9 成，黄河偏少2 ~4 成，淮河偏少3 成，长江偏少1 成。2015 年年末，全国水库蓄水总量较常年偏多，但北方部分重点水库蓄水不足，其中海河流域官厅、密云、潘家口、岗南、岳城等水库蓄水量较常年偏少3 ~5 成，黄河流域刘家峡、小浪底水库蓄水量较常年偏少1 ~3 成。

侯爱中　朱春子　黄昌兴　执笔

刘志雨　审核

专栏十

# 全力做好太湖流域防汛抗洪工作

国家防汛抗旱总指挥部办公室

2015年，太湖流域降雨偏多，受梅汛期降雨及台风暴雨影响，太湖最高水位涨至4.19m，为1999年以来的最高水位。此次太湖洪水具有以下特点：一是梅雨期长，面雨量大。本年度太湖流域6月7日入梅，7月13日出梅，梅雨期36天，较常年偏多13天。流域平均梅雨量416mm，较常年偏多90%。二是降雨强度大，分布不均匀。降雨主要集中在6月15—17日和6月26—30日，两场降雨过程雨量占2015年梅雨量的63%。空间分布上主要集中在流域北部，常州站最大24小时雨量和最大3天雨量均超200年一遇。三是超警站点多，超警历时长。受强降雨影响，太湖及周边河网水位全面超警戒水位，北部普遍超保证水位。太湖水位自6月28日开始超警戒，最高水位上涨至4.19m，到8月2日退至警戒水位以下，超警历时长达35天。

党中央、国务院高度重视太湖流域防汛抗洪工作。李克强总理、汪洋副总理分别作出重要批示。国家防总副总指挥、水利部部长陈雷对太湖流域防汛工作提出明确要求，多次主持召开会商会，安排部署各项工作。国家防总启动防汛Ⅲ级应急响应，派出工作组协助指导防汛抗洪工作。

按照国家防总、水利部的统一部署，太湖防总密切监视流域雨水情变化和台风发展态势，启动防汛Ⅱ级应急响应，强化会商分析和应急值守，统筹流域防洪和区域排涝需求，科学调度太浦闸、望亭立交、望虞河水利枢纽等工程，努力降低太湖及周边河网水位。太湖水位超警戒期间，太湖防总通过望亭水利枢纽和太浦闸调度外排太湖洪水量分别为7.07亿$m^3$和9.86亿$m^3$，通过环湖其他口门排水量为5.95亿$m^3$，累计排泄太湖洪水22.88亿$m^3$。江苏、浙江两省及时启动防汛应急响应，全力做好超警戒水位河流、湖泊堤防险工险段和薄弱地段的巡查防守，加强沿长江北排工程和沿杭州湾南排工程的调度，加大洪水外排力度，江苏省通过常熟水利枢纽外排洪水 11.34 亿 $m^3$，通过沿长江其他北排工程排水 14.79 亿 $m^3$；浙江省通过沿杭州湾南排工程排水 6.39 亿 $m^3$，有效降低了太湖及周边河网地区水位，最大程度降低了洪涝灾害损失，保障了流域防洪安全。

目前，环太湖大堤的防洪能力基本达到防御 1954 年降雨典型的洪水标准，太湖周边大中型城市防洪工程基本建成并投入运用，城市自保能力显著增强。此次太湖流域防汛抗洪工作的胜利，除得益于太湖防总和江苏、浙江两省对流域骨干水利工程的科学、精细化调度外，也充分体现了治太骨干工程发挥的巨大防洪减灾作用。

彭敏瑞　执笔

田以堂　审核

专栏十一

# 滁河超历史洪水防御成效显著

国家防汛抗旱总指挥部办公室

2015年6月23—30日，长江支流滁河流域普降暴雨、大暴雨，暴雨中心位于滁河中游全椒县境内，其中全椒县小集站331mm。受强降雨影响，滁河发生超历史记录洪水。6月28日9时24分襄河口闸上洪峰水位达14.39m，超保证水位0.89m，超过历史最高水位（2008年8月2日）0.16m，超保证水位时间达68小时。

面对突发的洪水，国家防总、水利部高度重视，并对滁河防汛抗洪救灾工作做出安排部署。国家防总加密会商，启动防汛Ⅲ级应急响应，派出2个工作组紧急赶赴滁河一线协助指导防汛抗洪工作。长江防总启动防汛Ⅱ级应急响应。安徽、江苏两省领导多次就做好防汛工作提出明确要求，两省防指加密会商，对强降雨防范工作进行专题部署，及时启动防汛Ⅲ级、Ⅱ级应急响应，紧急派出工作组赴一线检查指导防汛抗洪工作。各地强化应急值守，受灾市、县各级各类责任人迅速上岗到位，确保防汛抗洪各项工作有力有序有效开展。沿滁各地组织2万余名人员严防死守，及时发现处置各类险情。

为减轻滁河干流沿线防洪压力，根据《滁河洪水调度方案》，长江防总要求安徽、江苏两省及时将滁河节制闸全部敞开泄洪，充分发挥滁河干流和驷马山、马汊河等通江水道泄洪作用。安徽省防指调度压缩滁河上游黄栗树、沙河集两座大型水库泄量，水库削峰率分别达91.6%和63.9%。为遏制滁河干流水位上涨过快势头，经国家防总、长江防总同意，安徽省防指于6月28日上午启用滁河荒草二圩、荒草三圩蓄滞洪区分蓄洪水，至30日荒草二圩、三圩蓄滞洪区基本蓄满，共进洪5500万$m^3$，两处蓄滞洪区运用最大消减襄河口闸上峰时水位0.8m，减少超保时间8小时，降低汊河集闸上峰时水位0.2m。针对蓄滞洪区运用后襄河口闸上水位止落回涨至保证水位以上的严峻态势，6月29日、30日两次调度滁河上游晋集闸，30日调控压减上游刘桥坝泄流，关闭黄栗树、沙河集水库泄流设施，分阶段要求暂停滁河襄河口闸上所有泵站向滁河干流排涝。

此次超历史记录洪水造成滁河流域堤防、水库渗漏、管涌、滑坡、跌窝等险情114处，受灾农田96万亩，受灾人口60万人，紧急转移2.6万余人，因灾直接经济损失10.5亿元。由于2008年以来部分堤段加固，且采取了上控、中分、下泄的调度措施，加上全力抢险，滁河流域无较大圩口溃破，干流未发生重大险情，人员零伤亡，防御成效十分显著。

褚明华　执笔

尚全民　审核

专栏十二

# 我国防台风工作成效显著

国家防汛抗旱总指挥部办公室

2015年西北太平洋（含南海）共生成27个台风（热带气旋统称，下同），6个在我国沿海登陆（见表1）。台风活动总体呈现出超强台风生成个数多，登陆台风强度大，深入内陆影响范围广等特点。有14个台风达到超强台风量级，有5个台风登陆时量级达到或超过台风级。第9号台风“灿鸿”7月11日在浙江省登陆时最大风力14级，为1949年以来7月登陆浙闽地区的最强台风，第10号台风“莲花”7月9日在广东省登陆，登陆时最大风力也达12级，双台风接连登陆影响我国，防御难度大大增加。第22号台风“彩虹”10月4日登陆广东省时最大风力达15级，为1949年以来同期登陆我国最强台风。第13号台风“苏迪罗”8月8日在福建省登陆后穿过江西省，进入安徽省，影响福建、浙江、江西等10个省份，是2008年台风“凤凰”之后影响我国范围最广的台风。

党中央、国务院高度重视防台风工作。李克强总理、汪洋副总理多次在防台风关键时刻作出重要批示。国家防总副总指挥、水利部部长陈雷4次主持召开异地视频会议，多次与有关省市连线通话，并亲自带队赴浙江防台风一线检查指导。国家防总先后召开6次视频会议，启动防汛防台风应急响应Ⅱ级2次、Ⅲ级2次、Ⅳ级1次，共派出28个工作组赴各地协助开展防台风工作，商财政部安排7.65亿元特大防汛经费，支持受台风影响地区开展防御工作。

受台风影响省（自治区、直辖市）各级党委、政府精心组织，全力以赴，带领广大干部群众做好防台风各项工作。各级防汛抗旱指挥部及时启动防台风应急响应，落实防汛防台责任，按照防台风应急预案有力有序推进各项防台工作。浙江省按照“海上、临海、陆地”三个梯次和防风、防潮、防雨、防次生灾害四个方面分层次、分批次组织船只回港避风和危险区域人员转移，有力保障了人民生命安全。福建省充分发挥“预警到乡、预案到村、责任到人”的防灾抗灾机制，实行“兵力部署提前进驻到一线，应急响应提前传达到一线，指导检查提前跟进到一线”的防御举措，取得防灾抗灾的主动权。广东省全面落实“五个百分百”，确保人员安全。广西壮族自治区将防御措施、预警信息落实到“最后一公里”，做到零伤亡。海南省通过预警平台发布台风预警信息及时提醒群众防灾避险。针对今年台风登陆影响期多为节假日、沿海地区旅游出行人员多的不利形势，各级防指取消节日休假，强化应急值守，重点做好人员疏散撤离和转移安置工作，对旅游景区、低洼易涝地区、中小水库下游区等防灾薄弱环节进行拉网式排查，及时转移受威胁群众。全年共紧急转移安置人员 375.85 万人次，组织船只回港避风 39.79 万艘次，最大程度减少了人员伤亡。

据统计，2015 年台风共造成上海、江苏、浙江、安徽、福建、江西、山东、湖北、湖南、广东、广西、海南等 11 个省（自治区、直辖市）567 个县 2536 万人受灾，死亡 29 人，失踪 12 人，农作物受灾面积 183.8 万 $hm^2$，倒塌房屋 1.9 万间，直接经济损失 686 亿元。

由于防御有力，台风造成的死亡人数较 2001 年以来均值（223 人）大幅减少，最大程度减轻了灾害损失。

**表 1　　2015 年登陆我国台风基本情况表**

| 序号 | 编号 | 名称 | 量级 | 登陆时间 | 登陆地点 | 风力/级 | 风速/(m·s$^{-1}$) | 主要影响区域 |
|---|---|---|---|---|---|---|---|---|
| 1 | 201508 | 鲸鱼 | 强热带风暴 | 6月22日 18：50 | 海南省万宁市 | 10 | 25 | 海南、广东、广西 |
| 2 | 201509 | 灿鸿 | 强台风 | 7月11日 16：40 | 浙江省舟山市朱家尖镇 | 14 | 45 | 浙江、上海、江苏、福建、山东 |
| 3 | 201510 | 莲花 | 台风 | 7月9日 12：15 | 广东省陆丰市甲东镇 | 12 | 35 | 广东、福建、广西 |
| 4 | 201513 | 苏迪罗 | 台风 | 8月8日 04：40 | 台湾省花莲县秀林乡 | 15 | 48 | 福建、浙江、江苏、安徽、江西、广东、上海、湖南、湖北、河南 |
| | | | | 8月8日 22：10 | 福建省莆田市秀屿区 | 13 | 38 | |

续表

| 序号 | 编号 | 名称 | 量级 | 登陆时间 | 登陆地点 | 风力/级 | 风速/(m·$s^{-1}$) | 主要影响区域 |
|---|---|---|---|---|---|---|---|---|
| 5 | 201521 | 杜鹃 | 台风 | 9月28日 17：50 | 台湾省宜兰县 | 15 | 48 | 福建、浙江、江西、安徽、上海、江苏 |
| | | | | 9月29日 08：50 | 福建省莆田市秀屿区 | 12 | 33 | |
| 6 | 201522 | 彩虹 | 强台风 | 10月4日 14：10 | 广东省湛江市坡头区 | 15 | 50 | 广东、海南、广西、湖南 |

彭敏瑞　执笔

田以堂　审核

专栏十三

# 全力协助“东方之星”号翻沉客轮应急救援打捞工作

国家防汛抗旱总指挥部办公室

2015年6月1日晚，由南京驶往重庆的旅游客轮“东方之星”号在行至长江中游湖北监利水域时翻沉。国家防总副总指挥、水利部部长陈雷6月2日陪同李克强总理赶赴现场，同时紧急安排部署水利部门配合救援打捞工作。国家防总、水利部快速反应，迅速开展三峡水库应急调度和长江沉船河段水文应急监测工作，为应急救援打捞工作创造了条件。

6月2日早晨，国家防总、水利部紧急启动三峡水库应急调度预案，统筹考虑救援打捞和中下游最小航深，迅速协调航运部门和电网公司等，调整三峡水库发电和汛前大流量预泄腾库计划，长江防总自6月2日上午7时30分起，连发三道调度令，将三峡水库下泄流量由17200$m^3/s$逐步压减至10000$m^3/s$、8000$m^3/s$和7000$m^3/s$，下调三峡—葛洲坝梯级电站负荷927万kW。长江干流宜昌至监利江段水位迅速止涨转落，据分析，三峡水库控泄使监利站水位最大下降2.75m，沉船区域流速明显减缓，流态更加稳定，为沉船救援打捞创造了有利条件。

根据救援工作需要，国家防总、水利部抽调专家和技术骨干组成水利工作组，开展水利保障和水文应急监测工作。水利工作组每天2次以上会商，研究分析沉船区域水文条件及未来趋势，同时加强长江干支流水文滚动预报分析，及时提供长江干流主要控制站水位流量、三峡水库出入库流量与水位、沉船区域降雨、水位、水深、流量、流速、水温等实时信息以及洪水预报信息，至6月11日工作组返回，共向国务院前线救援指挥部和有关部门报送信息18期，发送信息1.2万余条。

与此同时，水利部长江水利委员会水文应急监测队于6月2日一早赶赴沉船区域建立应急监测断面，昼夜坚守在沉船地点上游400m处，根据救援需要开展水位、流量、流速、水温等多要素水文应急监测。6月2—11日，水文应急监测共投入人力130余人，应急监测车辆16台，水文测船3艘、巡测快艇1艘、冲锋舟1艘，仪器设备18台（套），及时提供监利站断面及沉船河段固定断面图表、地形图、河道演变资料；完成监利站流量测报29次、水温测报18次、泥沙测验4次、水位及相应流量报汛317次、降水量测报218次。这些信息通过短信和其他方式及时发送给前方指挥部和参与救援的地方政府及部队有关人员，发挥了重要作用。

褚明华　执笔

尚全民　审核

专栏十四

# 2015年水旱灾害情况

国家防汛抗旱总指挥部办公室

2015年全国平均降雨量接近常年，但时空分布不均，南多北少。汛期全国共出现36次强降水过程，其中南方地区33次。珠江、太湖和淮河发生超警戒水位洪水，336条中小河流发生超警洪水，有74条河流发生超保证水位洪水，15条中小河流发生超历史记录洪水，南方部分地区发生罕见冬汛。西北太平洋和南海海域共生成27个台风，有6个在我国登陆，其中第9号台风"灿鸿"和第22号台风"彩虹"登陆时达到强台风量级。黄河、嫩江、松花江、黑龙江凌汛平稳，未发生重大险情灾情。北方冬麦区及南方部分地区发生春旱，华北、东北、西南等地发生夏旱。据统计，全国有30个省（自治区、直辖市）和新疆生产建设兵团遭受洪涝灾害（天津未受灾），受灾人口7641万人，因灾死亡319人、失踪81人，倒塌房屋15.2万间，农作物受灾9198万亩、成灾4581万亩，受损水库318座、堤防27709处、护岸40601处、水闸7234座，洪涝灾害直接经济损失1661亿元。干旱共造成1.5亿亩农作物受灾，粮食损失1444万t、经济作物损失145亿元，有836万人、807万头大牲畜因旱发生临时饮水困难，直接经济损失579亿元。2015年的水旱灾情主要呈现以下特点：

一是灾害损失总体偏轻。与2000年以来平均值相比，2015年洪涝受灾人口、受灾农作物面积、倒塌房屋分别偏少35%、44%、85%；全国作物受旱面积、受灾面积、因旱粮食损失、人饮困难数量分别偏少38%、52%、51%和65%。

二是因灾死亡人数历史最低。2015年因洪涝灾害死亡319人（另失踪81人），为新中国成立以来最低，其中因滑坡泥石流掩埋死亡76人，洪水冲淹死亡117人，房屋倒塌致死72人，落水、高空坠物等其他原因致死54人。

三是受灾地区较为集中。洪涝灾害主要集中在江苏、浙江、安徽、福建、江西、湖北、湖南、四川、贵州、云南等10省，部分地区重复受灾，灾害损失约占全国总损失的6成左右（见表1）。干旱灾害主要集中在北方地区，内蒙古、河北、辽宁、山东4省（自治区）作物受灾面积9183万亩、因旱饮水困难301万人，分别占全国总数的60%和36%（见表2）。

四是台风灾害较为严重。2015年台风风力强、影响范围广、致灾重，第9号台风“灿鸿”为1949年以来7月登陆浙闽地区最强台风（最大风力14级），第22号台风“彩虹”登陆广东时风力达15级，第13号台风“苏迪罗”福建沿海登陆后深入内陆影响10省（直辖市）。台风共造成上海、江苏、浙江、安徽、福建、江西、山东、湖北、广东、广西、海南等11省（自治区、直辖市）2536万人次受灾，死亡29人、失踪12人，倒塌房屋1.9万间，直接经济损失达686亿元。

五是南方发生罕见冬汛灾害。11月中旬，江南、华南先后发生4次强降水过程，广西、湖南、江西3省（自治区）出现罕见冬汛，有30多条河流发生超警戒水位洪水，76县85万人受灾，失踪4人，直接经济损失近15亿元。

六是城镇内涝损失大。南京、苏州、无锡、武汉、福州等168座城市发生严重暴雨内涝，城市正常运行受到严重影响，直接影响人口236万人，直接经济损失84亿元。

七是旱灾影响领域多。2015年干旱不仅威胁到粮食生产，造成人畜饮水困难，还影响了河湖生态、水产养殖、水力发电、江河航运等方面。内蒙古自治区可利用草场受旱面积4亿亩，其中有3000万亩因旱引发蝗灾，西部牧区牧草产量较上年减产50%左右。山东省南四湖汛末蓄水量仅为历年同期的一半，再次面临全湖干涸的风险。江西省江河湖泊出现低枯水位，给蔬菜、果业、苗木等农业种植作物生长带来严重影响，经济作物损失1.5亿元。辽宁省浑江流域水力发电量较常年减少12.59亿kW·h，发电企业减少收益4.49亿元。

**表 1　　2015 年洪涝灾害统计**

| 地　区 | 洪涝面积/万亩 | | 受灾人口/万人 | 死亡人口/人 | 失踪人口/人 | 倒塌房屋/万间 | 直接经济总损失/亿元 | 其中水利设施直接经济损失/亿元 |
|---|---|---|---|---|---|---|---|---|
| | 受灾 | 成灾 | | | | | | |
| 合计 | 9198.5 | 4580.7 | 7640.9 | 319 | 81 | 15.2 | 1660.6 | 253.6 |
| 北京 | 9.0 | 4.7 | 3.9 | | | | 1.7 | 0.1 |
| 天津 | | | | | | | | |
| 河北 | 41.0 | 27.6 | 24.0 | 1 | | | 3.5 | 0.2 |
| 山西 | 89.0 | 64.3 | 57.8 | 1 | | 0.2 | 10.2 | 0.6 |
| 内蒙古 | 128.3 | 102.6 | 20.2 | 15 | 1 | 0.1 | 6.7 | 0.3 |
| 辽宁 | 2.1 | 1.4 | 1.4 | | | | 0.3 | 0.1 |
| 吉林 | 28.7 | 17.5 | 9.8 | | | | 2.4 | 0.5 |
| 黑龙江 | 302.4 | 168.4 | 37.5 | | | 0.1 | 11.4 | 1.5 |
| 上海 | 31.6 | 8.8 | 3.5 | | | | 2.8 | |
| 江苏 | 865.7 | 312.5 | 586.3 | | | 0.2 | 148.7 | 7.0 |
| 浙江 | 525.2 | 255.4 | 549.5 | 14 | 4 | 0.4 | 224.9 | 23.5 |
| 安徽 | 1212.3 | 705.0 | 859.1 | 12 | | 0.8 | 104.6 | 21.7 |
| 福建 | 378.1 | 175.0 | 448.3 | 37 | 3 | 2.5 | 234.8 | 42.1 |
| 江西 | 666.2 | 332.2 | 450.2 | 19 | 3 | 0.9 | 68.8 | 17.7 |
| 山东 | 364.7 | 140.2 | 124.0 | | | 0.2 | 9.1 | 0.8 |
| 河南 | 65.9 | 26.1 | 43.4 | 5 | | 0.4 | 11.9 | 3.4 |
| 湖北 | 796.8 | 309.6 | 538.7 | 8 | 2 | 1.0 | 57.9 | 14.4 |
| 湖南 | 818.0 | 438.1 | 792.4 | 14 | 7 | 1.0 | 103.6 | 24.4 |
| 广东 | 1079.0 | 561.6 | 820.8 | 9 | 6 | 1.0 | 288.8 | 28.9 |
| 广西 | 532.6 | 230.2 | 553.3 | 11 | 2 | 0.7 | 50.3 | 8.8 |
| 海南 | 65.0 | 27.9 | 141.9 | | 1 | | 12.9 | 4.3 |
| 四川 | 337.2 | 166.4 | 711.7 | 34 | 17 | 2.4 | 111.6 | 14.1 |
| 重庆 | 93.3 | 66.4 | 158.8 | 20 | 3 | 0.9 | 22.7 | 3.6 |
| 贵州 | 217.7 | 99.3 | 264.6 | 34 | 2 | 0.6 | 54.6 | 6.9 |
| 云南 | 259.5 | 155.4 | 267.3 | 49 | 13 | 0.5 | 50.7 | 8.6 |
| 西藏 | 4.5 | 1.5 | 4.3 | 2 | 2 | | 1.3 | 0.6 |
| 陕西 | 108.6 | 64.9 | 83.0 | 17 | 11 | 0.3 | 18.1 | 3.4 |
| 甘肃 | 40.8 | 25.0 | 33.6 | 2 | | | 9.3 | 1.2 |
| 青海 | 8.2 | 4.5 | 2.2 | 7 | 3 | | 4.7 | 1.2 |
| 宁夏 | 8.0 | 5.4 | 12.0 | 2 | | | 3.4 | 1.5 |
| 新疆 | 108.4 | 74.8 | 36.5 | 6 | 1 | 0.9 | 26.9 | 11.4 |
| 新疆生产建设兵团 | 10.7 | 8.0 | 0.9 | | | 0.1 | 2.0 | 0.8 |

**表 2　　2015 年干旱灾害统计**

| 地区 | 作物受灾面积/万亩 | 作物成灾面积/万亩 | 作物绝收面积/万亩 | 累计因旱人畜饮水困难 | |
|---|---|---|---|---|---|
| | | | | 人口/万人 | 大牲畜/万头 |
| 合计 | 15100.7 | 8365.7 | 1508.3 | 834 | 808 |
| 北京 | | | | | |
| 天津 | 136.6 | 94.6 | 13.6 | | |
| 河北 | 1912.2 | 945.8 | 122.6 | 25 | 6 |
| 山西 | 1163.0 | 716.5 | 130.8 | 18 | 7 |
| 内蒙古 | 3715.6 | 1804.2 | 269.91 | 83 | 311 |
| 辽宁 | 1780.5 | 1172.0 | 400.3 | 35 | 6 |
| 吉林 | 520.1 | 494.2 | 192.2 | 43 | 2 |
| 黑龙江 | 726.2 | 270.0 | 7.6 | 2 | 4 |
| 上海 | | | | | |
| 江苏 | 25.3 | 6.80 | 3.0 | | |
| 浙江 | | | | | |
| 安徽 | | | | | |
| 福建 | 27.3 | 13.4 | 1.0 | 36 | 1 |
| 江西 | 83.2 | 46.2 | 3.0 | 4 | 1 |
| 山东 | 1774.2 | 950.3 | 154.1 | 158 | 14 |
| 河南 | 50.1 | 5.8 | 0.8 | 1 | 0 |
| 湖北 | 269.2 | 69.52 | 6.3 | 1 | 1 |
| 湖南 | 26.7 | 20.6 | 1.6 | 1 | 1 |
| 广东 | 250.1 | 128.8 | 28.2 | 55 | 6 |
| 广西 | 240.0 | 118.5 | 5.7 | 13 | 5 |
| 海南 | 5.7 | 4.6 | 1.0 | 15 | 3 |
| 重庆 | 9.6 | 9.1 | 0.5 | 2 | 2 |
| 四川 | 334.4 | 116.6 | 14.5 | 75 | 97 |
| 贵州 | | | | 5 | 3 |
| 云南 | 680.7 | 451.1 | 63.0 | 197 | 122 |
| 西藏 | | | | | |
| 陕西 | 300.1 | 148.3 | 20.2 | 5 | 0 |
| 甘肃 | 615.1 | 379.6 | 29.2 | 40 | 47 |
| 青海 | 25.0 | 25.0 | | 2 | 7 |
| 宁夏 | 156.1 | 126.5 | 29.6 | 6 | 38 |
| 新疆 | 193.4 | 193.4 | 6.8 | 11 | 122 |
| 新疆生产建设兵团 | 80.3 | 54.3 | 2.8 | 1 | 2 |

张葆蔚　刘洪岫　执笔

姚文广　审核

# 基础设施篇

# 全力推动重大水利工程开工建设

水利部规划计划司

## 一、总体进展情况

按照习近平总书记提出的新时期水利工作方针和“确有需要、生态安全、可以持续”的原则，紧紧围绕“四化”同步发展、生态文明建设和各区域主体功能区定位的要求，2014 年水利部依据相关规划，紧密结合经济社会发展对水利的需求，研究提出了用 10 年左右时间，建成一批打基础、管长远、惠民生的重大水利工程，规划的 172 项节水供水重大水利工程以中西部地区为重点，估算总投资规模约 1.86 万亿元，其中中央投资约 9000 亿元。规划的节水供水重大水利工程全部建成后，预计可新增年农业节水能力 260 亿 $m^3$；增加年供水能力 801 亿 $m^3$，新增总库容约 565 亿 $m^3$（其中防洪库容约 226 亿 $m^3$），新增灌溉面积约 7876 万亩。

2015 年《政府工作报告》提出全国要新开工 27 个重大水利工程项目，在建重大水利工程投资总规模超过 8000 亿元。2015 年 2 月 25 日，国务院第 83 次常务会议专门研究部署加快重大水利工程建设工作。水利部在国家有关部门的大力支持下，积极指导和全力督促地方，全面加快重大水利工程建设，圆满完成年度水利建设任务。截至 2015 年年底，新开工重大水利工程 28 项，新增投资规模 1187 亿元，172 项重大水利工程已开工 85 项，在建投资规模超过 8000 亿元，超额完成 2015 年《政府工作报告》明确的目标。截至 2015 年 12 月 31 日，重大水利工程完成年度中央投资计划 963 亿元，投资完成率 98%，实现了 2015 年初确定中央投资计划完成 90% 的目标。

## 二、主要成效

2015 年水利部把加快推进重大水利工程建设和水利投资计划执行作为

水利工作的重中之重，会同有关部委和各级地方党委政府，多措并举，狠抓落实。通过强化责任分工、加快项目前期、拓宽投资来源、加强督导检查、实行精准调度等多项措施，重大水利工程建设取得突破性进展，各项工作取得明显成效。国务院办公厅将加快推进重大水利工程建设事项作为全国第二次大督查发现的典型经验做法予以通报表扬。

### （一）工程建设全面提速

172 项重大水利工程已有 85 项开工建设，57 项在建工程全面提速，江西峡江、云南牛栏江滇池补水、河南河口村、青海引大济湟等 4 项工程基本建成并发挥效益；江西浯溪口、天津永定新河治理二期等 8 项工程主体工程基本完成。东北三江治理、进一步治淮、太湖水环境综合治理、西江大藤峡、淮河出山店、陕西引汉济渭、新疆阿尔塔什、西藏拉洛等一批重大水利工程进入全面实施阶段。2015 年新开工甘肃引洮供水二期、湖南莽山水库、广东韩江高陂水利枢纽、湖南涔天河水库扩建工程灌区等 28 项工程加快建设。

### （二）前期工作加快推进

各地和各有关部门采取有效措施，加大项目前期工作力度，前期工作周期明显缩短，从可行性研究报告报出到批复，平均历时 9 个月，与以往相比周期压缩一半以上。需由水利部批复初设的项目，在 20 个工作日内完成批复，压缩了工作周期。2015 年，水利部共向国家发展改革委报送可行性研究报告 43 项；国家发展改革委批复可行性研究报告 40 项；水利部批复初步设计 33 项，总投资 2031 亿元。尚未开工的 87 项工程中，3 项可行性研究报告已批，4 项项目建议书、9 项可行性研究报告、4 项工程规划审查意见已报国家发展改革委，19 项可行性研究报告已完成审查或正在审查，48 项正在编制可行性研究报告、项目建议书或开展前期论证工作。

### （三）建设投资落实较好

针对 2015 年重大水利工程中央投资缺口问题，水利部与国家发展改革委、财政部反复协调，国家发展改革委在基础设施建设投资规模中新增 50 亿元，财政部通过调整投资结构增加重大水利工程投资 250 亿元，共增加了300亿元重大水利工程中央投资。全年共落实重大水利工程中央投资610亿元，比上年增加一倍多。多元化筹集建设资金，水利部与国家开发银行、中国农业发展银行、中国农业银行等金融机构签订战略合作协议，通过开发性金融、提供过桥贷款、调整贷款品种期限、发行专项目建设书设基金等措施，中国农业发展银行实际发放重大水利工程专项过桥贷款281亿元，国家开发银行、中国农业发展银行安排4批专项建设基金共114亿元用于重大水利工程建设，有效缓解了地方配套资金不足等问题，有力地支持了河北双峰寺水库、陕西引汉济渭等51项重大水利工程的实施。地方需落实重大水利工程建设配套投资403亿元，截至2015年12月31日，已到位362亿元，到位率90.5%。

### （四）工作机制不断完善

在落实目标责任方面，水利部成立由陈雷部长任组长的加快推进水利工程建设领导小组，与国家发展改革委联合印发《加快推进重大水利工程建设任务分工方案》，印发《关于加快推进水利工程建设实施意见》，会同国家发展改革委、财政部与31个地方省级人民政府和新疆生产建设兵团签订责任书，明确任务目标和要求，逐项逐级落实责任主体和责任人，确保各项工作落到实处。在加快前期工作方面，建立重大水利项目审批部际联席会议制度，出台精简审批程序的具体意见，建立审批“绿色通道”，简化部分审批环节，下放部分审批权限，明确审批办理时限要求，强化前期工作质量和监管要求，与国土资源部、环保部、住建部分别签署合作备忘录或会谈纪要，对加快用地预审、重大工程选址审批、环评审批等做出安排部署，形成工作合力。在投资计划执行方面，实施按月调度会商，先后召开11次全国水利系统调度会议，由分管部领导主持，各省级水行政主管部门主要负责同志参加，以省级行政区、工程类型和重大工程作为调度单元，加强对工程建设进度的分析研判，精准施策。在水利建设关键时期，陈雷部长3次亲自主持加快水利建设视频会议，参会人员扩大到有条件的县，对加快推进水利建设发挥了重大作用。在吸引社会资本方面，与国家发展改革委、财政部联合印发了《关于鼓励和引导社会资本参与重大水利工程建设运营的实施意见》，计划用2年左右的时间，探索形成可复制、可推广的经验，推动完善相关政策。目前作为第一批国家层面联系试点的湖南莽山水库等 12 个项目进展顺利。

### （五）监督检查工作有力

印发《节水供水重大水利工程建设督导检查工作制度》，建立水利部、流域机构、省级水行政主管部门三级督导检查工作机制，加强对工程前期工作、建设进度、质量和安全的监督检查。水利部领导实行对口包片，分别带队进行现场检查。水利部组织对重大水利工程进行了 4 次全面督导检查（稽察）、2 次重点抽查和 1 次“回头看”重点督查，对重点项目开展稽察，对存在问题较多、投资计划执行较慢、考核结果较差的，组织进行了督导、约谈或专项督办。此外，组织开展了重大水利工程建设项目质量与安全管理谈心对话活动，分管部领导与 64 个重大水利工程项目法人代表共同研究水利生产安全和质量工作。修订印发《中央水利投资计划执行考核办法》，定期通报中央投资计划执行进度考核情况，对存在问题较多、投资计划执行较慢、考核结果较差的，组织进行督导、约谈或专项督办。从全国范围看，通过督导检查和投资计划执行考核，有力推动了各项政策措施的落实。

## 三、下一步工作安排

2016 年水利部将继续深入贯彻落实中央决策部署，采取更加有力有效的举措，加大力度，加强调度，加快进度，重点加快“十二五”结转的 73 项在建重大水利工程建设步伐，统筹推进拟开工项目前期工作，成熟一项、开工一项，力争再开工 20 项以上重大水利工程，在建工程投资规模维持在 8000 亿元以上，持续有效发挥重大水利工程建设的投资拉动作用。

杜国志　王九大　刘　晋　执笔<br>汪安南　审核

专栏十五

# 全面开工建设西江大藤峡水利枢纽工程

水利部建设与管理司

## 一、工程概况

大藤峡水利枢纽工程是国务院确定的172项节水供水重大水利工程中的标志性工程，位于珠江流域西江水系的黔江河段，开发任务为防洪、航运、发电、补水压咸、灌溉等综合利用。总库容34.79亿$m^3$，船闸规模3000吨级，电站装机160万kW，总投资357.3亿元，总工期9年。

## 二、全力以赴推进工程建设

2015年工程项目前期、施工准备期、主体工程施工期交叉重叠，建设任务十分繁重。按照水利部党组部署，水利部珠江水利委员会（以下简称“珠江委”）、广西大藤峡水利枢纽开发有限责任公司（以下简称“大藤峡公司”）紧紧围绕工程建设总体目标和年度计划，突出重点，抓住关键，确保工程建设顺利推进。

### （一）及时完成初步设计审查审批

强化时间控制，落实工作职责，在可研阶段提前安排初步设计工作，层层推进，及时完成初步设计报告。采取对外驻点跟踪、对内限时督办的方式，积极主动向有关部门汇报沟通，全力加快初步设计概算评审工作。2015年5月，工程初步设计获得批复。

### （二）全力加快主体工程建设

将建设任务分解到月、落实到岗，逐级明晰责任，层层传导压力。通过周例会、联席会等方式，强化工作检查督促。积极充实一线管理力量，加强指挥调度，现场办公及时解决存在问题，提高办事效率。左岸船闸、厂坝主体工程分别于2015年9月19日、29日开工，砂石料系统于12月1日开工，大藤峡工程全面开工建设。截至2015年年底，共进场设备792台(套)，人员1098人；左岸一期导流工程围堰子堰实现合龙，工程累计完成土石方开挖719万 $m^3$，土石方填筑29万 $m^3$。

### （三）协同推进征地移民工作

大藤峡公司与广西壮族自治区水库移民工作管理局签订移民安置工作协议，明确工作目标任务、管理方式、部门职责、项目和资金管理等内容。建立“六方协调机制”，及时协商解决征地移民存在问题和困难。坝区完成土地丈量公示约1.3万亩，可使用土地约7000亩，临时搬迁2188人。库区征地拆迁和移民安置工作全面启动，4个移民安置点开工建设。

### （四）全力保障招标工作和投资计划执行进度

所有重大项目全部进入自治区公共资源交易中心进行招标，实行开标评标全程监控。珠江委、广西壮族自治区水利厅、广西壮族自治区招投标管理局和大藤峡公司纪检监察部门全程监督，保障招标工作公正、公平。2015年全年完成17个标段招标工作，合同总额约62亿元。强化投资计划执行会商，建立移民资金拨付“绿色通道”，做好资金拨付工作，2015年共完成工程投资38.2亿元，按期实现年度投资计划执行目标。

### （五）认真落实质量安全责任

水利部水利工程建设质量与安全监督总站和珠江流域分站在工程现场联合设立项目站，开展质量监督工作。大藤峡公司组织开展监理、施工单位质量管理履责巡查，大力推行质量“样板工程”。强化参建各方安全管理责任，坚持月检查、周检查、日检查、专项检查相结合，强化安全检查和隐患排查，实现全年安全生产零事故。

王　殊　执笔

骆　涛　审核

链接

## 浙江：超前谋划　破解难题
## “千人万项”专家组服务钦寸水库建设

2015 年 10 月 28 日，浙江省钦寸水库隧洞施工现场，建设者们拉开横幅合影留念，以这种简单的方式庆祝钦寸水库 1 标段和 2 标段成功实现贯通，这标志着钦寸水库至亭下水库全长 28km 的输水隧洞全线贯通。

钦寸水库工程全线贯通时间比计划工期提前了整整两个月，“千人万项”专家组的服务和支持功不可没。作为钦寸水库的联系专家，浙江省水利发展规划研究中心主任范波芹表示：“帮助解决工程建设中的技术难题是专家组提供的服务之一，要让工程切实发挥效益，还在于超前谋划，在规划层面将钦寸水库的功能、规模等定位准确，为规范化建设和标准化管理打下基础。”

国务院 172 项重大水利工程之一的钦寸水库，是浙东引水与水资源配置及曹娥江防洪治理的重要工程。水库位于曹娥江主要支流黄泽江上，在新昌县新林乡境内，由宁波市与绍兴市新昌县合作共建。按照原先设计规划，钦寸水库的清泉将通过输水隧洞送往亭下水库，再通过隧洞和管道送到宁波城区进行统一调配，每年可向宁波提供 1.26 亿 $m^3$ 的优质水。

2015 年 6 月 11 日，“千人万项”行动专家组经过现场蹲点后，与钦寸水库工程建设指挥部研究发现，由于工程规划设计较早，钦寸水库当时没有考虑到给新昌县供水预留的取水口门，一旦新昌县水源地长诏水库突发水污染事件，新昌县将面临守着钦寸水库没水吃的不利局面。

钦寸水库要增加取水口门的话，将牵扯到宁波市与新昌县两地的水资源配置问题，还涉及设计重大变更。经过细致论证研究，专家组认为钦寸水库增设给新昌县供水的取水口门十分必要。一方面，近年来水污染事件多发，增设城市备用水源地，成为保障供水安全的有效手段，国家有关部委多次要求，有条件的地方要加快城市备用水源地建设；另一方面，钦寸水库当前正处于建设期，现在进行设计变更，将大大节约施工建设的成本。

流域规划是统领流域水资源配置和管理的根本。在服务过程中，专家组发现，钦寸水库作为新昌县城市供水的备用水源，为其增设取水口缺乏流域规划的支撑与依据，而当时钦寸水库所在的曹娥江流域综合规划修编工作，正在省里复审。

2015 年 7 月，省级专家组专门起草关于《曹娥江流域综合规划修编（2008—2030 年）》的建议与意见的函，提出增加新昌县备用水源取水口，应急供水规模达每天 20 多万 t。最终，规划编制单位将钦寸水库补充列为新昌县城市供水的备用水源，增设备用水源取水口纳入曹娥江流域规划修编成果中。

目前，钦寸水库大坝已经填筑至102m，基本完成坝体填筑。接下来，工程将在专家组的指导下加快建设步伐。在不久的将来，宁波市和新昌县的人民就会喝上来自钦寸水库的优质水。

王浩宇　执笔

毕玉娟　审核

# 扎实开展防洪薄弱环节建设

水利部建设与管理司　水利部规划计划司
国家防汛抗旱总指挥部办公室

## 一、病险水库除险加固取得重大进展

按照党中央、国务院的统一部署，水利部、财政部组织实施的2.5万余座一般小（2）型病险水库除险加固任务，已于2015年底基本完成。同时，4000余座新增小型病险水库除险加固全面开工建设，90%项目完工。至此，“十二五”以来列入规划的5万余座小型病险水库除险加固任务基本完成。

### （一）多措并举，全力推进小型病险水库除险加固

一是加强组织领导。水利部、财政部与有关省级人民政府签署责任书，水利部成立了病险水库除险加固工作领导小组，建立了对口指导监督检查机制，层层落实责任，不断加强组织领导。

二是强化资金管理。各地财政、水利部门不断健全财务管理制度，设立病险水库除险加固专用账户，资金直接下达至项目法人，做到专款专用，确保建设资金安全。

三是狠抓建设管理。严格履行水利工程基本建设程序，落实项目法人责任制、招标投标制和建设监理制，严格合同管理。积极推行集中建设的管理模式，实行打捆招标，集中采购重要设备、原材料等。

四是强化监督指导。水利部通过专门会议部署、督导组现场督导、印发督办函等多种方式进行督办指导，督促地方切实做好小型水库的除险加固工作。各地也充分发挥纪检、监察、审计、稽察等部门和各级水利质量监督部门的作用，有力推动了项目的顺利实施。

### （二）小型病险水库除险加固工作成效显著

一是消除了病险水库的安全隐患。小型水库大都建设标准低，运行时间长，普遍存在安全隐患，是防洪减灾的薄弱环节。除险加固后，在设计洪水标准内水库可安全运行，安全隐患得到消除。加固后的小型水库恢复防洪库容 9.74 亿 $m^3$，解除了下游 6058 万人口、5199 万亩耕地以及一些重要交通干线、重要厂矿和企业等基础设施面临的洪水威胁。

二是改善了农村生产生活条件。小型水库是农村基础设施的重要组成部分，是农业生产生活的重要水源。加固后的小型水库恢复和新增兴利库容 12.44 亿 $m^3$，恢复和新增灌溉面积 4647 万亩；增加年供水量 15.22 亿 $m^3$，新增供水人口 5073 万人，提高了农业灌溉和农村安全饮水的供水保证率，农村生产和生活条件得以改善，促进了农业高产稳产和农民增收致富，保障了粮食安全，为新农村建设奠定基础。

三是发挥了水库综合效益。小型水库除险加固效益不仅体现在防洪安全和供水效益上，而且养殖、旅游等综合效益也十分突出，特别是经过除险加固，水库蓄水能力得以恢复，形成较为稳定的水面，区域生态环境明显改善，大量水库成为当地的旅游景点，在提高生活环境质量的同时，为当地经济社会发展做出贡献。

## 二、重点中小河流治理有序推进

### （一）流域面积 $3000km^2$ 以上中小河流治理

2010 年，国务院出台了《关于切实加强中小河流治理和山洪地质灾害防治的若干意见》，2011 年批准了《全国中小河流治理和病险水库除险加固、山洪地质灾害防御和综合治理总体规划》（以下简称《总体规划》）。《总体规划》提出，按照轻重缓急，对防洪任务重、有重要保护对象的 244 条流域面积 $3000km^2$ 以上中小河流的重点河段进行集中治理。为有序推进《总体规划》的实施，国家发展改革委、水利部组织编制并印发了《全国流域面积 3000 平方公里以上中小河流治理实施方案》，提出了流域面积 $3000km^2$ 以上的 244 条中小河流治理项目的实施安排意见，进一步细化完善了各条河流的治理河段范围，确定了各地优先安排的治理项目和投资规模，作为项目实施安排和投资规模控制的重要依据。

"十二五"期间，累计安排中央投资419亿元，用于流域面积3000km²以上中小河流治理。四川五江一河、福建五江一溪、湖北荆南四河、湖南四水、江西五河、陕西渭河、安徽淠河、广西黔浔江、浙江钱塘江等156条流域面积在3000km²以上的大江大河主要支流、独流入海和内陆河流启动实施，部分项目已经建成并发挥效益，江河防洪能力得到进一步提高，在保护人民群众生命财产安全等方面发挥了重要作用。

### （二）流域面积200~3000km²中小河流治理

《总体规划》确定了2012年年底基本完成近期规划2209条重点中小河流重要河段治理，到2015年基本完成5000余条重点中小河流重要河段治理的目标任务。为进一步细化《总体规划》治理任务，水利部、财政部联合印发了《〈全国重点地区中小河流近期治理建设规划〉实施方案》和《全国重点中小河流治理实施方案（2013—2015年）》，明确2009—2015年治理5174条中小河流，治理项目9243项，综合治理河长6.7万km。其中，2012年年底前治理2209条重点中小河流重要河段，实施项目3269个，综合治理河长2.75万km；2013—2015年新增治理中小河流2965条，实施项目5974个，综合治理河长约4万km。

截至2015年年底，已累计安排中小河流治理中央财政专项资金861.98亿元，达到了财政部、水利部与各省签订责任书中的中央投资优先规模。在国家相关部门的大力支持和各地的共同努力下，中小河流治理进展顺利，国务院确定的近期规划治理目标已如期实现，2013—2015年实施方案项目正在全力推进，累计实施了4500多条中小河流重要河段治理。规划确定的9243个中小河流治理项目中，已有8982个项目初步设计得到批复，项目批复率达到97.2%；7892个项目已开工建设，占规划项目的85.4%，其中6308个项目已完工；已完成综合治理河长5.41万km，占规划治理河长的80.7%。已治理的中小河流重要河段基本达到国家确定的防洪标准，防洪能力显著提高，为2.75亿人和2.66亿亩农田提供了防洪安全保障，使1.94亿亩农田排涝受益，在抗御近年来发生的洪涝灾害中发挥了重要作用，同时较好改善了农村用水条件和人居环境。

## 三、山洪灾害防治项目全力推进

### （一）主要做法和成效

2015 年，按照水利部党组统一部署，在财政部的大力支持下，国家防办全力推进山洪灾害防治项目建设。2015 年度安排了 808 个县监测预警系统补充完善，持续在 2058 个县建设群测群防体系，开展了 806 个县的山洪灾害调查评价及 120 条重点山洪沟（山区河道）防洪治理。截至 2015 年年底，中央投资计划完成率为 91.1%，提前实现部党组制定的 80% 的目标，主要做法有：

一是强化督导检查。认真贯彻落实陈雷部长重要批示精神，跟踪落实刘宁副部长向各省（自治区、直辖市）水利（水务）厅（局）主要领导提出的督办要求，组织两批 18 个专项督查组进行督查，约谈进度滞后省份，督促各地加快进度，全力推进项目建设。二是强化技术指导。制定印发山洪灾害分析评价方法指南等技术要求，组织专家赴黑龙江等多个省区开展技术帮扶，召开培训会、示范会 20 多场，培训技术骨干 1400 多人次。三是强化运行维护管理。会同财政部农业司印发山洪灾害防治非工程措施运行维护经费测算指南，提出落实非工程措施运行维护经费的具体要求；汛期跟踪各地平台预警发布、监测站点报汛等关键环节，确保已建项目正常发挥效用。四是抓好项目前期工作。商财政部提前下达 2016 年度项目中央补助经费，及时分解下达项目建设任务；组织召开“十三五”山洪灾害防御工作研讨会，编制完成山洪灾害防治项目（2016—2018 年）三年滚动财政规划。

山洪灾害防御是我国防汛工作的难点和薄弱环节。近年来，部党组决策将山洪灾害防治作为防洪减灾重要任务来抓，使得基层防灾能力逐步增强，伤亡人数明显减少，“十二五”期间年均降幅超过 60%，成效已经显现，得到了地方各级政府的认同，被广大山丘区群众赞誉为“生命安全的保护伞”。据统计，2015 年汛期各地利用已建监测预警系统发布 3.7 万余次县级预警，向约 63.5 万防汛责任人发送预警短信 855 万条，启动预警广播 28 万余次，转移 169 万人，全国因山洪灾害死亡失踪 276 人，再创历年新低。

### （二）面临形势和下步工作

山洪灾害防治工作虽然取得了可喜成绩，但当前我国山洪灾害防御总体仍处于起步阶段，山洪灾害防治工作任重而道远，需要长期投入和加强。一是受投资限制，《全国山洪灾害防治规划》的部分项目尚未安排实施；二是近些年规划防治区外的山洪灾害时有发生，治理工作亟需补充完善；三是初期配置的预警设施设备标准偏低、部分组件损毁老化，一些学校、旅游景区等人口密集区域监测预警能力不足等问题凸显；四是山丘区社会经济快速发展及群众对山洪预警公共服务的迫切需求对防治工作提出了新的更高要求；五是群众防灾避险意识和技能提高非一日之功，群测群防需持续开展。

下一步，将按照山洪灾害防治规划要求，持续开展山洪灾害防治建设，逐步建成重点区域非工程措施与工程措施相结合的山洪灾害综合防御体系，有效减少山洪灾害人员伤亡和财产损失。一是在前期项目建设基础上，巩固完善已建非工程措施体系；二是考虑经济社会发展新需求，充分利用“互联网+”等新技术，适度开展试点示范，总结成熟经验后逐步开展非工程措施体系提升建设；三是加强非工程措施运行维护保障；四是在总结试点经验的基础上，加大山洪沟防洪治理力度。

夏明勇　李　明　童学卫　张光锦　赵建波　杨正权　霍军军　刘德龙　执笔

孙继昌　汪安南　徐元明　审核

# 努力加快农田水利设施建设

水利部农村水利司

2015 年，农田水利工作深入贯彻党的十八届三中、四中、五中全会和习近平总书记、李克强总理有关重要指示精神，按照党中央、国务院兴水惠民决策部署和水利部党组全面深化水利改革、加快推进重大水利工程和民生水利工程建设总体要求，积极践行新时期水利工作方针，加快推进农田水利工程建设，全面推进区域规模化高效节水灌溉发展，持之以恒开展冬春农田水利基本建设，如期全面完成了年度各项建设任务，实现了“十二五”农田水利发展规划圆满收官，为实现全国粮食产量“十二连增”、农民持续较快增收和经济社会持续健康发展提供了有力支撑。

全年安排中央农田水利建设资金 379.61 亿元，同时中央财政安排资金 36 亿多元用于农田水利工程运行维护，全国新增恢复有效灌溉面积 2000 多万亩，新增高效节水灌溉面积 2000 万亩以上，新增节水能力 50 亿 $m^3$，新增粮食综合生产能力 100 亿 kg。

## 一、加大投入，协调推进农田水利工程体系加快建设

改造与新建相结合，骨干与田间相配套，大中小微并举，进一步夯实现代农业发展水利基础。一是加大灌排骨干工程投入与建设改造力度。安排中央投资 121.05 亿元，用于 151 处大型灌区、150 处重点中型灌区节水配套改造和 61 处大型灌排泵站更新改造，又有 41 处大型灌区、150 处重点中型灌区和 40 处大型灌排泵站更新改造完成规划中央投资，完成规划中央投资的分别达到 291 处、1003 处和 183 处。安排中央投资 52.14 亿元，用于尼尔基水利枢纽内蒙古灌区、黑龙江“三江平原”灌区、青海湟水北干渠扶贫灌溉一期等 11 处新灌区建设。二是全方位推进小型农田水利设施

建设。落实中央小型农田水利设施建设补助专项资金180.08亿元，以县级农田水利建设规划为依托，实施小型农田水利重点县和项目县建设，以整村整乡推进为目标，以粮食主产区为主，加大山丘区、牧区支持力度，因地制宜开展高效节水灌溉、田间渠系配套、高标准农田水利、“五小水利”、农村河塘清淤整治等工程建设。不少地方加大地方投资，拓宽建设范围、突出建设重点，小农水建设亮点纷呈。

## 二、因地制宜，加快实施区域规模化高效节水灌溉行动

坚持节水优先，把节水灌溉作为革命性、战略性措施来抓。一是扎实做好区域发展前期工作。以水资源节约保护控制为硬约束，坚持节水与增产增收、节支省本、节肥减排、生态保护等目标相统一，编制了西北节水增效、华北节水压采和南方节水减排等高效节水灌溉发展总体方案，因地制宜确定工程布局、发展规模、技术集成和管护模式。二是大力实施区域规模化高效节水灌溉行动。2015年东北节水增粮行动新增高效节水灌溉面积594万亩，4年共发展高效节水灌溉面积2554万亩，同时项目建设管理制度、运行管护机制和技术支撑等更加完善；新疆、甘肃、宁夏等西北地区规模化高效节水灌溉加速发展，新疆和新疆生产建设兵团年度新增高效节水灌溉面积400万亩；华北节水压采加快实施，河北地下水超采区发展高效节水灌溉面积374万亩；南方节水减排在河网地区、重要水源地、高原湖泊周边地区加快推进。全国年新增加高效节水灌溉面积2000万亩以上。三是总结推广高效节水灌溉模式。全国涌现出一批不同区域、不同作物、不同模式的典型，如新疆、吉林等地大田作物膜下滴灌模式；黑龙江、内蒙古等地大型喷灌机组灌溉模式；河北、山西、河南、山东等地管道输水、IC卡智能管水模式。内蒙古通辽、甘肃河西走廊、山西清徐等地以水定地，量水而行，推行总量控制、定额管理、合理确定水价等措施，形成农业节水倒逼机制，调动地方政府和农民大规模发展高效节水灌溉，减少了地下水的开采量，地下水位逐步得到回升，实现了发展和生态保护的双赢。山东肥城、甘肃民勤等6个县命名为首批国家高效节水灌溉示范县。

## 三、持之以恒，推动冬春农田水利基本建设增长持续呈现强劲势头

按照国务院部署，会同有关部门和地方不断创新完善体制机制，农田水利建设组织发动更加有力，投资渠道不断拓宽，项目建设全面提速，2014—2015 年全国冬春农田水利基本建设完成投资 3961.8 亿元、投工投劳 37.8 亿个、投放机械 3.3 亿台（套）和土石方量 120.1 亿 $m^3$，均超额完成《全国冬春农田水利基本建设实施方案》确定的任务，其他效益指标也均好于上年。在强化各地建设进度半月报及公开通报的同时，派出两批 62 个组对部分省份的冬春农田水利基本建设进行了专项督导检查，4 次向国务院报送有关情况，得到国务院领导的充分肯定。2015 年 10 月 30 日，国务院召开全国冬春农田水利基本建设电视电话会议，李克强总理对会议作出重要批示，汪洋副总理出席会议并重要讲话。根据会议精神，水利部制定印发了《全国冬春农田水利基本建设实施方案》，并把贯彻落实国务院电视电话会议精神作为水利工作重点推进。水利部结合中央水利投资计划执行情况大检查，加大对各地冬春农田水利基本建设督导检查、进展半月报公开通报和宣传报道等力度，推动冬春农田水利基本建设顺利开展。各地采取健全协作联动机制、细化目标任务、层层落实责任、加大资金投入、强化政策扶持，以及加强组织发动、宣传引导、督导检查、改革创新和考核奖惩等措施，广泛调动各方大规模开展冬春农田水利基本建设。截至 2015 年 12 月底，全国冬春农田水利基本建设完成投资、投工、机械台班和工程量均超过计划的 60%。

## 四、强化督导，确保农田水利各类项目建设进度

按照中央把水利工程建设作为稳增长惠民生重大举措的部署和水利部明确的项目建设进度要求，盯目标、强督导、抓调度，确保包括农田水利在内的农村水利项目建设进度。一是及时印发《加快推进农村水利工程建设实施细则》。认真落实水利部《加快推进水利工程建设实施意见》，及时印发了《加快推进农村水利工程建设实施细则》，推动各地转变观念，明

确将前期工作审批、投资计划执行、项目开工、完工等时间节点大幅前移，作出了明确的工程建设进度序时安排。二是加强跟踪督导检查。借鉴推广农村饮水安全部领导对口联系、司局分片包干督导和专项稽察督导，以及按季度开展全覆盖、拉网式监督检查和采取“一省一单”反馈各地跟踪督促整改的经验，在完善农田水利项目建设管理制度、强化各地自查自纠的基础上，建立了农村水利司领导分片包干督导检查制度，并组织有关单位、流域机构，跟踪检查农田水利项目建设。三是抓好月调度会商。加强旬报、月报和冬春农田水利基本建设简报公开通报工作，按照水利部调度会商要求，采取现场督导、召集约谈、专人盯办等督促整改。实现了重大农业节水和面上农田水利项目投资当年完成率达到90%以上的目标。四是强化绩效考核奖惩。会同有关部门修订完善了项目建设绩效考核办法，把绩效优劣作为资金分配重要因素，对2014年度重点县建设管理进行了综合考评和公开通报，对问题突出的省份采取核减年度投资进行了惩戒，督促各地进一步规范了项目建设管理行为。

## 五、建管并重，改革创新农田水利发展体制机制

按照建得成、管得好、用得起、长受益的目标要求，督促指导各地改革创新农田水利工程长效运行管护机制。一是产权制度改革加快推进。在巩固灌区、泵站等水管体制改革成果的同时，总结推广安徽等地“两证一书”明晰工程权属、落实管护责任和经费的经验，指导促进全国100个县的农田水利设施产权制度改革和创新运行管护机制试点工作，目前全国已有近800万处小型农田水利工程完成产权制度改革。二是工程运行管护经费财政补助政策得到较好落实。中央加大了农业灌排工程运行管护费用财政补助力度，同时发布定额标准、加强资金监管，带动地方进一步落实了农田水利工程管护经费。不少地方普遍采取财政适当补助、水费计提以及受益者分摊等落实工程管护经费。三是农田水利投入创新试点取得明显成效。会同云南省认真贯彻落实汪洋副总理重要指示精神，全力推进陆良县恨虎坝灌区以引入社会资本为重点解决农田水利“最后一公里”问题、中坝村以完善农业水价形成机制为核心建立良性运行机制、澄江县高西片区

以高效节水减排为依托探索大户自建自管自营模式等3个农田水利改革试点，形成了可复制、可推广的经验。各地通过完善以奖代补、先建后补、金融支持、水价改革、税收优惠、风险补偿和农业节水激励约束等方式，吸引社会资本投入农田水利建设、管理与运营。四是基层水利服务体系能力建设得到加强。目前，全国基层水利服务机构达到2.9万多个，在岗人员超过13万，其中机构人员经费纳入县级财政预算的比例占95%，同时基层水利服务机构能力建设加强，有效改变了基层水利服务机构“网破、线断、人散”的不利局面。大力推进农民用水合作组织建设规范和创新发展，农民用水合作组织达到8.34万个，有26个省份支持农民用水合作组织作为农田水利项目的申报、实施和管护主体。结合政府购买服务改革，积极推进农田水利专业化社会化物业化管理。

2016年，农田水利将按照部党组统一部署和全国水利厅局长会议总体要求，深入贯彻落实党的十八届三中、四中、五中全会和中央经济工作会议、中央农村工作会议精神，牢固树立“创新、协调、绿色、开放、共享”的发展理念，积极践行新时期水利工作方针，坚持系统治理，大规模推进农田水利基础设施建设，完成30处大型灌区和30处大型灌排泵站更新改造规划投资任务，启动灌区现代化改造试点，在有条件的地区新建一批灌区，全面推进小型农田水利设施建设，持之以恒开展冬春农田水利建设；坚持节水优先，推行农业灌溉用水总量控制和定额管理，加快实施区域规模化高效节水灌溉行动，加强草原牧区节水灌溉饲草料地建设，全年再新增高效节水灌溉面积2000万亩以上；坚持改革创新，深入推进农田水利组织发动、资金投入、建管模式和运行管护机制改革创新，进一步加强基层水利服务体系能力建设，提高农田水利建设管理专业化社会化水平；坚持依法治水，加快健全法规制度、政策支持和规划体系，强化监督检查，推动农田水利持续健康发展，加快完善与现代农业发展和全面建成小康社会的农田水利设施网络。

周　玉　执笔

王爱国　倪文进　审核

**链接**

# 四川：赋权于民搞建管 打造山区“谷粮仓”

走进四川省达州市通川区安云乡凤翔村，只见整治一新的山平塘、蓄水池通过纵横交错的渠道串联成网状蓄水系统，从山顶呈梯度衍射至山脚，村里昔时的“望天田”变成了旱涝保收的“谷粮仓”。这山乡的巨变源于达州市正在实施的山区水利整村推进计划。

凤翔村位于大尖山北麓，全村呈坡坎状分布，山势陡峭，土壤保水性差，雨过水走，水资源匮乏，是靠天吃饭的典型旱山村。因水而贫，为水而困，多年的缺水生涯让凤翔村村民吃尽了苦头。解决用水难题，成了全村村民的愿望。

“要想改变山区贫困落后的面貌，首要的任务就是解决水的问题。”通过几次实地深入调研，达州市水务局总工程师王兵提出了“全面规划、突出重点、整合资源、整村推进”的建设思路，并在凤翔村开展试点工作。通川区水务局按照这一思路，以实施小型农田水利重点县项目为契机，有效整合各级财政资金126.7万元，对该村13口山平塘进行了彻底整治，并新建蓄水池3口、灌溉水渠6.63km，建成联户集中供水工程5处，带动33户村民进行了改厨、改厕，既解决了群众生产生活用水难题，又改善了农民生存发展环境。

在项目实施过程中，达州市水务局积极探索群众全程参与的有效机制，使村民真正成为工程建设的主体。在工程建设伊始，市、区水务部门工作人员就指导该村通过召开村民大会，选举产生工程协调、监督、理财3个小组，全程参与工程建设管理，并定期向村民公布工程建设进度、质量和资金使用情况。对涉及群众利益的重大事项，如筹资数额、资金管理、投工投劳、施工模式等，都交由村委以“一事一议”的方式进行民主决策。

“大家既然推选我当监督员，我就要对得起大家。”从工程开工到建成的5个多月里，村民王洪全整天泡在施工现场，全程参与材料进场、施工放线、完工收方等工作，“国家拿那么多钱帮助老百姓兴修水利，我们作为群众监督员，参与工程建设的监督管理，既是对国家负责，也是对自己负责，更是对子孙后代负责。”

通过加强群众参与管理，工程建设和资金使用，群众心中都有了一本明白账，大家对工程建设都很支持，青苗损失、土地占用等过去施工中的老大难问题，群众也主动协调解决，在整个实施过程中从未发生阻工事件。

建是基础，管是关键。工程建成后，凤翔村“两委”及时制定了水利工程管理制度和水费收取办法，并召集社员代表、受益群众共同讨论通过，进一步明确了维修资金筹措、水费收取标准、供水分配方式等具体事项。同时，针对不同工程类型和性质，逐处落实了工程所有权、管理权和使用权，将其经营使用权明确到受益农户。

有了水源保障，凤翔村农业发展基础得到有效改善。据统计，通过项目实施，该村共新增灌溉面积690亩，恢复、改善灌溉面积600亩，粮食增产约12万kg。

王　兵　刘廷峦　执笔

毕玉娟　审核

专栏十六

# 全力推进区域规模化高效节水灌溉

水利部农村水利司

“十二五”期间，水利部深入贯彻落实中央关于大力发展节水灌溉的决策部署，以加快转变农业发展方式为导向，多措并举，大力推广喷灌、微灌、管道输水等高效节水灌溉技术，全面实施东北节水增粮、西北节水增效、华北节水压采、南方节水减排等区域规模化高效节水灌溉行动，全国新增高效节水灌溉面积1亿多亩，有力地促进了水资源高效利用和现代农业快速发展。

水利部指导各地，采取多种措施大力推进高效节水灌溉发展。一是典型示范与整体推进相结合。通过试点示范项目建设，引导当地政府和群众认识、接受高效节水灌溉技术，配合相关政策整体推进，逐步建成一批面积大、标准高、效益显著的规模化高效节水灌溉项目区。二是积极引导与倒逼制约相结合。全面落实最严格水资源管理制度，大力推进总量控制、定额管理，坚持以水定地，量水而行，形成推进高效节水灌溉的倒逼机制，实现发展和生态保护双赢。三是建设工程与改革机制相结合。坚持“先建机制、后建工程”，合理确定工程建设管理模式。大力推进基层水利服务机构、农民用水合作组织及专业化服务队伍建设，建立工程长效运行机制。着力提高工程信息化管理水平，从前期设计到项目管理、运行、监控等各个环节加强信息化管理。四是政府扶持与民间投入相结合。充分发挥政府主导作用，建立多元化投入机制。通过农业水价综合改革、水权制度改革等措施，鼓励、吸引社会资本参与节水灌溉工程建设和管理，企业参与高效节水灌溉工程建设管理的积极性不断提高。

通过发展高效节水灌溉，取得了显著的综合效益。一是促进节约用水。“十二五”期间，我国农田灌溉水有效利用系数从0.5提高到0.53以上，在灌溉用水总量零增长的情况下，新增有效灌溉面积7500多万亩。二是保障农业增产。高效节水灌溉较常规灌溉亩均增产粮食10%~40%，提高了产品品质，促进了农民增收。三是促进农业生产方式转变和现代农业发展。通过高效节水灌溉工程信息化管理，配合农机、农艺等措施，显著提高劳动生产效率，促进农业结构调整。四是省肥省药省地。高效节水灌溉实现水肥药一体化，肥、药利用率提高5%~20%，亩均节省人工2~3个，减少渠道占地5%以上。五是带动节水产业发展。加速了节水灌溉技术创新、设备升级和产业发展，全国已有2000多家节水灌溉设备生产企业，形成年产3000多万亩节水灌溉设备和材料能力。

刘云波　姚宛艳　执笔

王爱国　顾斌杰　审核

专栏十七

# 国务院召开全国冬春农田水利基本建设电视电话会议

水利部农村水利司

2015年10月30日，国务院召开了全国冬春农田水利基本建设电视电话会议，中共中央政治局常委、国务院总理李克强对会议作重要批示。批示指出：大力推进农田水利基本建设是夯实农业基础、促进农民增收的重要保障，也是拉动内需、促进协调发展的有效举措。望继续深化改革，不断创新水利投融资体制机制，发挥国家投资作用，吸引带动更多社会资金，并调动广大农民的积极性，扎实推进重大水利工程建设，加快完善水利基础设施网络，着力健全水利建设、管理和运行的机制，确保农民长期受益，为维护国家粮食安全、加快农业现代化进程、全面建成小康社会作出新的更大贡献。中共中央政治局委员、国务院副总理汪洋出席会议并作重要讲话。汪洋副总理在讲话中充分肯定了去冬今春以来全国水利改革发展和农田水利基本建设的显著成效，全面总结了各地各部门开展农田水利基本建设的新经验和新举措，深刻阐述了加强农田水利基本建设的重要性、长期性和艰巨性，指出要从系统治理、完善水利工程体系，协同推进、形成纵横联动工作合力，深化改革、着力消除体制障碍，建管并重、促进工程长效良性运行等四个方面抓好冬春农田水利基本建设。陈雷部长在工作部署中明确了2015年冬季及2016年春季农田水利基本建设的工作思路、目标任务和保障措施，以及抓紧完成水毁灾损水利工程修复、加强农田水利设施建设与配套、大力发展高效节水灌溉、抓好防汛抗旱薄弱环节建设、加快重大水利工程建设、实施农村饮水安全巩固提升、深入开展水生态文明建设、不断深化水利改革创新等八项重点任务。国家发展改革委、财政部负责同志对做好2015年冬季及2016年春季农田水利基本建设一并做了安排。水利部还制定下发了《全国冬春农田水利基本建设实施方案》。

国务院电视电话会议后，水利部陈雷部长迅即部署抓好贯彻落实，水利部专门印发通知对各地贯彻落实国务院会议精神做出部署、提高要求。要求各级水利部门把传达学习贯彻国务院电视电话会议部署特别是李克强总理重要批示和汪洋副总理重要讲话精神、再掀冬春农田水利基本建设高潮作为当前水利工作重点，进一步加强组织领导、落实工作责任，突出工作重点、细化建设任务，加大资金投入、完善配套政策，抓住关键环节、强化督查指导，深化创新改革、凝聚各方力量，加强宣传引导、营造良好氛围，全面推进并确保冬春农田水利基本建设任务如期圆满完成。在开展节水供水重大水利工程、农村饮水安全工程等项目建设对口分片联系督导检查，以及强化动态进展半月报公开通报和宣传报道的同时，水利部结合中央水利投资计划执行情况大检查，对各地冬春农田水利基本建设进行了督导检查，推动冬春农田水利基本建设顺利开展。各地结合实际采取加强组织发动、加大资金投入、强化督查考核、创新健全机制等，广泛调动各方积极性再掀展冬春农田水利基本建设新高潮。截至2015年12月底，全国冬春农田水利基本建设完成投资、投工、机械台班和工程量均超过计划的60%。

周　玉　执笔

王爱国　倪文进　审核

专栏十八

# 大力推进国家高效节水灌溉示范县建设

水利部农村水利司

发展节水灌溉、提高用水效率，是缓解用水矛盾、保障经济社会可持续发展的根本措施。为解决高效节水灌溉发展过程中存在的工程建设分散、发展速度偏慢、发展机制不健全、建设水平不高等问题，深入贯彻落实中央加快水利改革发展的决策部署和节水优先的新时期水利工作方针，水利部在全国组织开展了国家高效节水灌溉示范县建设。各地高度重视，进一步加强指导，加大扶持，深入推进国家高效节水灌溉示范县建设，取得了显著成效。主要措施有：

一是鼓励自主申报。水利部印发《关于开展国家高效节水灌溉示范县建设的通知》后，各省（自治区、直辖市）高度重视，积极组织推荐，对申请材料严格把关。

二是规范评审流程。根据水利部《关于开展国家高效节水灌溉示范县建设的通知》《国家高效节水灌溉示范县评估办法（试行）》的有关要求，制订工作方案，细化评估办法，明确示范县评审采取各地自主申报、中国灌溉排水发展中心初审、第三方评估、复审委员会复核、网上公示和认定命名的流程。

三是突出制度建设。在国家高效节水灌溉示范县评审过程中，将高效节水灌溉发展规划、农业水资源总量控制、水价形成机制、灌溉制度、产权制度、基层水利服务体系、管护机制、信息化建设等作为重要内容。

四是完善评估机制。引入第三方评估机制，吸纳社会力量积极参与国家高效节水灌溉示范县建设，确保评估结果更加客观、科学、实事求是，不断增强评估工作的专业性和权威性。

五是明确扶持措施。要求各级水行政主管部门在安排各类水利项目时向示范县倾斜。通过“以奖代补、先建后补”等方式，对国家高效节水灌溉示范县给予奖励。

2015 年 9 月，经过各地自主申报、中国灌溉排水发展中心初审、第三方评估、复审委员会复核和网上公示，评定山东省肥城市、岱岳区，甘肃省民勤县，新疆维吾尔自治区吉木萨尔县、呼图壁县、阜康市等 6 个县（市、区）为首批国家高效节水灌溉示范县。国家高效节水灌溉示范县建设起到了良好的引导带动作用，进一步推动全国高效节水灌溉向“设施先进、管理科学、服务到位、运行良好”的目标发展。

刘云波　袁晓奇　执笔

王爱国　顾斌杰　审核

# 全国水利安全生产形势持续稳定

水利部安全监督司

2015 年，水利安全生产监督管理以控制事故为目标，以信息化建设、标准化建设为支撑，以建立完善责任体系、隐患排查治理体系和事故处置督导体系为重点，以工作考核、“四不两直”督导、安全教育和典型推动等为手段，改进工作方式方法，狠抓监督检查、事故督办和长效机制建设，实现了“四个全覆盖”（“1234”体系）。在全行业的共同努力下，全行业生产安全事故起数和死亡人数再次实现双下降，较 2014 年分别下降 50% 和 44%，水利安全生产形势保持持续稳定。

## 一、强化组织领导责任，狠抓工作部署落实

为切实贯彻落实好党中央、国务院有关安全生产工作的决策和部署，陈雷部长亲自主持召开党组扩大会议，研究部署安全生产工作；矫勇副部长主持召开全国水利安全监督工作会议，分析水利安全生产面临的新形势和新要求，统筹安排水利安全生产工作；水利部安全生产领导小组先后召开 3 次会议，认真落实国务院安委会和水利部党组的有关工作要求和部署，强化水利安全生产各项工作措施。安全监督司印发了《2015 年水利安全生产工作要点》《关于全面开展水利安全生产大检查、深化“打非治违”和深入开展危化品易燃易爆物品安全专项整治工作的通知》等一系列文件，并切实抓好落实。

## 二、狠抓隐患排查治理，严格落实防范措施

水利部直属各单位、地方各级水行政主管部门结合本单位、本地区实际，突出重要领域、重点项目和关键时段的安全监管，深入开展隐患排查治理。据统计，全国水利行业共 25386 个建设项目开展了专项整治自查自

纠，行动开展覆盖率 94.7%。水利系统各级水行政主管部门共派出检查组次数共 14992 次，检查施工项目 21361 个，检查出 5 种整治行为 1352 项，经济处罚 57 起，责令项目停工整改 285 处，暂扣安全生产许可证 7 家，责令停业整顿、降低资质等级或吊销资质证书 24 家，阶段总结通报 1180 次，媒体宣传 1018 次，曝光案例 86 起，专项行动成效明显。

## 三、加强事故督导问责，严格落实监管责任

按照习近平总书记"党政同责、一岗双责、失职追责""管业务必须管安全、管行业必须管安全、管生产经营必须管安全"的要求，进一步健全和完善行业安全生产责任体系。对发生生产安全事故的，督促有关部门按照"四不放过"原则严肃事故处理，绝不姑息迁就。2015 年上半年青海省发生一起较大事故，安全监督司专门到现场指导事故调查处理工作，同时以给青海水利厅厅长写信、发安办函等方式，向青海省水利厅提出该起事故的处理建议和对事故相关责任人的具体处理意见，并进行全国通报。

## 四、深化宣传教育活动，提高全员安全意识

2015 年 6 月以"加强安全法治、保障安全生产"为主题，深入组织开展水利"安全生产月"活动。矫勇副部长与 64 个已开工重大水利建设项目法人主要负责人进行建设项目质量与安全管理谈心对话活动，取得良好效果。水利安全生产知识网络竞赛有 97287 人参与答题，累计答题 1392574 次，参赛人数和答题次数较去年分别提高 31% 和 45%。水利部再次被国务院安委办评为全国安全生产月活动先进组织单位；水利部松辽水利委员会被评为全国安全生产月活动优秀单位。另外，2015 年共举办"三类人员"培训 40 期，培训 5482 人，考核发证 4185 人。

## 五、夯实安全生产基础，建立完善长效机制

一是加快完善水利安全生产规章制度。颁布了《水利水电工程施工安全防护设施技术规范》和《水利工程施工安全管理导则》。二是加快水利安全生产信息化项目建设步伐，项目可行性研究报告已由国家发展改革委

批复。三是全面推进水利安全生产标准化建设工作。目前，已有45家单位通过了首批水利安全生产标准化建设一级评审，第二批的71家单位已完成抽查复核工作。

2015年，水利安全生产工作虽然做了不少工作，取得了新的进展和成效，但与党中央、国务院的新要求以及水利发展的新形势、新需要相比还存在不少差距。有的地方和单位对安全生产工作重视程度还不够，一些领导安全责任有名无实的现象还没有得到根本改变，在思想上还存在麻痹思想和侥幸心理，在管理中还存在安全制度不完善、安全投入不足、隐患排查不到位、安全教育不深入等问题。地、县两级水利部门安全监管力量薄弱，人员素质普遍不高，工程建设和运行现场监管不落实、不到位情况比较突出。部分一线从业人员安全观念淡薄，安全防范意识薄弱，应急避险能力低。

2016年水利安全生产监督管理将进一步完善“1234”体系，树立水利安全生产低事故率、低死亡率，坚决杜绝重特大事故的工作目标长期不变。

一是完善安全生产责任体系，强化队伍建设。推动各地进一步完善和细化安全生产职责，建立相应考核机制。切实落实水利项目法人和生产经营单位安全生产主体责任，督促水利项目法人和生产经营单位进一步健全安全生产管理机构，完善各项安全生产规章制度和操作规程，加大安全生产投入，建立隐患自查自报自改的闭环管理制度，加强生产经营单位班组管理、岗位管理和现场管理，提高安全管理水平。加强安全生产监管队伍建设，严格落实各级水行政主管部门和流域机构的安全监管职责，督促地、县两级进一步加强安监机构和队伍建设，建立健全水利安全监督职能机构，强化水利建设项目现场安全监督工作。

二是突出重点领域，全面加强安全监管。强化在建水利工程项目施工现场的全时段、全过程和全员安全监管，加强在建工程安全巡查。以大型骨干水利工程、中小河流治理、病险水库除险加固等水利建设项目为重点，督促水利施工企业足额提取安全生产费用，严格落实工程专项施工方案和安全技术措施。加强对高处坠落、坍塌、滑坡、岩爆、淹溺、触电等生产安全事故的防范，强化施工场地交通安全以及雷管炸药和油库等危险品管理。加强汛期施工安全管理，严格按照施工组织设计和度汛方案要求安排施工，防范溃坝、围堰溃决等事故发生。加强在建项目生活区防火、用电、用气等安全管理。切实加强水库大坝和淤地坝运行安全管理。加强农村水电运行安全管理。加强水文监测、水利科研与检验、水利工程勘测设计等安全管理。

三是深化隐患排查治理，严防事故发生。对本级在建和运行水利工程开展全覆盖安全监管，对下级所属的水利工程采取“四不两直”方式，每季度进行抽查、检查。经常性开展打击水利行业非法违法生产经营建设行为，加大隐患排查治理工作力度。抓好重要时段和重大活动期间的水利安全生产工作。

四是强化基础工作，提高安全保障能力。加强水利安全生产法规制度体系建设。进一步推动《水库大坝安全管理条例》修订工作，积极做好《水利安全生产监督管理规定》和《水利水电工程机电设备安装安全技术规程》等修订工作。组织做好水利安全生产总体应急预案的研究和编制工作。大力推进水利安全生产标准化建设。强化水利工程安全生产应急管理。加快水利安全生产信息化建设步伐。

五是开展宣教培训，提高全员安全意识。深入开展安全生产宣教活动。组织开展第 15 个全国“安全生产月”活动，促进全员安全意识的全面提高。切实加强安全生产培训工作。进一步加大各级水利安全生产监督管理人员和水利生产经营单位负责人、安全管理人员、生产作业人员特别是农民工的安全培训力度，分级开展水利安全生产监督管理人员教育培训。强化对水利施工企业“三类人员”的培训考核管理，严格执行岗前培训、持证上岗制度。加强对水利安全生产教育培训的监督检查，把教育培训情况纳入考核重要内容，切实提高从业人员的业务素质、自我保护意识与防护技能。

王　瑞　叶莉莉　执笔

武国堂　审核

**链接**

## 太湖流域：安全培训下基层 现场教学谱新篇

位于浙江省新昌县的钦寸水库是一座以供水、防洪为主，兼顾下游灌溉和发电的综合利用水利工程，也是全国172项节水供水重大水利工程之一。随着主体建筑施工进入高峰期，热火朝天的施工现场里悄然多出了一景：70余名来自太湖流域安监工作一线的同志们走进了现场。他们头戴安全帽，手拿笔记本，三五结队的在脚手架、配电柜、拌和站等常见的施工区域前驻足观察。当带队的专家现场指点解说时，有人认真记录，有人拍照取证，更多人开始向专家提问，展开互动交流。这一支支小分队熟稔地穿梭在施工现场，每个人都对安全监管的重点如数家珍；可他们却又像初次走进工地的新人一样好奇，热烈的讨论声随处可闻。

这正是太湖流域片安全生产检查现场教学培训的一个剪影。自2014年起，太湖流域管理局在水利部安全监督司的指导和流域片各省（直辖市）的大力支持下，精心组织策划，将监督检查、教育培训、交流指导三项功能融为一体，开创出“安全生产检查现场教学培训”的新模式，这也成为了太湖流域片水利安监工作人员每年一度的交流学习盛会。

历经两年的实践摸索，太湖流域管理局安全生产检查现场教学培训的模式逐渐固定为五个主要环节：一是开班仪式，向全体参训人员印发学习资料，传达培训方案，强调主题与纪律要求；二是现场检查，学员们在专家和领队的指导下分组进入现场，细查每一个安全监管重点领域和工程建设资料，查找隐患与不足；三是分组总结，由学员们自己搜集资料，内部探讨，形成各组检查报告和反馈意见；四是专家指导，邀请行业专家对学员们的工作成果进行点评，传授专业知识，辨析典型案例；五是座谈交流，各省（直辖市）水利安监部门汇聚一堂，探讨流域形势，交流工作近况，分享经验心得。

在 2014 年、2015 两年中，太湖流域管理局先后选取了泰州引江河二期、淮河入江水道、钦寸水库等 3 个具有流域特色的重点工程开班教学，130 余名水利安监工作人员参加培训，10 余位全国知名的水利安监专家受邀指导。现场教学培训的生动实践和学员们的专业素养也得到了水利部和国家安监总局的高度评价。

“纸上得来终觉浅，绝知此事要躬行。”创新与实践是一对永恒的主题。现场教学培训所引发的思维碰撞的火花，必将点燃流域片水利安监工作的热情和希望。

张　程　执笔

钟卫领　审核

# 持续加强水利工程建设质量管理和市场监管

水利部建设与管理司

2015 年，节水供水重大水利工程建设快速推进，中小型民生水利工程建设全面开花，全国仅中央投资的在建水利工程项目就有 15138 个，在建项目投资规模超过 8000 亿元，项目多，分布广，进度要求高，监管任务重。水利部高度重视水利工程建设质量管理和市场监管工作，坚持以质量安全效益为中心，支撑和保障了大规模水利建设的顺利实施。

## 一、认真开展水利建设质量工作考核

水利部制定并印发《水利建设质量工作考核办法》，确定从 2015 年开始，对省级水行政主管部门水利建设质量工作进行考核。经与全国质量工作部际联席会议办公室协商，将水利建设质量考核结果纳入国务院对省级政府的质量考核体系，在省级政府质量考核总分 100 分中，水利建设质量考核分值占 3 分。

为扎实做好首次质量工作考核，水利部制定了《2014—2015 年度水利建设质量工作考核评分细则》，建立了考核专家库。在各地完成考核和自我评价的基础上，水利部派出 17 个考核组对 32 个省级水行政主管部门进行了实地考核。实地考核包括对省级水行政主管部门水利建设质量工作总体考核和随机抽查 4 个水利工程项目的考核，总体考核评分占 60%，4 个项目考核评分各占 10%。

在对考核情况进行认真汇总复核后，水利部将考核结果向全社会公告，并报全国质量工作部级联席会议办公室。上海市、江苏省、湖北省等 10 个省级水行政主管部门考核结果为优秀。采取“一省一单”形式，向各省级水行政主管部门通报考核结果，抄送同级人民政府，指出存在问题和薄弱环节，提出整改意见，督促限期完成整改。考核工作取得了较好成效，极大地提高了各级水行政主管部门的质量意识，督促了各地改进和完善质量管理工作，有力地保障了水利工程建设质量。

## 二、不断加强水利工程质量管理能力建设

贯彻落实水利部《关于进一步明确水利工程建设质量和安全监督责任的意见》，大力推动质量监督机构建设，地方水利部门不断充实省、市两级质量监督机构力量，特别是县级质量监督机构建设取得明显成效，有建设任务的县（区）级行政区建立质量监督机构的比例从 2013 年的 36% 提高到 2015 年的 57% 。矫勇副部长与重大水利工程建设项目法人进行了质量与安全谈心活动，大力提升了项目法人质量安全意识。组织召开了全国水利工程质量监督现场座谈会，总结质量管理工作，对做好下一步质量监督工作进行研究部署。

各地积极探索有针对性的质量监督新模式。江苏省提出中小型民生水利工程质量监督组织模式，按照“差别管理、程序简明、重点突出”的原则，以“全面覆盖”为基础，以“监督有效率”为准绳，以“质量可控”为目标，对质量监督的程序、方式和内容进行优化，根据监督对象实行差别管理。河南省创新水利工程实体质量巡检模式，构建起质量巡检、质量问题认定和质量问题处罚“三位一体”的质量巡检新体系，积极推行水利工程建设质量评价及预警防控机制。

完善质量管理制度标准体系，完成《水利工程质量检测技术规程》编制，启动《水利水电工程施工质量检验与评定规程》修订工作，开展水利工程质量监督规程编制前的相关研究工作。印发了《关于加强农村饮水安全项目质量管理工作的通知》。

2015 年大规模水利建设中，工程质量总体趋势向好，全年未发生重大质量责任事故。

## 三、全面加快水利建设市场信用体系建设

深入贯彻落实国务院《社会信用体系建设规划纲要（2014—2020

年)》和水利部、国家发展改革委《关于加快水利建设市场信用体系建设的实施意见》，扎实推进水利建设市场信用体系建设工作，水利建设市场秩序日趋规范。

2015年8月水利部印发了《水利建设市场主体信用评价管理暂行办法》和勘察、设计、施工等8类市场主体信用评价标准。相继出台了信用信息管理、不良行为记录公告、信用评价管理、信息应用管理等重点环节的专项管理办法和信用信息数据库标准等一系列配套文件，水利建设市场规章制度体系初步形成。

加大信息公开力度，对全国水利建设市场主体信用信息平台进行了改版完善，大力推动市场主体信用档案建设。截至2015年年底，信用平台共发布信息56.38万条，包括4795家从业单位、45.17万名从业人员的信息，实现了市场主体信用信息的电子化存储和全面公开。加大对不良行为的曝光力度，信用平台已公布247条市场主体不良行为记录。

开展水利建设市场主体信用评价。按照政府主导、社会共治和标准、程序、过程、结果“四公开”的原则，启动了2015年水利建设市场主体信用评价工作，确定对勘察、设计、施工等8类水利建设市场主体统一组织信用评价，共有1347家水利建设市场主体自愿申请参加本次信用评价工作。为保证评价工作有序进行、评价结果公平公正，赴最高人民检察院行贿犯罪档案查询中心对全部参评市场主体进行行贿犯罪档案查询，全面梳理评价期内市场主体不良行为处理决定。水利建设市场主体信用评价工作进展顺利。

继续大力推进信用信息的应用工作，加快实行市场主体信用分类监管。水利部和部分地方水利部门已将市场主体的信用信息和信用等级作为在市场准入、资质（资格）管理、招标投标、市场监管等活动中的重要依据，在各类资质评审中将市场主体严重不良行为记录作为“一票否决”的条件。一些地区将市场主体的信用等级作为资格审查以及评标的重要依据，在招标文件中明确规定了信用等级分的权重。一些地方把失信惩戒机制作为强化水利建设市场监管的利器，对水利建设领域违法违规行为给予有力打击和有效震慑。

## 四、切实做好水利建设市场监管工作

深入开展专项治理工作，制定并印发《2015 年水利工程建设领域突出问题专项治理工作要点》，加大对重点领域、重点环节的治理力度。继续大力推动水利建设项目进入公共资源交易市场交易，2015 年全国水利工程建设项目进场交易率为 98.6%，进场交易额占总交易额的 97%。配合国家发展改革委做好公共资源交易平台建设工作，《整合建立统一的公共资源交易平台工作方案》经国务院常务会议通过，由国务院办公厅印发。

按照统筹推进、试点先行的原则，积极开展电子招标试点，与国家发展改革委等 6 部委联合印发《关于扎实开展国家电子招标投标试点工作的通知》，一些地方电子招标工作明显加快。湖南省列为国家电子招标投标试点省后，水利工程电子招标投标系统首先建成并正式投入运行，与公共资源交易平台密切结合，实现全流程电子化。山东省水利工程建设项目电子招投标系统实现了从项目信息公开、招标备案、招标公告发布，到评标专家抽取、项目开评标等各环节的全程电子化办理。福建省水利厅联合省发展改革委印发了《福建省水利工程电子招标投标施工招标文件示范文本》。

与最高人民检察院、住建部、交通运输部联合印发《关于在工程建设领域开展行贿查询工作的通知》。加强标后履约监管，开展了水利工程建设转包、违法分包界定标准及对策研究。

印发《关于加强中小型水利工程建设管理防范廉政风险的指导意见》，针对当前水利建设领域存在的突出问题，提出了加强制度建设、加大执行力度、实行政企分开、落实建设资金、规范招标投标、完善建管模式、加强资金管理、严格失信惩戒、加强群众监督、强化监督监察等 10 条具体措施。

戚　波　费　凯　执笔

孙继昌　孙献忠　审核

**链接**

# 广东：佛山全面推进水利市场诚信建设

近年来，佛山市水务系统从建立水利市场信用制度、信用管理平台、奖惩机制和净化水利建设市场环境入手，全面推进水利市场诚信建设，全市各类水利行业单位252家共5683名从业人员全部纳入信用体系，接受全方位的信用管理。形成了“一处守信、处处得益，一处失信、处处受制”的诚信管理机制，为打造水利建设阳光市场奠定了基础。

在制度建设方面，佛山市迈出了诚信管理、阳光管理的第一步，制定《佛山市水利工程参建单位诚信管理办法》《佛山市水利工程建设领域项目信息公开和诚信体系建设工作方案》《佛山市水利工程招标文件范本》《佛山市水利建设市场主体信用管理办法（试行）》《佛山市工程建设项目信用分类优选随机合理低价评定标暂行办法》《佛山市水利工程建设管理巡查制度（试行）》等一系列规范性文件。现在，佛山市从事水利工程建设活动的市场主体以及信用信息的登记、采集、审核、发布、更正和使用等，已全部纳入信用管理。

在信息公开方面，佛山市实现了水利工程建设管理系统与市公共资源交易网的无缝对接和数据交换，建立水利工程建设市场主体单位信用档案，将市场主体的基本信用信息，从由主管部门审查核准改为网上登记备案。同时，加大信息公开力度，集中公开工程项目信息，完善信用信息报送制度，信用信息网上公开达到全覆盖。在信息监管过程中，佛山市坚持严厉打击市场主体填报信用信息中的弄虚作假行为，一经发现、确认，立即禁止其3年内在本市行政区域参加投标活动，并在网上进行公布。截至2014年年底，佛山市全市32家招标代理机构、12家勘察单位、25家设计单位、22家监理单位、138家施工单位、23家重要设备供应商及全部从业人员，均在系统上登记备案，形成了较为完善的水利建设市场主体信用信息基础数据库。

在监督管理方面，佛山市信用信息管理系统平台对市场主体单位实行动态管理，建立了市场信用奖惩机制。各建设项目市场主体的履约行为，通过市、区水行政主管部门及委托机构的量化评价，取得水利建设市场主体动态信用得分，并将评价结果应用于水利建设工程市场准入、招标投标、资质管理及日常监管等方面。近年来，佛山市先后对15个存在不良行为的市场主体进行了通报，并扣除动态信用得分；对工程业绩优良或获得市级以上工程优良奖的39家企业，给予信用加分奖励；对2个招标文件被投诉违规的水利项目，立即暂停招标程序。

此外，佛山市启动了水利工程建设项目监管模式改革，创新水利建设体制机制，在各区均组建了水利投资建设有限公司，编写制定了一系列招投标文件范本和规范性文件，实行“四统一”——统一招标文件范本，统一评标办法和标准，统一综合评标专家库，统一进入交易平台。规范后共有150宗水利工程采用统一的施工招标范本，较好地防止了招标人为操作、围标、串标等违法行为。为加强市场信用管理、主动接受社会监督，佛山市编制了水利建设管理监管清单，将信用信息管理纳入部门监管重要职能。由此，以“建管分开、监管分离”为特色，由水行政主管部门负责监督管理、水利投资建设公司负责投资建设的管理模式正式形成，成为佛山市深化和创新体制机制改革的成功典型之一。

刘　勇　李永生　执笔

毕玉娟　审核

# 水文工作进展

水利部水文局

2015年，水文部门以新时期水利工作方针为指引，紧紧围绕水利中心任务，积极践行“大水文”发展理念，贯彻落实“三夯实、五强化”要求，创新发展，扎实工作，取得积极成效，实现“十二五”规划圆满收官，为水利改革发展提供了有力支撑和坚强保障。

## 一、水文情报预报服务水平进一步提升

2015年，西江、太湖、淮河发生超警戒洪水，多条中小河流发生超历史纪录洪水，6个台风登陆，部分地区暴雨山洪、城市内涝灾害严重，江南华南发生罕见冬汛，华北、东北、西南等地发生夏旱。水文部门加强值班值守（3—12月），强化信息报送和预测预报，全力推进水情预警发布，加强业务能力和人才队伍建设，以全面及时准确的情报预报服务为防汛抗旱减灾提供有力支撑，为大幅降低全国灾害损失做出了贡献。一是报汛服务能力显著提高。2015年全国各类报汛站增至9.7万个，接收雨水情信息达7.1亿条，编发水雨情材料700多期、短信20万条，信息服务能力不断增强。二是预测预报水平有力提升。超前准确预测“苏迪罗”等强台风路径和登陆地点，台风分析预判能力不断加强；及时作出南涝北旱、长江中下游及太湖发生较大洪水、今冬明春南方降雨偏多等重要预报，中长期预测预报水平不断提高；汛期每天制作发布重要江河湖库断面洪水预报共5800多站次，发布台风影响期水情预报600多站次，实时洪水作业预报能力快速提升；积极运用卫星遥感等新技术开展旱情监测评估分析，每旬编发水文干旱短信，旱情信息综合分析水平不断提高。三是水情预警发布积极推进。全国已有5个流域机构和19个省（自治区、直辖市）出台地方预警发布管理办法，各级水文部门通过各种媒体向社会公众共发布水情预

警信息667条，有效增强了社会防灾避险意识，减轻了灾害损失。四是水文应急测报再立新功。在重庆市成功举行全国首次水文应急测报演练。为“东方之星”旅游客船翻沉、尼泊尔地震、甘肃省西和县锑矿库泄漏水污染等突发事件及时提供应急监测信息和预报成果。五是业务能力和队伍建设不断强化。召开全国水情工作会议，加强行业能力建设。进一步完善气象业务系统、水情值班等系统，不断加强自身业务能力建设。出台《水利部水文首席预报员管理办法实施细则》，落实和完善首席预报员制度。

## 二、水文服务不断深入

一是为最严格的水资源管理制度提供重要支撑。省界水资源监测站网建设继续推进。流域地下水水质监测稳步开展，《重要入河排污口监测能力建设项目建议书》通过水利部审查。国家监控水功能区的监测覆盖率达90%，全国水质监测体系初步形成。二是为水生态文明建设提供技术保障。在藻类监测常态化的基础上，不断拓展水生态监测内容，推进水生态监测评价指标体系建设，开展黄河主要干支流全物质通量分布特征与生态环境质量状况评价，组织行业技术高级研修班等培训，服务生态文明建设。三是为城镇化建设提供技术服务。结合国家海绵城市建设，组织30个省（自治区、直辖市）的54个城市开展城市水文试点，不断提升城市水文监测技术和公共服务水平，为城市防洪排涝、供水水源保护、城市节水等关系民生的涉水事务提供服务。

## 三、水文基础设施加快建设

一是规划和项目前期工作有序开展。《全国水文事业发展规划》通过水利部审查。依据《全国水文基础设施建设规划（2013—2020）》，建立了项目库，重点组织开展了流域机构和各地大江大河水文监测系统、跨界河流水文站网、国家水文数据库建设等项目前期工作，部分项目已批复实施。2015年落实全国水文基建投资计划7亿元（中央5.2亿元、地方1.8亿元）。二是中小河流水文监测系统建设基本完成。累计下达投资计划161.5亿元，共安排各类建设项目44710个，开工率99%，累计完工率达

95%，系统建设成效初步显现。三是国家地下水监测工程开局良好。国家地下水监测系统建设纳入中央“十三五”规划，项目全面启动建设，各项工作进展顺利。水利部成立了项目建设领导小组和项目建设办公室，水利部、国土资源部联合成立了项目协调领导小组和管委会，完成了国家项目初步设计及分省初步设计报告。四是水文基建项目监管不断加强。水利部联合国家发展改革委印发《关于加强水文基础设施项目管理有关工作的通知》，举办全国水文基础设施项目建设管理座谈会，采取督办、约谈、考评、检查等措施加大督查力度，保障各类水文项目顺利实施。

## 四、水文行业管理不断强化

一是水文法规体系日臻完善。大力推进地方水文法规建设，《吉林省水文条例》《山东省水文管理办法》先后颁布实施，截至2015年年底已有26个省（自治区、直辖市）出台了水文条例或管理办法。二是水文体制机制改革持续推进。进一步推动管理体制改革和基层水文体系建设，山东省“省、市、县、乡、村”五位一体的水文管理服务模式取得积极进展，积极探索用人用工制度改革，辽宁省、上海市、山东省、湖北省等地政府购买服务的实践取得可喜进展。三是水文行政审批精简规范。完成“水文、水资源调查评价机构资质认定”的取消和移交，经清理，保留涉及水文的4项行政审批事项，其中“国家基本水文测站上下游建设影响水文监测工程的审批”整合为“洪水影响评价审批”，实行并联办理；“外国组织或个人在华从事水文活动的审批”和“国家基本水文测站设立和调整审批”纳入水利部行政审批受理中心统一受理。四是水文监测和科技水平不断提升。印发《关于加强水文计量管理工作的通知》。积极推进水文监测方式改革。积极研发和推广高分辨率面雨量监测系统、国产声学流速仪等先进仪器设备。成功举办第二届国际水文监测仪器设备推介会。组织检测地下水、土壤墒情监测设备并发布合格产品目录。制修订标准55项，颁布标准17项。完成2014年度全国水文年鉴整汇编刊印工作。五是国际河流水文工作和交流合作稳步推进。圆满完成跨界河流水文合作与技术交流工作，组织研发国际河流水文基础信息系统，编印了新疆维吾尔自治区国际河流水系分布示意图。积极组织和参加多个国际组织的有关活动，国际水文计划中国国家委员会获得东南亚及太平洋地区指导委员会突出贡献奖，进一步提高水文的国际影响力。六是援藏援疆工作扎实开展。组织召开水文援藏工作座谈会，部署“十三五”期间援藏工作，印发《“十三五”水文援藏工作方案》，组织开展西藏大骨节病区饮水水质调查监测，完成新疆乌伦古湖等 4 个重要湖泊容积测量任务。七是队伍建设成效突出。围绕“三支队伍”建设，开展全方位、多层次教育培训，面向行业举办 15 个 48 期培训班，共培训 3100 多人次，人才队伍的整体素质和能力明显提升。

祝　明　执笔

英爱文　审核

专栏十九

# 国家地下水监测工程项目开局良好

水利部水文局

## 一、项目概况

国家地下水监测工程为中央直属项目，主要建设任务是由水利部牵头，水利部和国土资源部联合建设国家级地下水监测站，最终建成“国家地下水监测系统”。水利部分共建设国家地下水监测中心1个（与国土资源部共建），流域监测中心7个，省级（含新疆生产建设兵团）监测中心32个，地市级分中心280个，国家级地下水监测站10298个，工程概算总投资约为11亿元，建设工期3年。水利部水文局为水利建设部分的项目法人，全面负责工程建设管理工作。

2015年10月29日，党的十八届五中全会通过的“十三五”规划建议明确提出“实行最严格的水资源管理制度，建设国家地下水监测系统，开展地下水超采区综合治理”，将国家地下水监测系统建设上升到国家战略高度。

## 二、项目进展

根据水利部党组的要求，水文部门科学谋划、加强管理、积极开拓、精心组织，在任务重、人员少、时间紧的情况下，加快推进项目建设，完成机构组建、制度建设、初步设计、国家地下水监测中心大楼采购等工作，启动北方重点地区监测站建设，实现项目建设良好开局。

### （一）项目机构组建到位

一是水利部组建了国家地下水监测工程项目建设领导小组和项目建设办公室。

二是成立了由水利部和国土资源部两部副部长任组长的项目协调领导小组，并由两部项目法人水利部水文局和中国地质环境监测院组建了国家地下水监测中心管委会。

三是由各流域机构水文局及省级水文部门组建了项目部（办）。

### （二）制度体系有效构建

一是制定项目建管办法。为规范项目建设管理工作，水利部下发了关于加强项目建设管理工作的通知，印发国家地下水监测工程项目建设管理办法、资金使用管理办法、廉政建设管理办法，水利部办公厅印发项目档案管理办法。水利部水文局与各流域机构、各省级水文局签订授权书、委托书及廉政责任书，明确相关单位责任、任务，为项目顺利实施奠定了基础。

二是强化协调机制。为建立高效的协调工作机制，印发了《水利部与国土资源部项目建设领导小组议事规则》《监测中心管理委员会议事规则》等。同时为使各级水行政主管部门和国土资源主管部门更好地支持工程实施，印发了《水利部、国土资源部关于支持国家地下水监测工程建设的通知》。

三是规范项目工作程序。为规范项目工作程序和技术要求，先后制定并印发了项目招投标管理实施办法、设计变更调整补充规定、监测井建设招标文件指导书、仪器设备购置招标文件指导书等。

四是明确质量监督方式。成立了项目法人单位监管组和建管咨询专家委员会、建管专家组，明确相关咨询、监督检查、建设管理职责，印发了监测站施工质量和安全监督检查手册。

### （三）初步设计报告获得批复

2015 年 6 月 8 日，国家发展改革委批复初步设计概算，核定工程总投资约 22 亿元，其中水利部 11 亿元。6 月 10 日，水利部与国土资源部联合批复初步设计报告。

### （四）年度建设任务圆满完成

一是完成监测中心大楼购置工作。按照国家发展改革委要求，通过招标方式完成了国家地下水监测中心大楼采购。

二是做好监测井建设工作。2015 年内启动了 15 个省（自治区、直辖市）的监测井招投标工作，共涉及 39 个地市、1821 口监测井。

三是开展监测仪器检测工作。委托水利部质检中心开展了两批次地下水监测仪器产品的实验室检测和野外模拟比测工作，合格产品名录在指定网站发布。

四是基本完成项目资金支付任务。2015 年中央预算内投资为 1.2 亿元，全年完成支付 1.19 亿元，支付比例为 99.2%。

严宇红　执笔

英爱文　审核

# 民生水利篇

# 农村饮水安全建设任务超额完成

水利部农村水利司

饮水安全保障事关人民福祉。李克强总理在2015年《政府工作报告》中明确提出“今年再解决6000万农村人口饮水安全问题”。水利部会同各地和有关部门认真落实中央决策，精心组织实施，加大投入力度，强化建设和管理，圆满完成了2015年农村饮水安全建设管理任务，超额完成了“十二五”规划任务，各项工作取得了显著成效。

## 一、超额完成农村饮水安全规划建设任务

2015年，国家发展改革委、水利部分两批共下达农村饮水安全工程总投资361.9亿元，其中中央投资267.5亿元，地方配套94.4亿元。计划解决24个省（自治区、直辖市）和新疆生产建设兵团5730万农村居民和704万农村学校师生的饮水安全问题，补助28个省（自治区、直辖市）建设一批区域水质检测中心。

2015年，全国农村饮水安全工程建设实际完成总投资397亿元，其中完成地方投资130.32亿元，建成集中式供水工程5.38万处、分散式供水工程12.87万处，解决了6434万农村居民和农村学校师生的饮水安全问题，超额完成了2015年《政府工作报告》提出的目标任务。

“十二五”期间，全国累计投资1768亿元，解决了3.04亿农村居民和4133万农村学校师生的饮水安全问题，不仅全面解决了规划内2.98亿农村居民和11.4万所农村学校的饮水安全问题，而且还解决了四省藏区等特殊困难地区新出现的规划外567万农村居民饮水安全问题，此外，河北、山东、河南、贵州、甘肃等省还自行安排投资，进一步改善了部分规划外农民群众的生活饮用水条件。

截至2015年年底，我国农村饮水安全问题基本得到解决，全国农村集

中供水人口比例达82%，农村自来水普及率达76%，供水保证程度和水质合格率均大幅提高。农村饮水安全工程建设，改善了农村环境卫生，增强了抗旱防灾能力，解放了农村劳动力，提高了农民健康水平，促进了农民增收，增进了民族团结，维护了社会和谐稳定，被农村老百姓广誉为“民生工程”和“德政工程”。

## 二、采取的主要措施

国务院有关部门和各地党委、政府采取了一系列措施，努力推进各项工作，向全国人民交上一份满意答卷。

### （一）加强组织领导，狠抓责任落实

国务院将农村饮水安全工作列入对各有关地区和部门完成2015年《政府工作报告》量化考核指标的重要内容，水利部举全部之力推进农村饮水安全工程建设。一是及时进行贯彻落实和部署。2015年水利部陈雷部长先后8次召开部长专题办公会议，联合国家发展改革委、财政部等有关部门共同召开全国农村饮水安全视频会、座谈会，贯彻落实中央有关农村饮水安全工作精神和要求，全面部署和协调推进各项工作。二是逐级落实责任，层层传导压力。水利部向社会公告了各有关省（自治区、直辖市）政府责任人和有关部门责任人以及工作进度安排。经国务院同意，水利部、国家发展改革委、财政部、国家卫生计生委、环保部联合印发了《关于进一步加强农村饮水安全工作的通知》，进一步要求各地逐级落实政府主体责任，强化责任制的刚性约束。三是督促各地将农村饮水安全工作纳入政绩考核内容。水利部将农村饮水安全工作作为对各地水利工作监督检查的重要内容，督促各地将饮水安全任务完成情况作为政府和干部绩效考核的重要内容。

### （二）超前谋划部署，细化目标任务

为加快建设进度，水利部对各工作环节提出明确目标和时限要求，按节点推进。一是提前做好前期工作。国务院批复规划后，水利部一直要求各地扎实做好前期工作，大部分地方按要求在2014年12月底前完成了2015年实施方案审批工作。二是提前下达中央投资计划。大部分省份在中

央投资计划下达后，在20个工作日内将任务分解下达到市县。三是足额落实地方建设资金。各地千方百计保证资金投入。内蒙古自治区、重庆市、青海省大幅度增加省级财政资金，甘肃省落实地方建设资金3.71亿元。四是简化审批程序，控制时间节点。2015年财政部发文要求各地简化财政评审程序，各地制定详细的实施进度方案，明确了审查审批、招标投标、项目开工、完工通水等各环节时间节点。

### （三）强化督导检查，确保进度质量

2015年水利部会同各地继续强化督导检查。一是抓好分阶段有重点督导检查。水利部全年开展了5次全方位、全覆盖的监督检查，其中稽察督查2次，共派出176个检查组、873人次，前往28个省（自治区、直辖市）进行督导检查，其中，部领导带队的有33人次。各地也加大督导检查力度，每季度派出检查组深入各地开展督导检查，有效促进了各地工程建设进度等各项工作。二是及时通报情况、反馈意见，督促整改。全年印发农村饮水安全工作旬报33期，每月进行调度，促进各地加快农村饮水安全工程建设进度。督导检查后，还以“一省一单”文件向有关省级政府反馈意见4次共93份，对进度较慢的地区由水利部领导对水利厅负责同志进行约谈，督促各地及时整改。三是加大对困难地区的督导检查力度。2015年陈雷部长5次深入四省藏区和西藏自治区调研督导农村饮水安全工作，其他部领导也都分片包干联系困难地区，各地采取有力措施，实现了规划外与规划内项目同步完成任务目标。四是加强质量监督。在加快建设进度的同时，中央和各地督导组重点加强了质量监督检查，2015年8月，水利部印发了《关于加强农村饮水安全工程质量管理工作的通知》，要求进一步落实质量管理责任，强化施工过程和重点环节的质量管理与监督。

### （四）加强水源保护，狠抓水质检测

水利部会同有关部门不断加大水质保障工作力度。一是加强水源保护。环保部和水利部联合印发了《关于加强农村饮用水水源保护工作的指导意见》，着力推进水源保护区和保护范围的划定工作。二是要求配套完善水质净化消毒设施。2015年水利部印发了《关于进一步强化农村饮

水工程水质净化消毒和检测工作的通知》，指导和推动各地配套完善净水消毒设施以及“千吨万人”以上工程水厂化验室，日常水质检测工作得到加强。三是加快水质检测中心建设。在2014年试点的基础上，2015年进一步推动各地开展水质检测中心建设，共建设2049处区域水质检测中心，各地卫生部门进一步扩大水质监测覆盖面，2015年覆盖70%的乡镇，加强集中式供水的监督检查。四是指导各地落实水质检测专业人员和运行经费。通过印发文件、召开现场会、举办培训班等形式，指导各地落实专业人员和运行经费。重庆市将县级水质检测中心定为全额财政补助事业单位，由县级财政保障其正常运转。辽宁省从2015年起每年省财政安排3300万元专项用于水质检测工作。陕西省78%的水质检测人员持证上岗。

### （五）创新管护机制，促进长效运行

水利部会同有关部门着力指导和督促各地建立健全工程长效运行管理机制。一是健全完善工程管理体制。大力推广以县为单元成立农村饮水安全专管机构，全国88%的项目县都建立了县级专管机构。山东省所有项目县均成立了专管机构，对城乡一体化供水工程实行城乡统一管理。二是鼓励各地采取城镇供水管网延伸，发展规模化集中供水工程，全国农村“千吨万人”以上工程供水人口比例达到39%，为实行专业化管理，企业化经营创造条件。三是建立完善合理的水价制度，落实县级工程维修养护经费。针对农民支付能力弱、用水量小、用水季节性差异大等特点，要求各地建立“基本水价+计量水价”的合理水价制度，落实地方财政补贴机制，保证基本运行费用。2015年重庆市财政安排农村饮水工程运行管护补助资金1.5亿元，督促区县按1∶1的比例落实了工程运行管护资金。四是加强信息化建设和便民化服务。各地采取建立供水维修服务队和热线电话等方式，提供便民高效的服务。山东省潍坊市等地大力推行乡镇水利站和供水站提供的便民服务，帮助村庄维修村内管网，搞好水质检测服务。五是加强基层关键岗位人员培训。水利部组织专家编写了农村供水工程技术手册和培训教材，组织各地通过开展不同层次的培训，特别是通过加强规划设计、水质化验员和净水工等

关键岗位人员培训，进一步提高项目建设管理和技术人员的工作能力和业务水平。

张敦强　执笔

王爱国　赵乐诗　审核

# 深入开展水利精准扶贫

水利部水库移民开发局

## 一、"十二五"水利扶贫开发工作主要做法和成效

"十二五"以来，水利部充分发挥行业优势，坚持把水利扶贫作为重要政治任务，加大对贫困地区的水利支持力度。一是高位推动、落实责任。部级层面成立了扶贫领导小组搞好顶层设计和统筹协调，省级水利部门落实分管领导和专管机构，抓好任务落实和项目建设。二是规划引领、项目支持。先后编印了《全国水利扶贫规划》《全国水利定点扶贫专项规划》等10项水利扶贫规划或重点项目实施方案，确保资金足额落实、项目优先安排。三是建立机制、精准扶贫。建立了需求调查、项目储备、投资倾斜、扶贫统计、扶贫考核等五项水利扶贫精准工作机制，为精准谋划水利项目、精准对接扶持对象、精准使用水利资金提供了机制保障。四是政策倾斜、加大投入。西部地区农村饮水安全、病险水库除险加固等公益性水利工程的中央补助比例提高到项目总投资的80%。贫困县水利总体投入较过去提高20%~30%。五是对口支援、提升能力。加强对贫困地区水利人才和技术支持力度，组织技术单位对口帮扶、组织技术干部跟班学习，累计派出60余名干部下挂贫困县，有近百名贫困县水利干部上挂省、部学习。"十二五"期间，中央共安排贫困地区水利投资2375亿元，占中央水利投资总规模的31.7%，是水利扶贫开发资金投入最多、建设成果最多、群众得实惠最多的五年，形成了水利行业扶贫、滇桂黔石漠化片区联系、水利定点扶贫、重点地区对口支援、贵州水利扶贫试点的"五位一体"水利扶贫新格局。

在行业扶贫方面，"十二五"期间，贫困地区累计解决10068万农村人口和1521万农村学校师生的饮水安全问题。新增改善灌溉面积5300万

亩，新增节水灌溉面积3400万亩。172项重大节水供水工程中已开工的84项有60项在贫困地区，总投资达5600亿元。完成7700多座病险水库和大中型病险水闸除险加固，新建或加固江河堤防3900余km，新增中小河流治理河长1.45万km。治理水土流失面积近3.8万$km^2$。新增农村水电装机749万kW，解决44万户农民的生活燃料问题。

在水利定点扶贫方面，2011年以来，组织53个机关司局和直属单位组成13个帮扶组，对13个定点扶贫县实施对口支援。定点扶贫县贫困人口由2010年底的327万人减少到2014年的116万人，下降了65%。

在滇桂黔片区联系方面，水利部和国家林业局认真履行沟通联系、调查研究、督促指导等牵头联系单位的“三项职责”，建立了由30个中央单位和三省区政府组成的片区部际联系会议制度，制定了片区联系工作方案。截至2014年年底，片区农村贫困人口由2011年的816万减少到488万人，农村贫困发生率由31.5%下降到18.5%。

在重点地区对口支援方面，根据中央有关要求，水利部对青海省贵德县、江西省宁都县、河北省阜平县、甘肃省临夏州、安徽省金寨县等地区实施了水利重点支持，取得了初步成效。

在水利扶贫试点方面，贵州省铜仁市2006年启动实施社会主义新农村建设水利扶贫试点后，全市农村自来水通水率达到79%，人均旱涝保收面积由0.24亩提高到0.41亩，取得了大旱之年无大灾的显著成效。2008年，水利部将毕节试验区列为水利重点扶持对口支援联系点以来，全市共投入水利资金112亿元，是新中国成立以来到2007年水利投入总和的5倍。

## 二、2015年水利扶贫开发工作情况

### （一）认真传达学习中央扶贫工作精神

2015年以来，习近平总书记多次到贫困地区调研，对扶贫开发工作作出重要指示，国务院扶贫开发领导小组也多次召开会议研究部署扶贫开发工作。水利部党组高度重视，6月18日习近平总书记主持召开贵州省扶贫开发工作座谈会后，水利部陈雷部长立即作出批示要求抓好学习传达、研

究贯彻落实的具体意见。7 月 31 日，陈雷部长主持召开水利部党组扩大会议，深入学习习近平总书记关于扶贫开发的系列重要讲话精神，结合水利实际，研究提出 8 条贯彻落实的意见。8 月 11 日，矫勇副部长主持召开水利部扶贫领导小组会议，传达学习汪洋副总理在国务院扶贫开发领导小组第六次全体会议上的讲话精神，结合总结半年工作，进一步安排落实贯彻中央扶贫工作精神。12 月 10 日，水利部召开全国水利扶贫开发工作视频会议，陈雷部长发表重要讲话，对全国水利系统贯彻落实中央扶贫开发工作会议精神、做好“十三五”水利扶贫开发工作作出全面部署。

### （二）高位推动水利扶贫规划项目实施

根据国务院扶贫开发领导小组 2015 年工作要点和片区扶贫工作要点，按照 2015 年全国水利厅局长会议总体要求，研究印发了《2015 年水利扶贫工作要点》，提出落实 5 项水利扶贫机制、实施 8 项重点工作、推动“五位一体”扶贫任务的工作安排。8 月 22 日，水利部和国家林业局在云南省文山壮族自治州召开滇桂黔石漠化片区区域发展与扶贫攻坚推进会，陈雷部长、矫勇副部长出席会议并讲话。2015 年以来，陈雷部长、矫勇副部长等部领导 10 多次深入到 20 多个贫困县检查指导，督促农村饮水安全工程和重大水利工程等项目建设，促进贫困地区水利加快发展。

### （三）全面推动水利精准扶贫机制落实

水利部采取多种方式，全力推进水利扶贫需求调查、项目储备、投资倾斜、扶贫统计、工作考核等 5 项精准机制落实。目前，各地普遍开展了贫困村、贫困户用水需求调查，并作为项目安排的依据；贫困县都建立了水利扶贫项目库，并扎实推进前期工作，实行三年滚动管理；实行差别化投资倾斜政策，逐步提高贫困地区补助标准，2015 年全国贫困地区水利投资达到 535 亿元，创历史新高；研究完善了水利扶贫统计指标体系，建立了数据获取渠道、成果应用发布的工作机制；按照水利部《水利扶贫工作考核办法（试行）》要求，研究下发了 2015 年度考核实施方案，并召开考核座谈会，分步骤推进考核工作，计划 2016 年 1 月底全面完成考核任务。水利精准扶贫机制的全面落实，为各地精准解决贫困村贫困户用水问题发挥了重要的机制保障。

### （四）狠抓贫困地区民生水利工程建设

为全面完成“十二五”全国水利扶贫规划目标任务，进一步加强了督查、稽察和指导，加快实施贫困地区的农村饮水安全工程、小型农田水利设施、抗旱水源设施、中小河流治理、山洪灾害防治、水土保持重点工程、小水电代燃料等水利项目建设。据初步统计，2015 年贫困地区累计完成中央水利投资 403 亿元，解决了 1800 多万农村饮水安全问题；开展了 403 座病险水库和 25 座病险水闸除险加固；实施了 111 个江河治理项目建设，新建（加固）堤防 1100 多 km；安排对册田灌区、蜻蛉河灌区等 85 个大中型灌区、灌排泵站进行续建配套与更新改造；治理 694 条中小河流，治理河长 3300 多 km；新增治理水土流失面积 $1450km^2$；安排农村水电工程建设 8.42 亿元。

### （五）加强贫困地区人才技术支持力度

按照水利部印发的《关于推进贫困地区水利人才队伍建设的指导意见》和《加强对贫困地区水利工程建设技术支持工作方案》要求，加强对贫困地区水利人才和技术支持力度。一是继续向贫困地区选派挂职扶贫干部。4 月 9 日，水利部选派第二批挂职扶贫干部 23 人（其中石漠化片区 17 人、定点扶贫地区 6 人），矫勇副部长出席会议并作动员讲话。二是积极接收贫困地区水利干部上挂学习，共安排近百名贫困县水利干部上挂省、部水利部门学习、锻炼。三是按照国务院扶贫办、中组部等部门的要求，从部机关选派了一名优秀年轻干部到重庆市武隆县石桥苗族土家族乡贾角村担任村党支部扶贫第一书记。四是加强水利专业知识培训，组织举办各类业务培训班 20 余期，培训水利干部 3000 余人次。五是充分发挥技术优势加强前期工作。水利部海河水利委员会结合京津冀协同发展水利专项规划编制，对燕山—太行山贫困地区有关县市就加快和规范中小河流治理及重点县综合整治前期工作、建设管理等方面进行技术指导；水利部水利水电规划设计总院帮助西藏自治区完成 32 条重要河流流域综合规划编制。

### （六）认真开展水利扶贫政策研究和规划编制

为深入贯彻落实习近平总书记和李克强总理关于精准扶贫、精准脱贫的要求，根据国务院扶贫开发领导小组、中央农办和水利部党组的部署安排，为切实做好“十三五”期间的水利扶贫工作，先后组织到云南、甘肃、江西、贵州、陕西、西藏、新疆等省（自治区）进行专题调研，摸清了贫困地区水利发展现状，与地方充分交换了有关意见，就水利扶贫的方针政策、工作思路和重点提出了政策性建议，取得了丰硕成果。同时，根据部扶贫领导小组会议精神，精心组织水利扶贫规划编制工作，开展“十二五”水利扶贫规划实施监测评估。

### （七）多形式组织开展“10·17”扶贫日活动

按照国务院扶贫开发领导小组的部署要求，重点开展了11项活动。一是参加2015减贫与发展高层论坛；二是组织开展捐款活动，共捐款90余万元，将用于资助困难户或向家庭困难学生捐资助学；三是加强调查研究，编印《水利扶贫调研报告集》和《水利扶贫典型案例汇编》；四是开展青年实践活动，联合中央8个部委25人组成调研组分别赴重庆云阳、云南麻栗坡贫困县开展“根在基层”专题调研；五是组织开展以“实施水利精准扶贫，支撑全面小康建设”为主题的征文活动；六是召开水利扶贫专题座谈会，宣传扶贫日活动的重大意义，研讨做好水利扶贫的对策措施；七是在水利部机关举办“十二五”水利扶贫成果图片展，集中展示“五位一体”水利扶贫取得的成效；八是在水利部机关电子屏幕上滚动宣传水利扶贫宣传口号；九是召开“十二五”水利扶贫工作情况新闻通气会，新华网、《光明日报》、人民网陆续刊发了《“十二五”期间贫困地区中央水利投资2375亿元》《“十三五”中国将围绕六方面实施水利扶贫》等新闻稿，中央电视台午间新闻播发了专访；十是《中国水利报》以“构建扶贫新格局，精准发力惠民生”为主题专版宣传水利扶贫工作；十一是水库移民开发局将“中国水工程移民网”改版为“水工程移民和水利扶贫网”，搭建了水利扶贫网站宣传平台。

## 三、2016年工作打算

2016年是全面实施“十三五”规划的第一年，也是深入实施精准扶贫、打好新阶段扶贫攻坚战的关键一年。水利扶贫工作将按照党中央、国务院对“十三五”扶贫开发工作的部署和要求，结合水利工作实际，加快贫困地区水利改革发展，提高水利服务与保障能力，为贫困地区脱贫致富、全面建成小康社会提高水利支撑与保障。初步安排如下：

一是认真组织学习中央关于扶贫开发的战略思想，进一步加大宣传工作力度，在全行业形成齐抓共管水利扶贫工作良好氛围。

二是进一步落实水利扶贫需求调查、项目储备、投资倾斜、扶贫统计、扶贫考核等水利精准扶贫五项工作机制，为精准扶贫、精准脱贫提供精准水利保障。

三是督促和指导地方进一步加大贫困地区的农村饮水安全、农田水利、防汛抗旱、水资源开发利用与保护、水土保持生态治理、农村小水电等对贫困人口改善生产生活条件、减少水旱灾害直接相关的民生水利项目支持力度。

四是组织编制印发《“十三五”全国水利扶贫专项规划》，指导“十三五”时期水利扶贫工作。

五是继续通过干部挂职、技术培训等形式加大对贫困地区水利人才技术支持力度，帮助贫困地区加强人才队伍建设，以适应大规模水利建设的需要。

六是充分发挥简报、新闻媒体的作用，进一步加强水利扶贫信息交流与宣传工作。及早筹划做好“10·17”扶贫日活动，形成强大声势，营造良好氛围。

虞　泽　执笔

唐传利　靳宏强　审核

专栏二十

# 水利部召开全国水利扶贫开发工作视频会议

水利部水库移民开发局

2015 年 12 月 10 日，水利部召开全国水利扶贫开发工作视频会议，贯彻中央扶贫开发工作会议精神，总结“十二五”水利扶贫开发工作，研究部署“十三五”水利扶贫开发任务。

会议指出，中央扶贫开发工作会议是全面建成小康社会进入决胜阶段、脱贫攻坚进入冲刺期召开的一次具有里程碑意义的重要会议。中央印发的《关于打赢脱贫攻坚战的决定》（以下简称《决定》），出台了一系列指向明确、含金量高的攻坚之举、非常之策。中央扶贫开发工作会议和《决定》对水利工作高度重视，突出强调要加强贫困地区水利基础设施建设，加快破除发展瓶颈制约，提出要把扶贫开发工作作为重大政治任务，全力打赢脱贫攻坚战。

会议指出，做好“十三五”时期水利扶贫开发工作，要深入贯彻党的十八届五中全会和中央扶贫开发工作会议精神，坚持以习近平总书记关于扶贫开发战略思想为指导，牢固树立五大发展理念，遵循新时期水利工作方针和精准扶贫精准脱贫方略，全面推进行业扶贫、片区联系、定点扶贫、对口支援等水利扶贫工作，夯实贫困地区水利基础设施，为打赢脱贫攻坚战、全面建成小康社会提供坚实的水利支撑和保障。要坚持问题导向、精准发力，坚持突出重点、分类施策，坚持保护生态、绿色发展，坚持多措并举、注重实效，坚持上下联动、合力攻坚，力争到2020年，基本建成与全面小康社会相适应的水安全保障体系。

会议强调，要紧紧围绕“十三五”水利扶贫攻坚目标，着力抓好八项重点工作。一要切实抓好重大水利工程建设，着力增强贫困地区经济社会发展能力。二要切实抓好饮水用电和防洪安全，着力解决贫困地区民生保障问题。三要切实抓好灌区改造和农田水利建设，着力提高脱贫致富的生产能力。四要切实抓好水土保持和水生态修复工程，着力改善贫困地区水生态环境。五要切实落实最严格的水资源管理制度，着力保障贫困地区水资源可持续利用。六要切实推进水利体制机制改革，着力激发贫困地区水利发展生机活力。七要切实抓好革命老区、片区联系和定点扶贫工作，着力加快重点区域整体脱贫步伐。八要切实抓好技术支持和智力帮扶，着力提升贫困地区“造血”发展能力。

会议强调，要积极践行“三严三实”要求，用心、用情、用力完成水利扶贫开发工作。一要加强组织领导，强化工作责任。二要结合水利实际，编制扶贫规划。三要完善倾斜政策，加大投入力度。四要健全工作机制，确保精准扶贫。五要强化监督检查，全程跟踪问效。六要加强协调配合，凝聚工作合力。

虞　泽　执笔

唐传利　靳宏强　审核

专栏二十一

# 推进滇桂黔石漠化片区区域发展与扶贫攻坚

水利部水库移民开发局

按照国务院的统一部署，水利部和国家林业局共同负责牵头滇桂黔石漠化片区扶贫攻坚的联系工作。水利部认真履行“片长”职责，切实加大沟通协调、调查研究、督促指导，推动片区扶贫攻坚工作。

一是领导重视高位推动片区联系工作。水利部陈雷部长每年召开一次滇桂黔石漠化片区会议，贯彻落实中央关于扶贫开发工作的决策部署，总结片区扶贫攻坚经验，并对做好下一阶段片区联系工作进行动员安排。二是深入片区调查研究了解实际需求。水利部把石漠化片区作为重点支持地区，每年都深入开展调查研究，了解片区的基本情况和制约片区发展的突出问题，掌握片区扶贫规划的进展，指导片区扶贫攻坚工作。三是建立片区联系机制加强各方沟通协调。研究制定了《滇桂黔石漠化片区联系工作方案》，建立了由水利部、国家林业局两部门主要负责同志担任召集人、3省（自治区）政府和31个中央有关单位参加的部际联系会议制度，明确职责分工，落实重点任务，为做好片区联系工作奠定了坚实的基础。四是派出扶贫工作组到片区挂职扶贫。会同国家林业局，向滇桂黔石漠化片区选派了两批68名干部挂职扶贫，深入片区一线开展扶贫工作。五是积极配合编制片区扶贫攻坚规划。积极参与国务院扶贫办和国家发展改革委组织的片区扶贫攻坚规划编制工作，在规划的调研、起草和论证阶段，都提出了许多意见和建议，促进了滇桂黔石漠化片区规划编制的完成。六是积极协调部际联系会议成员单位加大片区支持力度。积极协调片区部际联系会议成员单位，按照各自职能对片区给予大力的政策资金支持，有力地推进了片区区域经济发展和扶贫攻坚工作。

在广西、云南、贵州3省（自治区）和国家有关部门的共同努力下，石漠化片区扶贫攻坚取得了阶段性明显成效。“十二五”期间，片区扶贫规划共落实资金8054亿元，片区中央和省级水利投资达到511亿元，水利和林业投资年均增幅20%以上，解决农村饮水安全人口1201万人，治理石漠化面积4000余万亩。2014年片区农村居民人均可支配收入6640元，比2011年3481元增长90.7%；片区农村贫困人口由2011年的816万减少到488万人，农村贫困发生率由31.5%下降到18.5%。

在下一步的石漠化片区扶贫攻坚工作中，一是进一步加强沟通联系，开展调查研究，推动规划实施。认真履行片区联系牵头单位职责，加强与中央有关部委、滇桂黔3省（自治区）有关部门的沟通联系，积极协调解决工作中存在困难和问题；深入一线开展调研，帮助地方分析问题并提出解决问题的对策方法；督促、指导、推进片区规划的实施，积极参与规划实施效果的监测评估工作。二是发挥行业优势推动片区水利快速发展。充分发挥行业的政策优势、项目优势、资金优势、技术优势、人才优势，进一步加大对石漠化片区水利项目资金的支持力度，加快片区水利改革发展，为片区脱贫致富提供水利支撑和保障。三是加强业务培训。通过组织开展多层次、多形式的教育培训和学习交流活动，不断提高片区水利干部的政治素质、综合能力和业务水平，为片区培养更多的优秀基层水利人才。四是继续发挥扶贫工作组在一线的作用，合力推进滇桂黔石漠化片区区域发展与扶贫攻坚任务的完成。

虞　泽　执笔

唐传利　靳宏强　审核

# “十二五”水利援疆工作综述

水利部规划计划司

“十二五”期间，水利部认真贯彻落实中央新疆工作座谈会精神，坚决执行中央关于新疆工作的方针政策，成立了水利部支持新疆水利工作领导小组，把水利援疆作为一项重大政治任务，建立健全了援疆工作机制，全方位加大水利援疆工作力度，支持新疆加快水利改革发展。2011—2015年，水利援疆工作以指导落实最严格水资源管理制度为核心，以加快推动重大水利工程和民生水利工程建设为重点，着力改善事关各族群众的饮水、供水、防洪等基本生活生产条件，进一步增强水利保障能力，取得了明显成效。

第一，以规划为先导，全面推动水利援疆工作。为做好新一轮水利援疆工作，科学指导新疆水利改革发展，积极推动了一批事关新疆水利发展的重大水利规划编制工作。及时组织制定并印发了《水利援疆专项规划》《19省（直辖市）水利对口援疆实施方案》《水利部直属单位水利援疆工作实施方案》。根据第二次中央新疆工作座谈会精神，指导编制并印发了《新疆水资源平衡论证报告》《南疆水资源利用与水利工程建设规划》，指导编制了《新疆生产建设兵团中小型水源工程建设规划》。积极推动塔里木河流域综合规划、新疆灌溉发展规划、水土保持规划、水资源保护规划等一批重大规划编制工作，取得重要成果。

第二，加快推动新疆重大水利工程建设。五年来，按照中央要求，水利部先后制定了《加快推进新疆水利重点项目工作方案》《加快推进节水供水重大水利工程分工方案》，明确了新疆和新疆生产建设兵团重点水利项目目标任务、完成时限、责任单位，超常规安排新疆水利重点项目前期审查，加速办理相关审批手续。全疆共有14项重大水利工程纳入国务院确定的172项节水供水重大水利工程中，总投资达1036亿元。阿尔塔什、卡拉贝利水利枢纽等11项重大水利工程在“十二五”期间开工建设。重大工程建设明显提速，塔里木河近期治理任务基本完成，乌鲁瓦提水利枢纽等一批重大工程基本建成发挥效益，大石门水库等在建工程建设加快。叶尔羌河防洪治理全面实施，25处险工险段治理工程已完成，修建堤防86.6km，对提高防洪能力、减轻农民劳务负担起到重要作用。

第三，加大对新疆水利建设投入力度。“十二五”以来，新疆水利建设共完成投资924亿元，其中中央水利投资460亿元，是“十一五”的2.6倍。2015年，中央支持新疆水利建设投资110亿元，比去年增加65%。在支持新疆重大水利工程建设的同时，中央水利投资注重向新疆民生水利建设倾斜，解决了503万农村居民和61万农村学校师生的饮水安全问题，支持大中型灌区续建配套和节水改造，发展高效节水灌溉面积2000多万亩，基本落实每亩补助高效节水灌溉中央投资300元的政策。实施了中小河流治理、山洪灾害防治、水土保持、农村水电等民生水利建设。积极争取提高重大水利工程中央投资比例，落实南疆公益性水利项目减免地区（自治州）及县（市）级配套资金政策。

第四，加大对新疆水利人才支持力度。为进一步做好水利干部援疆工作，加强水利干部交流和人才培训，努力提高新疆水利行业管理能力。水利部共选派19名政治坚定、业务过硬、作风扎实的援疆干部到新疆工作，接收4名新疆干部到水利部机关工作。组织30多期培训班，累计为新疆培训各类人才3500余人次。加强水利科技人才交流，通过博士服务团、西部之光访问学者、特培计划等多种形式，开拓新疆水利人才培养渠道。

第五，加强水利援疆工作组织协调。水利部加强与新疆维吾尔自治区水利厅、新疆生产建设兵团水利局沟通协调，建立了上下联动、高效协调的水利援疆工作机制。19个省（直辖市）水行政主管部门与对口支援地区（自治州）、新疆生产建设兵团所属师团建立了对接协调机制，推进水利援助项目和投资落地，共落实水利援疆项目148项，援助资金24亿元，一批高效节水灌溉、供水水源、防洪工程项目已建成发挥效益。水利部有关司局和直属单位与新疆维吾尔自治区水利厅及所属单位、新疆生产建设兵团各级相关水利局，建立了“一对一、结对子”的工作机制，全方位加大支持力度，形成了合力援疆的良好局面。

针对新疆水资源紧缺、生态环境脆弱、水利基础设施薄弱等问题，水利援疆工作将紧紧围绕维护社会稳定和实现长治久安这个总目标，系统推进以现代节水型灌区建设为重点的节水型社会建设，加快完善全疆水资源优化配置格局和重大水利工程体系，着力解决事关新疆各族群众福祉的民生水利问题，加大河湖生态保护修复和地下水保护力度，促进重点领域水利改革取得突破，为实现全面建成小康社会目标、维护新疆社会稳定和实现长治久安作出新的贡献。

周智伟　允元璐　许　鹏　执笔

汪安南　高敏凤　审核

# "十二五"水利援藏工作综述

水利部建设与管理司

2011年以来，水利部认真贯彻落实中央第五次、第六次西藏工作座谈会精神，紧密结合西藏经济社会发展实际，按照"十二五"援藏规划确定的目标任务，以经济援藏、干部援藏、人才援藏、科技援藏、对口援藏为抓手，坚持政策倾斜、科学指导、智力帮扶、重点突破、对口支援，全方位加大水利援藏工作力度。

一是不断加强组织领导。水利部党组历来高度重视水利援藏工作。2011年、2013年和2015年，水利部在拉萨先后召开第五次、第六次和第七次援藏工作会议，陈雷部长、矫勇副部长亲自出席会议并作重要讲话，研究部署和加快落实水利援藏工作任务。水利部多次召开党组会和专题办公会，听取水利援藏工作汇报，研究解决西藏水利改革发展和水利援藏工作中面临的困难和问题。印发水利部"十二五"援藏工作规划，组织编制"十三五"援藏工作规划，指导帮助西藏自治区编制西藏水利发展"十二五"规划和"十三五"规划。水利部机关各司局、流域机构和有关直属单位、对口援助省（直辖市）水利（水务）厅（局）与西藏受援单位建立对口援助机制，通过加强组织协调，明确目标任务，强化政策倾斜，不断加大工作力度。西藏自治区党委、政府及有关部门对水利援藏工作高度重视，给予了多方面的支持和帮助，为水利援藏工作的顺利开展创造了良好条件。

二是持续加大资金投入。水利部把西藏作为优先扶持的重点区域，充分利用国家对西藏的特殊优惠政策，千方百计保证西藏水利建设投资需求。"十二五"期间，西藏水利投资达到227.8亿元，其中中央预算内投资150.75亿元，中央财政投资34.93亿元。投资总额是"十一五"的3.26倍。西藏旁多水利枢纽工程基本建成并发挥效益，拉洛、雅砻、恰央等水库工程和通天河、伊洛瓦底江等干流治理工程开工建设。解决 74.1 万农村人口饮水安全问题，新增和改善农田灌溉面积 150 万亩；新增农村水电装机容量 8.99 万 kW；完成 23 座小型病险水库的除险加固和 90 条中小河流治理任务；水土流失综合治理面积 545km$^2$。目前，规划目标任务已超额完成，通过加大资金投入和加快重点水利工程建设，增强了西藏防洪、供水、生态和粮食安全保障能力。

三是扎实推进对口援助。水利部机关各司局、流域机构和有关直属单位、对口援藏省（直辖市）水利部门以及高等院校等单位充分发挥各自优势，从规划编制、前期工作、项目审批、投资安排、资金援助、建设管理、干部交流、人才培养、技术帮扶、抢险救灾等方面积极开展全方位和无私的援助。"十二五"以来，对口援助单位与受援单位签订合作项目 73 个，合作资金 2.8 亿元，援助资金达 3713 万元。水利部长江水利委员会援助水保、水文等监测设备、水文站改造等资金 1161 万元；水利部黄河水利委员会先后援助水利设施建设、办公设备、交流培训等资金共计 639 万元；汉江水利水电（集团）有限责任公司开展对口援助项目 5 项，投入资金总额 335 万元；水利部水文局组织援助水文监测设备、资金 270 万元；水利部淮河水利委员会援助拉萨市水利局水利工程质量检测中心和水土保持监测站建设资金 250 万元；水利部松辽水利委员会援助山南地区水利局办公设备价值 55.6 万元；小浪底水利枢纽管理中心援助阿里地区水利基础设施建设及办公设备资金共 265 万元；黄河万家寨水利枢纽有限公司向那曲水利局援助 200 万元。各援藏省（直辖市）水利（水务）厅（局）也尽全力积极展开对口支援工作。广东省落实 4360 万元用于林芝地区福清河综合治理、防汛抗旱物资储备中心建设和办公条件改善；福建省投入 2862 万元援建 5 个基础设施项目；浙江省援助 4200 万元建设的夏曲卡电站已投入运行；江苏省援助资金 800 多万元用于拉萨市水利工程质量检测中心项目建设和设备采购；山东省援助 920 万元修建了日喀则防汛抗旱物资储备中心、防汛调度中心等。援藏对夯实西藏水利管理基础、推动西藏水利建设、提升西藏水利管理能力和水平发挥了重要作用。

四是加强干部人才帮扶。1991年以来，水利部采取干部交流、挂职锻炼、定期轮换、业务培训等形式，加大干部人才帮扶力度。水利部先后派出12期援藏工作组，共选派援藏干部101人次。历届援藏工作组同志和其他援藏干部一道，始终心系西藏人民，情系西藏水利，发扬老西藏精神，工作实绩得到了自治区党委、政府和水利厅的高度评价，赢得了广大农牧民群众的广泛赞誉。“十二五”期间，水利部选派援藏干部21名，各司局和对口援助单位先后派出援藏干部50名，安排西藏水利干部到内地工作交流96人次，派出专家和技术人员对受援单位开展技术指导820人次，安排西藏水利干部到内地考察学习865人次，领导带队或组织专业技术队伍赴藏开展专题调研考察人数达到1356人次。水利部机关各司局和直属单位有针对性地举办了西藏县市水利局长培训班和规划计划、政策法规、财务管理、建设管理、质量监督、饮水安全、水土保持、水文监测等培训班115批次、培训人数4750人次，超额完成规划任务。河海大学、华北水利水电大学、三峡大学等高等院校，通过扩大招生规模、定向培养、在职教育等多种形式，加大对西藏本土人才的培养力度。通过培训、考察和对口帮扶，西藏水利干部职工素质得到明显提高，技术能力水平明显提升。水利部第十二期援藏工作组被国务院授予“全国民族团结进步模范集体”称号，骆涛和赵宏儒两位同志被评为中组部第六批优秀援藏干部，赵宏儒同志还被评为全国对口支援西藏先进个人。

五是深入推进科技援藏。水利部各相关单位通过公益性行业专项、推广计划及“948”计划等途径，组织实施西藏典型冰湖溃决机理研究等10余项关键技术研究。完成西藏水资源战略和对策研究，组织开展了西藏水资源保护生态补偿机制、西藏水价形成机制等政策研究课题。加强对水中长期供求、水资源保护、水土保持等规划编制的技术指导，完成境内重要江河流域综合规划编制，同时启动中小河流流域综合规划编制工作，加强对重点项目的前期技术指导。加强对水利工程建设管理的技术指导，参与了旁多水利枢纽、拉洛水利枢纽及配套灌区等工程的建设管理，深入水利基层管理单位进行现场指导。水利部水利水电规划设计总院、水利部农村水电及电气化发展局、中国水利水电科学研究院、中国灌溉排水发展中心、湖南澧水流域水利水电开发有限责任公司等单位充分发挥各自人才、技术优势，结合西藏水利实际，从规划编制、防洪非工程措施、牧区水利、节水型社会建设、工程管理等方面为西藏提供技术指导；水利部水文局、长江水利委员会、海河水利委员会、太湖流域管理局等单位从水利信息化、行业能力建设等方面给予西藏大力的技术支持；南京水利科学研究院、长江科学院、黄河水利科学研究院等科研单位从大坝安全管理、质量检测认证、水保方案编制等方面与西藏进行了科技合作和联合攻关；河海大学、华北水利水电大学等高等院校承担了10余项西藏水利科研项目；国家防汛抗旱总指挥部办公室、中国人民武装警察部队水电部队、水利部黄河水利委员会等单位在地震地质灾害、山洪灾害、抢险救灾等方面成立工作组，及时对西藏灾区救援进行技术支持。

六是加强督促检查和宣传激励。水利部建立对口援藏工作联络员制度、考核机制和通报制度，加强对援藏规划落实情况的定期通报和监督检查，确保规划顺利实施。开展了“十二五”援藏工作规划中期评估工作，提出了评估报告和加快任务落实的建议，编制印发了水利部“十二五”援藏工作规划后期实施方案。根据援藏工作规划确定的各项目标任务，逐项对照检查实施进度，分析存在问题，明确工作措施和任务分工，确保援藏项目建设进度、质量和效益。加强对水利援藏工作的宣传，围绕拉洛开工、旁多首台机组并网发电和对口援藏20周年、西藏自治区成立50周年等重要事件和重点活动，组织新华社、人民日报、光明日报、经济日报、中央电视台和中央广播电台等中央媒体以及中国水利报社等单位通过派出采访组、开设专题专栏等形式开展重点宣传。2012年在部机关举办了水利援藏工作成就展，出版了水利援藏画册，及时宣传水利援藏工作成效、西藏水利发展成就和援藏干部事迹。2013年水利部表彰了10家全国水利援藏先进集体和50名先进个人，并对他们的好做法、好经验进行宣传，为水利援藏营造了良好的社会舆论和工作氛围。

《水利部“十二五”援藏工作规划》中水利建设项目资金已全部安排，部分项目超额完成，工程建设进展总体顺利，水利援藏成效显著。“十二五”时期成为水利发展最快、投资规模最大、目标完成最好、水利建设成效最显著、农牧民群众得到实惠最多的时期。

荆茂涛　王　竑　执笔

孙继昌　孙献忠　审核

# 水库移民工作综述

水利部水库移民开发局

2015 年，水利移民工作积极践行新时期水利工作方针，牢固树立民生水利理念，认真贯彻落实党的十八大和十八届三中、四中、五中全会精神，全力抓好移民安置、政策法规、后期扶持和监督管理，各项工作取得新突破、新成效。

## 一、关于 2015 年工作情况

### （一）围绕服务重大水利工程建设，扎实开展移民安置管理

认真贯彻落实党中央、国务院关于加快水利建设的决策部署，积极做好重大水利工程项目的水库移民安置管理工作。一是主动参与 172 项重大水利工程拟开工项目移民安置的前期工作。重点组织开展甘肃黄藏寺，河南前坪、出山店以及云南滇中调水工程等水库移民安置前期工作检查指导。配合加快有关重大工程移民安置规划大纲、安置规划审批审核工作。二是监督指导已开工项目移民安置实施工作。先后赴黑龙江阁山水库、奋斗水库，云南小中甸水库和大藤峡水利枢纽开展移民安置实施督导检查。组织贵州黔中调水下闸蓄水阶段移民安置验收，促进重大水利工程顺利建设。三是加强重大工程征地移民投资进度督导工作。根据中央水利建设投资计划执行进度要求，开展了莽山、涔天河等水库征地移民投资进度督导工作。四是大力推进水利部部属重点工程移民安置验收。今年顺利完成皂市移民安置终验，并积极推动尼尔基、百色水利枢纽移民安置资金审计和移民安置验收工作。五是积极参加水利部统一组织开展的重大水利工程和农村饮水安全建设工作的督导检查。通过加强移民安置管理，有效推动了大中型水利工程移民搬迁安置工作，保障了工程的顺利建设。

### （二）围绕健全制度顶层设计，大力推进政策法规建设

始终把搞好水库移民工作的顶层设计、加强制度建设放在重要的位置。一是认真做好移民条例修订前期工作，积极开展征收耕地补偿标准有关条款修订的相关测算分析和修订草案研究工作，为完成条例修订提供了技术支持和基础保障。二是大力推进移民技术标准体系建设。一年来，颁布《大中型水利水电工程移民安置验收规程》《大中型水利水电工程移民安置监督评估规程》《大中型水库移民后期扶持规划编制规程》等3部技术标准。三是移民理论研究深入开展。组织开展全国水库移民工作典型案例分析与总结、创新水利工程移民安置方式和水库移民后期扶持生产开发项目管理研究，协助国家发展改革委开展移民政策调整课题研究，为研究制定政策文件打下了基础。

### （三）围绕全面建成小康社会，深入推进后期扶持工作

认真贯彻落实国务院关于完善大中型水库移民后期扶持政策的意见，结合新的形势要求，积极推动后期扶持工作创新开展。一是指导各地加快推进水库移民脱贫解困工程、美丽家园建设行动和增收计划。顺利完成第二批16个省份水库移民避险解困试点方案审查审核工作，帮扶特困移民32多万人，核拨中央补助金近61亿元。各地建设改造移民新村1500多个，有效改善部分老水库移民的生活环境，许多地方的移民新村成为当地新农村建设的样板和美丽乡村的典型。指导各地加大扶持力度，移民收入进一步提高，2015年农村移民人均可支配收入达到8400多元。二是进一步完善后期扶持工作管理机制。根据形势发展需要，组织召开全国水库移民工作座谈会推动工作开展，联合国家发展改革委、财政部印发《关于进一步加强大中型水库移民后期扶持工作的通知》，研究后扶资金绩效资金考核办法，修订结余资金使用管理办法。三是部署安排后期扶持“十三五”规划编制工作。全面启动实施后期扶持政策实施情况中期评估工作，印发“十三五”规划编制大纲，切实加强对各地科学编制规划的指导。四是顺利完成2014年度新建大中型水库移民后期扶持人口核定工作。核定新增后期扶持人口25万人。截至2015年年底，全国大中型水库移民后期扶持人数已达2449万人。目前，全国库区和移民

安置区总体稳定，移民生产生活条件明显改善，呈现出增收致富奔小康的新气象。

### （四）围绕移民政策顺利实施，切实加大监督管理力度

为了确保水库移民搬迁安置和后期扶持政策的全面贯彻落实，维护移民合法权益，保障水利工程顺利建设和区域社会稳定，2015 年被确定为“加强监督管理年”，动员全局力量，切实加强监督管理。一是组织开展后期扶持监督检查工作。完成 14 省 28 县后扶稽察任务和山东省、陕西省稽察整改复核，提出整改意见建议 195 条。同时，开展后期扶持实施效果监测评估工作及后期扶持监测评估评价工作。二是开展在建项目移民安置资金使用管理稽察工作。顺利完成广西漓江补水、四川小井沟、辽宁青山、新疆西水东引一期等 4 个大型水利工程移民安置资金使用管理稽察，并下发整改通知，进一步督促落实和加强管理。三是开展避险解困试点工作专项检查。组织完成云南等 10 个省避险解困项目专项检查和湖南 5 个县试点专项稽察，有力推动避险解困工作持续深入开展。四是积极推动地方开展后扶工作检查整改工作。按照中央推进地方盘活财政存量资金的决策部署，约谈 10 个省后期扶持资金结转较大的省级移民管理机构负责同志，督促 11 个省开展项目和资金管理专项检查及抽查工作。移民监管工作的不断加强，有力地推进了管理水平的提升，保障了移民政策的有效实施。

## 二、2016 年工作安排

2016 年，水利移民工作将按照统一部署和要求，以高度负责的精神，全力做好部党组交付的各项移民工作任务。一是扎实推进移民安置管理，重点加强 172 项重大水利工程项目水库移民安置前期工作指导、移民搬迁安置实施和验收工作监督管理，为推动重点水利工程建设提供保障。二是切实加大水库移民精准扶持力度，组织做好后期扶持“十三五”规划的编制和实施工作，加快实施移民脱贫解困工程、移民增收计划和移民美丽家园建设行动，组织开展移民扶贫开发工作，进一步保障和改善民生。三是加强调查研究，坚持问题导向，推动移民工作机制和

制度创新。四是进一步加强移民信访和维稳工作，切实维护库区和移民安置区社会稳定。

张春亮　执笔

唐传利　潘锡辉　审核

# 水资源管理篇

# 最严格水资源管理制度落实取得新成效

水利部水资源司

## 一、落实最严格水资源管理制度成效显著

### （一）以严格考核为核心抓手，全面推进最严格水资源管理制度落实

一是基本构建全覆盖的控制指标体系。跨省江河水量分配取得积极进展，将覆盖三级行政区的水资源管理控制指标进一步落实到流域省界断面。

二是逐级落实政府管理责任。省市县三级政府主要负责同志负总责的最严格水资源管理制度行政首长负责制得到进一步强化，促进严格水资源管理由部门推动向政府全面推动转型。

三是最严格水资源管理制度试点成效明显。广东省深圳市、山东省、上海市等9个试点通过验收，汉江流域建立了流域联席会议制度和水资源调度会商制度，示范作用明显。

四是严格实施水资源管理考核。水利部、国家发展改革委等9个部门联合完成对各省（自治区、直辖市）的考核，考核结果经国务院审定向社会公告。29个省（自治区、直辖市）实施了辖区内考核。从2014年度考核结果看，4项考核指标均达到年度控制目标，全国用水总量比上年减少近89亿$m^3$，控制在6095亿$m^3$；万元工业增加值用水量比2010年下降31.9%；农田灌溉水有效利用系数提高到0.532；水功能区水质达标率比上年提高4.9%，达到67.9%。

### （二）以节水优先为根本方针，深入开展节水型社会建设

一是健全节水政策法规。起草《关于全面推进节水型社会建设的意见》，推动落实《计划用水管理办法》。制定《国家重点监控用水单位名录

（第一批）》，监控近1000家重点取用水单位。12个省级行政区出台节水法规。

二是全面完成节水型社会建设“十二五”规划。建成100个国家级节水型社会试点，制定12项取水定额和节水管理标准，30个省级行政区颁布实施省级用水定额，严格管控水资源消耗强度。

三是积极推进各行业节水。扎实推进各行业节水，新增高效节水灌溉面积2000多万亩，节水能力近40亿$m^3$；大力实施高耗水工业行业节水技术升级和系统改造；60多个城市生活节水器具覆盖率超过90%。

四是完善节水工作部门协作机制。联合工业和信息化部等有关部门开展节水型企业、单位建设，公布重点行业节水标杆企业和标杆指标，定期实行节水产品质量监督抽查，建设节水载体3000余个。

**（三）以建立健全水功能区监督管理体系为基本途径，全面开展水生态文明建设**

一是全面推进全国水功能区分类监管。修订《水功能区监督管理办法》，编制《全国水资源保护规划》《长江经济带沿江取水口、排污口和应急水源布局规划》，强化水功能区分级分类监管。

二是水功能区监管能力明显提升。基本建立覆盖全国主要水体的水质监测网络，省界断面基本实现全覆盖。完善流域水系保护协作机制，有效应对突发水污染事件。

三是饮用水水源地安全保障能力稳步提高。积极落实水污染防治行动计划，开展175个重要饮用水水源地达标建设，全国98.8%的重要饮用水水源地水质达到或优于Ⅲ类水质标准。

四是全面推进水生态文明建设。实施河湖水系连通项目，推进105个水生态文明城市试点建设。水生态文明重要指标纳入国家生态文明建设指标体系，38个试点成为国家生态文明先行示范区，7个试点进入国家海绵城市试点行列。

**（四）以强化水资源优化配置为重要手段，保障区域供水安全和流域生态安全**

一是扎实做好南水北调东中线一期工程水量调度。2014—2015年，东线向山东省供水2.25亿$m^3$，中线向受水区调水20.2亿$m^3$，南水北调工程供水量已占北京市自来水供水量的70%以上，占天津市中心城区用水量的80%以上，提高了受水区供水安全的保障能力。

二是持续做好重要江河水资源统一调度。积极推进黄河、黑河等科学调度，黄河干流连续16年不断流，黑河东居延海形成近40$km^2$水面。塔里木河调水、引江济太、扎龙湿地补水等有效地保障了区域供水安全和生态安全。

三是积极推进非常规水源开发利用。编制将非常规水源纳入水资源统一配置的指导意见，积极指导各地加大非常规水源利用的力度，全国再生水年利用量达到57.28亿$m^3$，海水年直接利用量达到713.5亿$m^3$。

### （五）以规范水资源监督管理为基础保障，严格控制用水总量

一是加强规划和重大建设项目水资源论证。国家将城市新区、煤电基地开发、石化基地等规划水资源论证纳入规划审批程序，11个省（直辖市）出台推进规划水资源论证的地方法规或规范性文件。完成福建省福州新区等113个规划和江苏省田湾核电站等2981个项目水资源论证，核减水量近10亿$m^3$。

二是严格取水许可和水资源费监管。加强对重点行业取用水审批监管，下发加强农业取水许可管理的通知，进一步规范取水许可监督管理。推动全部省（自治区、直辖市）完成水资源费征收标准调整工作，26个省（自治区、直辖市）达到“十二五”规划期末最低标准。

三是全力推动地下水超采综合治理。积极推动“地下水管理条例”立法进程。推进河北省地下水超采区综合治理试点和南水北调受水区地下水压采工作，北京市2014年以来封井4216眼，压采地下水4.7亿$m^3$。

### （六）以改革创新为长效动力，加快破解水资源领域体制机制障碍

一是主动适应水资源行政许可审批改革。提出规范取水许可管理方案，强化事中、事后监管，推进取水许可与水资源论证并联审批。

二是稳步推进水权水市场建设。7个水权试点取得阶段成果，探索了3种类型的水权确权方式，5种类型的交易形式，内蒙古自治区水权收储转让中心与7家用水企业签订交易合同；河南省出台南水北调水量交易管理

办法，平顶山市与新密市签署每年 2200 万 $m^3$ 的南水北调水量交易意向书；宁夏回族自治区建立区市县三级水权分配体系，推进水资源使用权确权登记。

三是探索水资源资产管理制度和水生态补偿机制。组织开展水资源资产产权制度、用途管制制度、水资源督察制度、责任追究和考核制度研究。探索建立节水产品认证制度、水生态补偿机制等。

四是进一步深化水资源管理体制改革。强化流域与区域相结合的管理体制，流域机构在水资源配置调度、断面控制、省界缓冲区监管和区域协调等方面的宏观管理职能不断强化。统筹推进城乡水务服务均等化，全国超过 84% 的县级以上行政区实行城乡涉水事务一体化管理。

### （七）以持续加强能力建设为工作重点，着力夯实水资源管理基础

一是积极开展国家水资源监控能力建设。完成 1. 36 万多个监控点监测设施和中央、流域、省三级信息平台建设，初步实现信息共享、互联互通和业务协同。启动国家地下水监测工程。

二是提升基层水资源管理能力。全国 31 个省（自治区、直辖市）成立了省级节约（计划）用水办公室，18 个省（自治区、直辖市）设立了省级水资源管理中心。水资源保护和水污染防治跨部门协作机制更加健全。培训 1500 多名基层水资源管理业务骨干。

三是加强水资源宣传教育。通过新闻发布、专题采访、公益广告等形式，宣传最严格水资源管理制度；开展“节水优先——企业在行动”等系列宣传活动。发布中小学节水教育社会实践基地名单，建成 19 个实践基地。

## 二、存在的问题及 2016 年工作重点

与保障国家水安全的要求相比，水资源管理仍存在水资源承载能力刚性约束机制、促进节约用水的激励约束机制尚未完全建立，河湖水系系统治理理念还未充分落实，水资源管理立法和基础能力较为薄弱等问题。

党的十八届五中全会再次强调实行最严格的水资源管理制度，提出要实行水资源消耗总量和强度双控行动等一系列重要举措。今后工作重点：

一要建立水资源承载能力刚性约束机制，严格水资源管理考核，落实责任追究，严控用水总量。二要深入推进节水型社会建设，实施全民节水行动计划，开展水效领跑者引领行动，推行合同节水管理，严控用水强度。三要强化水资源保护，严格水功能区管理，推进水源地安全达标建设，推进河湖水系连通和水生态文明建设。四要深化改革创新，加快江河水量分配，明晰用水权限，加快推进水权试点建设，积极稳妥地开展确权登记和水权交易。五要加快“节约用水条例”“地下水管理条例”立法进程，强化法制保障。

张续军　管恩宏　王志强　执笔

程晓冰　审核

专栏二十二

# 《水污染防治行动计划》全面落实

水利部水资源司

2015年4月，国务院印发了《水污染防治行动计划》（以下简称《水十条》）。《水十条》是当前和今后一个时期全国水污染防治工作的行动指南，水利部在贯彻落实《水十条》工作中取得以下积极进展。

## 一、明确分工和任务

印发了《水利部办公厅关于印发水利部落实水污染防治行动计划任务分工方案的通知》和《水利部关于印发落实水污染防治行动计划主要任务实施方案的通知》。《水十条》共有36项任务与水利部相关，其中牵头负责事项9项（第一牵头任务7项，第二牵头任务2项），参与配合任务27项。水利部将这些任务逐一分解、落实到时间节点，并逐条分解落实到各个牵头司局，突出了重大举措和重要成果，并将牵头重点工作的实施方案报环保部。

## 二、做好重点任务落实

提出落实《水十条》任务的路线图和时间表，明确了各司局的分工和完成时间。在水利部作为第一牵头的7项重点任务中，截至2015年年底需完成的细化工作（或年度任务）共8项。

### （一）落实最严格水资源管理制度，完善水资源保护考核评价体系

一是进一步完善省市县水资源管理“三条红线”控制指标体系。二是推进规划和重大建设项目水资源论证审查工作，出台《水利部办公厅关于建设项目水资源论证报告书审查审批有关事宜的通知》，联合国家发展改革委制定《关于加快推进规划水资源论证工作的政策文件》。三是完成了

《国家重点监控用水单位名录（第一批)》。四是完成《进一步加强入河排污口管理的意见》。

### （二）发展农业节水

一是组织编制完成《全国农田水利建设“十三五”规划》《全国高效节水灌溉发展“十三五”规划》《全国大型灌区续建配套与节水改造实施方案（2016—2020年)》。二是加强节水灌溉项目监督检查，组织开展项目绩效评价，全国农田灌溉水有效利用系数2014年年末达到0.53。

### （三）加强江河湖库水量调度管理

完成《淮河干流抗旱应急水量调度》。实施了2014—2015年引黄入冀应急调水、引江济太水量调度、南四湖补水工作。

## 三、建立工作督促落实和信息报送机制

每月统计各单位工作进展，及时向环保部提供进展情况。环保部编撰的《水污染防治工作简报》中，对水利部有关成果进行了刊登。

## 四、做好《水十条》有关任务的配合工作

配合国务院法制办公室，水利部会同住建部、国家发展改革委成立联合起草小组，形成了“节约用水条例”阶段性成果。配合环保部积极参与黑臭水体治理、不达标水体整治、重点流域水污染防治“十三五”规划编制、《水十条》考核等工作，提出意见和建议。配合科学技术部加快科技成果推广应用。配合国家发展改革委出台调整水资源费征收标准、深入推进农业水价综合改革等政策文件。

张鸿星　李云成　执笔

石秋池　审核

专栏二十三

# 2014 年度最严格水资源管理制度考核结果公布

水利部水资源司

按照考核工作总体部署，水利部、国家发展改革委等 9 部门成立了考核工作组，对除新疆维吾尔自治区外的 30 个省（自治区、直辖市）2014 年度实行最严格水资源管理制度的情况进行了考核。考核结果经国务院审定后，于 2015 年 9 月向社会公告。

## 一、2014 年度考核工作整体情况

结合实行最严格水资源管理制度已由制度建设向制度落实迈进的实际，水利部商考核工作组成员单位精简考核指标、优化考核方案，将现场检查范围由 7 个省（直辖市）扩展到 31 个省（自治区、直辖市），制度建设和措施落实情况考核指标由 64 项精简到 46 项。

通过自查、核查、重点抽查与现场检查等环节，形成年度考核报告，经国务院审定后，考核结果向社会公告并报送中共中央组织部。从 2014 年度考核结果看，全国用水总量为 6095 亿 $m^3$，比上年减少近 89 亿 $m^3$；万元工业增加值用水量比 2010 年下降 31.9%，降幅比上年扩大 7.5 个百分点；农田灌溉水有效利用系数为 0.530，比上年提高 0.007；重要江河湖泊水功能区水质达标率为 67.9%，比上年提高 4.9%，4 项考核指标均达到年度控制目标，成绩优秀省份由上年的 4 个提高到 5 个，合格省份由 6 个减少到 3 个，平均得分由 83.9 提高到 85.7。

## 二、存在的主要问题及下一步工作重点

2014 年度考核发现制度实施中仍然存在以下主要问题：水资源水环境

承载能力尚未成为经济社会发展的刚性约束；“节水优先”方针落实尚不到位，取水许可管理、计划用水管理等制度执行仍不够规范；地方水资源监控能力不足，取用水计量设施不健全，水资源监测、计量与信息管理系统建设不能满足最严格水资源管理考核的需要。为此，下一步将重点开展如下工作：

一是督促各地做好整改落实。加强指导，督促各省（自治区、直辖市）政府针对2014年度考核中发现的问题，切实落实改进措施。

二是编制年度考核工作方案。修改完善考核评分指标，优化现场检查评分标准和要求，印发2015年度考核工作方案。加快完成用水效率指标“十三五”规划阶段性控制目标分解等任务，研究节水考核的指标和任务，加大节水考核力度。

三是加快推进水资源计量监控能力建设。完善水资源管理3级信息平台建设。加强农业用水计量监控，进一步提高水功能区、重要水源地监测覆盖率，强化地下水、水环境、供排水等方面的监测能力建设，推进数据信息共享。

四是进一步发挥考核支撑单位的作用。进一步发挥流域机构、水利部水资源管理中心、中国水利水电科学研究院、水利部水利水电规划设计总院、南京水利科学研究院和中国灌溉排水发展中心等单位的业务支撑作用，形成工作合力，促进工作开展。

五是督促新疆维吾尔自治区做好考核前期相关工作。继续加强对新疆维吾尔自治区用水总量控制有关工作的指导和监督检查，争取将新疆维吾尔自治区纳入2015年度最严格水资源管理制度考核。

程晓冰　田　琦　管恩宏　王志强　执笔

程晓冰　审核

专栏二十四

# 水资源监控能力建设项目取得新进展

水利部水资源司

## 一、2015 年水资源监控项目进展

国家水资源监控能力 2012—2014 年项目（以下简称“一期项目”）进展顺利，已全部下达项目投资。截至 2015 年年底，中央和流域一期项目的资金支付和建设任务全部完成，通过了水利部组织的项目审计和成果验收；省（自治区、直辖市）级一期项目的建设任务完成 86%，9 个省（自治区、直辖市）通过了水利部组织的技术评估。目前已实现中央、流域、省（自治区、直辖市）3 级平台信息共享、互联互通和业务协同，3 级平台均已投入实际环境的功能测试和系统试运行。

在中央层面，已发布 25 部项目标准，下发 43 个水资源业务管理通用软件模块，完成了中央信息平台软硬件采购和基础环境搭建，开发了中央信息平台应用系统，实现了中央与流域和省（自治区、直辖市）的互联互通。

在流域层面，已购置安装 810 台（套）水质分析仪器，完成全部 7 个流域信息平台软硬件采购和基础环境搭建。

在省（自治区、直辖市）级层面，购置安装 1526 台（套）水质分析仪器，各省（自治区、直辖市）搭建了信息平台的基础软硬件环境，均与中央、流域平台实现互联互通。

2015 年取用水监测目标是完成 13140 个监测点的建设，实际完成了 5999 户、12926 个监测点的建设，完成率为 98.37%，具备了对全国主要取用水户（许可水总量为 2514 亿 $m^3$，占全国取水许可总量 3337 亿 $m^3$ 的 75%）的监测能力；水功能区水质监测目标是完成 3590 余个水功能区

（约占总数4493个的80%）的水质监测，实际完成了3731个水功能区（占总数4493个的83%）的水质监测，超额完成任务；水源地水质监测目标是完成141个水源地监测，实际完成了85个水源地监测，完成率60.28%；实现了334个省界断面水量或水位流量监测、592个省界断面水质监测，完成率100%。

在国家水资源监控能力二期项目（以下简称“二期项目”）前期工作方面，水利部已编制二期项目实施方案，已完成省（自治区、直辖市）级项目的技术筹备和建设内容复核工作。

## 二、2016年工作安排

一是进一步加大一期项目的省（自治区、直辖市）级项目督导协调力度，实施“一省一策”，加快推进项目实施和成果评估、验收。

二是开展一期项目的运行维护工作，与财政部联合印发运行维护管理办法，落实运行维护责任部门和保障措施。

三是完善二期项目前期工作，尽快和财政部联合印发二期项目实施方案，全面开展二期项目建设。

程晓冰　管恩宏　万　毅　执笔

程晓冰　审核

链接

## 福建：泉州“三条红线”管得紧　用得省　护得好

福建省泉州市作为一个水资源紧缺的城市，多年平均水资源量为96.8亿$m^3$，人均水资源占有量仅为1167$m^3$，大大低于全国和全省平均水平。在落实最严格水资源管理制度过程中，泉州市在全省范围内先行先试，牢牢守住“三条红线”。不仅实现了水资源“总量、效率、纳污”等主要控制指标的可监测、可评价、可考核，也实现了水资源的科学调度和优化配置。

泉州市所有河流均发源于境内，没有外地区流入的河流，加上出境流量大、汛期弃水严重、时空分布不均等原因，全市实际可利用水资源量不足40亿$m^3$。对于地区生产总值连续16年位居全省第一的泉州市来说，必须坚持节水优先、量水而行、因水制宜、以水定需。

泉州市将严控新增取用水量作为落实用水总量控制的关键抓手，严格水资源论证管理，将水资源论证作为项目立项、核准和审批的前置必备环节；严格取水许可管理，新增取水许可必须限制在区域年度用水总量控制指标以内，必须符合产业政策、经济布局和行业用水定额，必须通过水资源论证，必须符合计量标准要求等；制定重点工业行业用水定额、主要农作物灌溉用水定额和饮用水企业产水率等地方标准，严格定额管理和计划用水。

开源节流是提高水资源保障系数和调配能力的有效方法。一方面，泉州市充分利用现有的水资源，加快水源工程、引调水工程建设。另一方面，泉州市在全省率先成立全市水资源管理调度中心，出台《晋江下游水量分配方案》和《水资源调度配置管理规定》，全面核定各区域、各行业的用水定额和用水指标，进一步加强对各地的用水管理。全市万元 GDP 用水量由原先的 $88m^3$ 下降到 $63m^3$，用水总量年增长率控制在 1.5% 以内。

水资源保护工作离不开政策倾斜和资金投入。2010 年，泉州市最严格水资源管理制度试点建设全面启动，水资源专项补偿金提高至3000 万元，2011 年、2012 年和2014 年分别提高至1 亿元、2 亿元、3 亿元。除了水资源专项补偿金，近年来泉州市通过财政投入、社会融资等渠道，先后投入上百亿元治理“两江”流域及近海小流域，治理河道200 多 km，治理水土流失面积100 万亩，建设生态公益林453 万亩、生活污水管网2000 多 km，在全省率先实现县（市、区）均建污水处理厂和垃圾无害化处理；2013 年，泉州人民的“生命库”——总投资13.45 亿元的山美水库生态试点项目全面启动；从2014 年起，位于泉州“母亲河”晋江、洛阳江流域上游的安溪县、德化县、永春县取消了地区生产总值绩效考评，取而代之的是生态保护优先的考评方式。

泉州市不断探索水资源综合利用新途径，在破除水资源瓶颈制约、支撑经济社会发展的道路上正大步向前。

郑丽萍　陈昌枝　执笔

毕玉娟　审核

链接

# 贵州：紧守发展和生态两条底线 水资源管理成效突出

贵州省按照“既要金山银山，也要绿水青山”的要求，牢牢守住发展和生态两条底线，把水资源“三条红线”管理作为转变经济发展方式的重要举措，狠抓各项措施落实，在2014年度全国最严格水资源管理制度考核中，成绩由2013年度的第30名跃居第7名。

一是将水资源管理工作摆在突出位置。贵州省政府将实行最严格水资源管理制度考核纳入《贵州省市州和县域经济发展增比进位测评办法》，作为经济社会发展综合评价体系的重要考核评分项。贵州省省委书记、省长针对实行最严格水资源管理制度做出重要批示，省政府常务会专题听取工作汇报，分管副省长多次赴省水利厅调研实行最严格水资源管理制度工作情况，研究解决相关问题和困难。2015年贵州省政府组织开展了对市（州）2014年度水资源管理考核，考核结果作为对市（州）政府领导班子和主要负责同志综合考核评价的重要依据。

二是保障水资源管理工作资金需求。2014年和2015年贵州省级财政分别安排1.27亿元和1.7亿元水资源费用于水资源节约、保护和管理工作。开展了12个省级水生态文明试点和10个省级节水型社会建设试点创建工作；在如期完成国家水资源监控能力项目建设任务的基础上，投资2.2亿元，组织实施了省级和9个市（州）水资源监控能力项目建设；安排专项资金开展省级和各市（州）水环境监测中心实验室能力建设。

三是提升水资源管理能力。推进专职机构和队伍建设，省级水资源管理专职人员从原来的4人增加到8人；组建了省级水资源管理中心，省内9个市（州）全部组建了水资源技术支撑机构。加大财政保障力度，省级财政加大对基层水资源管理队伍的资金和项目支持，2015年安排450万元支持配备水资源管理设施设备，开展水资源管理队伍业务培训工作，强化基层水资源管理能力。深化水务管理体制改革，实现了水务一体化管理市县两级全覆盖；全省14个基层水利服务体系建设试点县，新建83个以灌区或小流域为单元的片区水务站所（分局），不断健全基层水资源管理服务体系。

管恩宏　王志强　执笔

程晓冰　审核

# 节水型社会建设迈出新步伐

水利部水资源司

2015 年，节水型社会建设以“节水优先”方针为引领，紧紧围绕新时期节水工作新目标、新要求、新任务，充分发挥全国节约用水办公室统筹协调作用，不断强化制度建设、提升监管水平、加大宣传力度、推进各行业节水，各项工作取得积极进展。

## 一、节水型社会建设进展及成效

### （一）加强制度建设

积极推动“节约用水条例”立法前期工作，开展立法调研，组织成立由水利部、国家发展改革委、住建部 3 部委联合的条例起草小组以及水利部节约用水立法工作领导小组。2015 年，“节约用水条例”被列为国务院立法工作计划三档。在系统总结节水型社会“十二五”规划完成情况及 100 个全国节水型社会建设试点工作基础上，全面启动节水型社会“十三五”规划，现已完成规划初稿。

### （二）加强用水定额和计划管理

制定 7 项取水定额国家标准，高耗水工业取水定额国家标准达到 19 项。组织编制了《用水定额评估技术要求》，印发了《水利部办公厅关于做好用水定额评估工作的通知》，开展各省（自治区、直辖市）用水定额评估工作。全国除西藏自治区外，各省（自治区、直辖市）均制定了省级用水定额，基本覆盖了农业、工业、生活和服务业各行业。北京、上海、安徽等 17 个省（自治区、直辖市）按要求完成用水定额修订工作。将用水定额、计划用水管理纳入年度取水许可抽查工作，对各省（自治区、直辖市）计划用水下达、调整、超计划累进加价等计划用水规范管理情况予以抽查，抽查结果作为最严格水资源管理制度考核依据。

### （三）强化节水监督

提出各省级行政区用水效率指标2020年控制目标。在最严格水资源管理制度考核中，强化对严重缺水地区的节水要求。加强重点监控用水单位管理，印发《关于加强重点监控用水单位监督管理工作的通知》，公布第一批800家工业和服务业企业、公共机构以及城市供水企业等重点监控用水单位名录。在发布工业节水工艺、技术、装备国家鼓励目录之后，发布高耗水工艺、技术、装备淘汰目录，引导工业企业应用先进节水技术工艺，淘汰落后用水技术工艺。联合国家质量监督检验检疫总局继续开展节水产品质量监督抽查，发布《关于2015年陶瓷片密封水嘴等3种节水产品质量国家监督抽查情况的通报》，2015年共抽查359家企业生产的367批次产品，抽查合格率为78.2%，其中滴灌带不合格产品检出率较高。

### （四）积极推进各行业节水

农业以灌区节水改造为重点，推广建设高效节水灌溉技术工程，北京市等5个省（自治区、直辖市）农田灌溉水有效利用系数均超过0.6。大力推进高耗水行业节水技术升级和系统改造，推动工业企业园区化发展，联合工业和信息化部开展节水型企业建设，公布重点行业节水标杆企业和标杆指标，引导企业对标达标。生活服务业以节水器具推广为重点，加快城乡供水管网改造，60多个城市生活节水器具覆盖率达到90%以上。联合国家机关事务管理局开展公共机构节水型单位建设，推动机关事业单位、学校医院实施节水技术改造。

### （五）探索节水新机制

根据《中共中央关于制定国民经济和社会发展第十三个五年规划的建议》关于开展水效领跑者引领行动的要求，配合国家发展改革委起草《水效领跑者引领行动实施方案》，确定水效领跑者工作思路、实施范围、不同类型水效领跑者基本要求及基本工作步骤等，为水效领跑者引领行动全面启动，树立不同领域节水标杆示范奠定基础。在总结合同能源管理基础上，选取河北工程大学、北京市伯爵园高尔夫球场、天津市海河支流——

护仓河水污染治理项目，开展不同类型合同节水管理试点探索及相关研究工作，探索市场参与节水新机制。配合国家发展改革委起草《关于推行合同节水管理的有关指导意见》，逐步完善合同节水管理制度、技术体系。

### （六）广泛开展节水公益宣传教育

开展了“节水中国行”和“节水·在路上”等主题宣传活动，组织中央媒体宣传各地节水经验、成效，在北京市地铁的12443块屏幕上同期播放公益广告，投放十二封灯箱广告20块。在中央电视台、中央人民广播电台播出节水公益广告、节水公益宣传音频。联合中国钢铁协会、中国造纸协会、中国石油和化学工业联合会，汇编完成3个行业的《节水优先·企业节水案例集萃》，全方位介绍典型企业节水经验和做法。继续加强19个全国中小学节水教育社会实践基地，联合教育部开展节水辅导员培训，累计培训300余人次。

## 二、存在的主要问题

一是用水方式还较为粗放。农业灌溉方式还比较落后，农田灌溉水有效利用系数较0.7～0.8的世界先进水平还有一定差距。工业用水量中高耗水工业行业用水量占比较高，万元工业增加值用水量为世界先进水平的2倍左右，用水效率较低。城市供水管网漏损严重，材质落后，节水器具普及率较低。

二是节水约束和激励机制不完善。水资源水环境对经济社会发展的刚性约束仍有待加强，倒逼作用仍需进一步提高。财政税收的引导和激励功能、水权水价等市场手段在水资源配置和节约中的作用没有充分发挥，节水内生动力不足。

三是节水监管能力仍需加强。节水法律法规不健全，取用水计量和监控设施建设滞后，强制性的节水产品技术标准仍待完善，市场监管薄弱。基层节水管理机构和队伍能力不足。

四是节水意识有待提高。公众对水资源短缺问题认识不足，节水意识不强，参与节水的自觉性有待加强，全社会爱水、节水、护水的氛围尚未全面形成。

## 三、下一步工作重点

一是完善节水法规和标准体系。积极推动“节约用水条例”立法工作。加快出台节水型社会“十三五”规划，明确“十三五”时期全国节水型社会建设的总体思路、主要任务和保障措施。进一步健全节水标准体系，加快制修订水嘴等主要用水产品水效强制性国家标准和煤液化、烧碱、饮料等高耗水行业取水定额等推荐性国家标准。

二是进一步加强节水管理。完成各级行政区2020年用水效率控制指标分解协调工作。完成首次用水定额评估，继续开展计划用水监督检查。发布第二批国家鼓励和淘汰的用水技术、工艺、产品和设备目录。继续开展节水产品质量提升与普及推广行动，建立节水产品监管，建立不合格产品黑名单，严格市场准入。公布第二批重点监控用水单位名录，将名录中的用水单位纳入水资源管理系统，强化重点用水单位监控、巡查。

三是强化节水示范。开展水效领跑者引领行动。通过树立标杆、标准引导、政策鼓励，形成各行业用水效率不断提升的长效机制，树立一批用水产品、企业（单位）、灌区节水标杆，示范带动各行业节水取得新进展。

四是推进节水机制探索。探索政府和社会资本合作模式，引导支持社会资本加大节水投入。完善水权制度体系，开展水权交易平台建设，培育发展水权交易市场。推进农业水价综合改革。推行合同节水管理，扩大试点范围，培育专业化节水管理服务企业。

五是全面开展节水宣传教育。广泛开展节水宣传。积极开展中小学节水教育社会实践活动，通过开展形式多样的节水主题班会、创意设计、书画比赛等活动，培养中小学生节水自觉性。联合有关行业协会，全面、及时地推广各行业节水经验，树立典型，引导全社会参与节水。

黄利群　刘永攀　执笔

颜　勇　审核

专栏二十五

# 南水北调东、中线一期工程水量调度全面启动

水利部水资源司

南水北调工程是实现我国水资源优化配置、促进经济社会可持续发展、保障和改善民生的重大战略性基础设施。南水北调东、中线一期工程已分别于2013年年底和2014年12月正式通水。工程通水以来，水利部认真落实中央领导同志重要指示精神，加强领导，精心组织，积极推进南水北调工程水量调度工作，推动东、中线一期工程顺利运行，工程效益逐步显现。

## 一、建立健全水量调度管理制度体系

国务院颁布《南水北调工程供用水管理条例》，将南水北调工程水量调度管理纳入法制轨道。水利部组织制定的《南水北调东线一期工程水量调度方案》《南水北调中线一期工程水量调度方案》经国务院批复发布实施，为东、中线一期工程水量调度奠定了科学基础。水利部组织流域机构和相关省（直辖市）根据水源区、受水区的水情、工情和用水需求，编制并下达各调度年度水量调度计划，科学安排南水北调工程水量调度工作。

## 二、科学开展水量调度

水利部加强水量调度计划实施管理，强化各项监管措施，有关工程管理单位和省（直辖市）加强工程调度，确保调度计划顺利实施。东线一期工程2013—2014年度、2014—2015年度分别向山东省供水0.78亿$m^3$、2.25亿$m^3$，基本完成年度向山东省调水的任务。中线一期工程2014—

2015年度丹江口水库陶岔闸引水20.2亿$m^3$，受水区合计净收水18.58亿$m^3$，其中北京市7.07亿$m^3$、天津市3.33亿$m^3$、河北省0.83亿$m^3$、河南省7.35亿$m^3$。

## 三、合理配置水资源

受水区各省（直辖市）针对引水编制完成水资源配置方案，统筹南水北调水、当地水、非常规水等多种水源，有效提高了城市供水保障能力。北京市南水北调水供水规模已占自来水厂供水量的70%左右，并将4700万$m^3$南水北调水存蓄于水库。天津市南水北调水占中心城区用水的80%以上，形成引江、引滦双水源的城市供水格局。河南省向郑州市、南阳市等9个城市供水4亿$m^3$。山东省利用东线一期工程向济南市、青岛市等7个城市供水1.1亿$m^3$，有效缓解了城市用水紧张状况。

## 四、稳步推进地下水压采

按照《南水北调东中线一期工程受水区地下水压采总体方案》，受水区各省（直辖市）优化配置南水北调水和本地各种水源，积极开展城区地下水源置换，通水以来压采地下水2.2亿$m^3$，其中，北京市近1亿$m^3$、天津市5000万$m^3$。目前，北京市部分地区和天津市津南区等区域地下水水位已明显回升。

目前，南水北调东、中线一期工程尚处于运行初期，随着地方配套工程不断完善、地下水压采进一步推进、水价机制逐步理顺，工程效益将逐步提升。下一步，水利部将继续加强南水北调工程水量调度管理，指导受水区做好水资源优化配置和地下水压采，推动工程发挥更大效益。

毕守海　何　凡　执笔

许文海　审核

# 生态文明篇

# 国务院批复《全国水土保持规划（2015—2030年）》

水利部水土保持司

为全面推进新时期我国水土保持工作，水利部会同国家发展改革委、财政部、国土资源部、环保部、农业部、国家林业局等部门，组织有关单位历时4年多编制完成的《全国水土保持规划（2015—2030年）》（以下简称《规划》），于2015年10月经国务院批复同意正式实施，并由7部委联合印发。这部规划是我国首部获得批复的国家层面水土保持综合性规划，是今后一个时期我国水土保持工作的发展蓝图和重要依据，是贯彻落实国家生态文明建设总体要求的行动指南。

## 一、规划的指导思想和目标

### （一）指导思想

深入贯彻党的十八大和十八届二中、三中、四中全会精神，认真落实党中央、国务院关于生态文明建设的决策部署，树立尊重自然、顺应自然、保护自然的理念，坚持预防为主、保护优先，全面规划、因地制宜，注重自然恢复，突出综合治理，强化监督管理，创新体制机制，充分发挥水土保持的生态、经济和社会效益，实现水土资源可持续利用，为保护和改善生态环境、加快生态文明建设、推动经济社会持续健康发展提供重要支撑。

### （二）规划目标

《规划》确定的近期目标是：到2020年，基本建成与我国经济社会发展相适应的水土流失综合防治体系，基本实现预防保护，重点防治地区的水土流失得到有效治理，生态进一步趋向好转。全国新增水土流失治理面积32万$km^2$，其中新增水蚀治理面积29万$km^2$，风蚀面积逐步减少，水土流失面积和侵蚀强度有所下降，人为水土流失得到有效控制；林草植被得到有效保护与恢复；年均减少土壤流失量8亿t，输入江河湖库的泥沙有效减少。

远期目标：到2030年，建成与我国经济社会发展相适应的水土流失综合防治体系，实现全面预防保护，重点防治地区的水土流失得到全面治理，生态实现良性循环。全国新增水土流失治理面积94万$km^2$，其中新增水蚀治理面积86万$km^2$，中度及以上侵蚀面积大幅减少，风蚀面积有效削减，人为水土流失得到全面防治；林草植被得到全面保护与恢复；年均减少土壤流失量15亿t，输入江河湖库的泥沙大幅减少。

## 二、主要任务

一是预防保护。贯彻“预防为主，保护优先”的方针，以维护和增强水土保持功能为原则，在我国所有陆地实施全面预防保护，对江河源头区、重要水源地、水蚀风蚀交错区实施重点预防，加强封育保护和封禁管护，实施严格的生产建设项目和活动管制，坚决保护原生态、原地貌植被，禁止过度放牧、无序采矿、毁林开荒和开垦草地等行为，从源头上严控人为水土流失和生态破坏。

二是综合治理。坚持“综合治理、因地制宜”，在水土流失地区开展以小流域为单元的综合治理，在重要水源地积极推进清洁小流域建设，在坡耕地相对集中区域及侵蚀沟相对密集区域开展专项综合治理。加强综合治理示范区建设。充分发挥综合治理“保生存、保水源、保安全、保生态”的作用，改善山丘区生产生活条件，促进产业结构调整，实现粮食增产、农业增效、农民增收。

三是综合监管。建立健全水土保持法律法规体系，强化监督管理、动态监测和能力建设，提升政府公共服务及社会管理能力。构建布局合理、技术先进的监测网络和信息系统，实现动态实时监控，提高监管效能。构建完善的宣传教育平台，提高宣传教育水平。加强水土保持关键技术研究和推广，不断提高水土流失防治水平和效益。

## 三、规划重点项目

《规划》依法划分了23个国家级水土流失重点预防区和17个重点治理区，并以此为基础，以最急需保护、最需要治理的区域为重点，拟定了一批重点预防和重点治理项目。

重点预防项目。遵循“大预防、小治理”“集中连片、以国家级水土流失重点预防区为主兼顾其他”的原则，确定3个重点预防项目。一是重要江河源头区水土保持预防项目，涉及长江、黄河、淮河、嫩江、黑河等32条江河的源头区，以封育保护和生态修复为主，辅以综合治理，以治理促保护，控制水土流失，提高水源涵养能力，构筑生态屏障。二是重要水源地水土保持预防项目，涉及丹江口库区、密云水库等87个重要水源地，通过封育保护、小流域综合治理、清洁小流域建设及滨河（湖、库）植物保护带和湿地建设，形成以水源涵养林为主的防护体系，以减少入河（湖、库）的泥沙及面源污染物，确保源头活水，维护水质安全。三是水蚀风蚀交错区水土保持预防项目，涉及北方农牧交错和黄泛平原风沙地区，实施大面积封禁治理和管护，保护现有植被和草场，加强农田防护林建设，增强防风固沙功能，辅以坡耕地、侵蚀沟道、沙化土地治理，达到减少风沙危害、控制水土流失、保障区域农牧业生产的目的。

重点治理项目。以国家级水土流失重点治理区为主要范围，充分考虑水土流失现状及老少边穷等地区的治理需求，统筹兼顾正在实施的重点治理工程，确定4个重点项目。一是重点区域水土流失综合治理项目。以国家级水土流失重点治理区为主，实施以小流域为单元的综合治理，发展特色产业，促进区域社会经济可持续发展。近期重点治理面积7.64万$km^2$，远期累计治理面积为23.95万$km^2$。二是坡耕地水土流失综合治理项目。在坡耕地分布相对集中、流失严重的地区，将坡耕地改造成梯田，并配套道路、水系，以控制水土流失、保护耕地资源。近期综合治理坡耕地160万$hm^2$；远期累计综合治理坡耕地492万$hm^2$。三是侵蚀沟综合治理项目。在东北黑土区、西北黄土高原区、南方红壤区侵蚀沟和崩岗分布密集的区域，开展系统治理，遏制侵蚀沟和崩岗发展，保护土地资源，减少入河泥沙。近期综合治理侵蚀沟 4.62 万条，治理崩岗 7.68 万个；远期累计综合治理侵蚀沟 12.56 万条，综合治理崩岗 18.28 万个。四是水土流失综合治理示范区建设项目。选择具有典型代表性、治理基础好、示范效应强、辐射范围大的区域，突出区域特色，吸纳实用先进、适应于本区域的水土保持技术，进行科学合理配置，建设具有示范推广带动效应的示范区。

综合监管。《规划》围绕《中华人民共和国水土保持法》的贯彻实施，提出了综合监管建设内容。重点从以下三个方面入手，打破瓶颈、强化监管，逐步建立健全与国家生态文明建设要求相适应的综合监管体系。一是强化水土保持监督管理。构建和完善水土保持政策与制度体系，重点建立规划管理、工程建设管理、生产建设项目监督管理、监测评价等一系列制度。严格生产建设项目水土保持管理，加强生产建设项目水土保持方案审批和设施验收，督促生产建设项目切实落实“三同时”制度并依法开展监测。加大执法力度，强化监督检查，坚决查处违法违规行为，有效遏制新增人为水土流失。二是提高监测水平。有效开展水土保持普查、水土流失动态监测与公告、重要支流水土保持监测、生产建设项目集中区水土保持监测。逐步建立监测评价与开发管控、监督执法、考核问责的联动机制。三是提升水土保持监管能力。加强各级水土保持机构监督执法能力建设；完善水土保持监测技术标准体系和监测网络体系；加强关键技术研究，提升科技支撑能力；有效规范水土保持技术服务市场，提升社会服务能力；建设并完善宣传教育平台，提升宣传教育能力；加强信息化建设，推进国家重点治理工程的“图斑”化精细管理、生产建设项目水土流失的“天、地一体化”动态监控、监测工作的即时动态采集与分析，建成面向社会公众的信息服务体系。

## 四、保障措施

一是加强组织领导。推动各级政府把水土保持作为建设生态文明的具体实践，组织编制相应规划并纳入本级国民经济和社会发展规划，切实加强领导，落实目标责任，实施好《规划》。建立有效的部门协作机制，按照职责分工，共同做好国家级水土流失重点预防区和重点治理区综合防治，抓好任务落实和监督检查。

二是健全法规体系。各级人民政府要结合地区实际，严格执行水土保持有关法律法规，出台《中华人民共和国水土保持法》实施条例或实施办法，完成配套规章和规范性文件的修订工作。

三是加大投入力度。各级政府应发挥主导作用，大力支持水土保持，逐步建立并完善与经济社会发展水平相适应的水土保持投入机制，做好水土保持补偿费征收和使用管理，最大限度发挥资金使用效益。

四是创新体制机制。在水土流失重点预防区和重点治理区，逐步建立地方各级政府水土保持目标责任制和考核奖惩制度。健全水土流失监测评估体系，为依法落实政府水土保持目标责任制和考核奖惩提供有力支撑。在水土流失地区，鼓励社会力量通过承包、租赁、股份合作等多种形式参与水土保持工程建设。大力推动政府购买服务，培育和完善水土保持社会化服务体系。

五是依靠科技进步。进一步提升水土保持科技贡献率，加强水土保持应用基础研究，推广先进、科学、实用的水土保持新技术。

六是强化宣传教育。充分发挥新闻媒体作用，营造良好氛围。加强水土保持人才培养，提高从业人员业务素质。把水土保持教育纳入国民教育体系，提高全民的水土保持观念和生态文明意识。

蔡　昕　执笔

刘　震　审核

# 全国水生态文明建设试点成效初显

水利部水资源司

2013 年以来，水利部认真贯彻落实党中央、国务院关于加强生态文明建设的一系列部署，以“节水优先、空间均衡、系统治理、两手发力”新时期水利工作方针为指引，成立了由陈雷部长任组长，各相关司局主要负责同志为成员的水利部水生态文明建设领导小组；印发了《水利部关于加快推进水生态文明建设工作的意见》，全面启动了水生态文明建设工作，通过地方申报、专家评审，选择两批 105 个基础条件较好、代表性和典型性较强的城市，涵盖了七大流域，探索不同经济发展水平、不同水资源禀赋条件和水生态系统特点的水生态文明建设模式。试点工作已取得初步成效，部分试点效果显著。

## 一、水生态文明建设试点工作开展情况

截至目前，第一批 46 个试点实施方案已全部完成批复；第二批 59 个试点已全部完成实施方案审查及审查意见印发；试点城市主动参与并融入生态文明示范区、海绵城市建设，天津市武清区、山东省临沂市等 38 个试点城市成为国家生态文明先行示范区，山东省济南市、广西壮族自治区南宁市、吉林省白城市等 7 个城市成为国家第一批海绵城市试点。

一是组织管理有序建立。各试点城市高度重视水生态文明建设试点工作，纷纷成立领导小组，市委书记或市长担任组长，按照“政府主导、水务主抓、各部门共同推进”的原则，整合政府各相关部门资源，共同开展水生态文明建设。组织编制了实施方案，制定时间表和路线图，任务分解到部门，并及时跟踪进展，确保按期完成。

二是项目建设进展顺利。各试点城市按照批复的实施方案有序开展试点工作，重点开展示范工程项目建设。46 个试点城市工程项目达 1396 项，

工程建设总额3129.05亿元，其中已开工建设1129项，完成投资1633.06亿元。总体工作进度均已过半，山东省济南市、湖南省长沙市、江苏省苏州市等地试点工作任务接近完成，基本达到试点验收条件。

三是制度体系不断健全。各地按照落实最严格的水资源管理制度要求，细化了区域内“三条红线”考核指标，并逐级分解，同时，探索创新管理体制机制，有针对性地制定了河湖管护、水环境及水生态补偿、水生态保护与修复等管理制度，不断健全完善水生态文明制度建设。

四是宣传影响不断扩大。各试点城市结合“世界水日”“中国水周”以及水资源管理、水生态环境保护主题，开展了形式多样的宣传教育、科普讲座、研讨培训，营造了水生态文明建设良好氛围。通过示范工程建设和实践展示基地，利用传统媒体和新兴媒体两个平台，做好试点工作宣传，并组织社会力量开展群众参与度较高的主题活动，编制保护水资源、促进水生态文明建设的科普丛书，深入到中小学校课堂，让生态文明理念深入到各个方面。

## 二、水生态文明城市建设试点取得初步成效

一是初步解决了一批人民群众最迫切、最关心的水问题。在试点建设工作中，各试点城市以问题为导向，以解决民生需求为首要任务，围绕“安全水利、资源水利、生态水利、可持续水利”等目标要求，采取“开源与节流并重、兴利与除害统筹、城乡保障与生态保护并行”举措，全面提升水资源综合支撑保障能力，初步解决了一批与群众息息相关的水问题。

二是最严格水资源管理制度得到有效落实。“三条红线”4项指标已被纳入各试点城市政府绩效考核体系。各地采取多种措施，不断创新管理理念，通过严控用水总量、优化水资源配置、全面推行节水管理，水资源可持续高效利用模式初步形成。

三是初步建立了空间调配、承载均衡的水资源配置体系。各地通过打通断头河、连通水系、调水补水、生态护岸、污染沟道综合治理、污水处理厂主干管改扩建工程和重点内涝清疏等项目建设，增强区域水资源和水

环境承载能力，有效地推动“水体流动性、水质良好性、水生态完整性、水生物多样性、水文化传承性”。

四是初步形成环境良好、系统完整的现代城市生态格局。试点城市高度重视地域环境建设、水质保护、节水惜水、增加植被。生态环境大幅改善，空气质量得到提高。城市河道湖泊大多成为城市建设的亮点、地标物。

五是初步探索了区域水生态文明建设模式。各地因地制宜，积极探索，初步形成了不同区域间的建设模式。华北地区重点实施节水、产业结构调整、地下水超采治理等措施；西北干旱半干旱区，优先严控用水总量、全面建设节水型社会、强化水土流失综合治理；长江中下游、珠三角等经济发达地区，针对水污染严重、局部生态退化等问题，运用控源截污、调水引流、水系连通等综合措施，提高水资源、水环境承载能力；东北、西南及江河源头等生态相对良好地区，突出水资源保护与水源涵养，积极探索水生态补偿机制，确保生态安全。

## 三、下一步工作重点

一是加强试点管理工作。加快完成第二批试点实施方案批复；启动山东省济南市等工作进度较快城市的试点验收；做好年度调研评估，实施试点城市动态监管；组织召开经验交流会，做好试点经验的总结和推广；适时启动城乡水生态文明创建。

二是推进政策制度建设。印发《进一步加强水生态文明建设的通知》，强化生态理念，强化技术引导；印发《全国水生态文明建设工作指南》，推动全国流域、区域、城乡全面开展水生态文明建设；启动《全国水生态文明建设规划纲要》编制，研究提出全国、流域水生态建设总体布局和措施。

三是强化技术支撑。出台《水生态文明城市建设评价导则》，编制完成《水生态保护与修复技术指南》以及《河湖水系连通工程建设技术指南》，进一步强化水生态文明建设技术支撑。

四是加强试点城市水系连通项目管理。继续做好 2015 年项目监管，严格执行进度，加强资金监管，督促项目管理，开展项目稽查；认真抓好2016年项目实施各项工作，落实补助资金，推进项目落实，强化日常监管，规范资金使用；尽快出台《江河湖库水系连通项目管理办法》；组织编制江河湖库水系连通项目2016—2018年实施方案，建立健全项目库，做好2017年计划编制。

五是加大宣传培训和引导力度。加强行业内、外报刊宣传，加强水利部网站水生态文明专题宣传，出版水生态文明宣传专刊；开展专题培训，宣传贯彻水生态文明建设理念、技术及《江河湖库水系连通技术指南》；及时总结各地水生态文明建设和江河湖库水系连通工作经验，打造一批示范项目，加大宣传工作力度，提高影响力。

张鸿星　李云成　执笔

石秋池　审核

链接

## 湖北：创新水生态文明建设<br>让千湖之省碧水长流

近年来，湖北省按照促进经济平稳较快发展和加快转变经济发展方式的要求，精心组织，完善行动方案，落实资金投入，创新水生态文明建设模式，在一些重要领域和关键环节上取得了突破。

水生态文明是生态文明的核心组成部分，也是当前和未来较长一个时期水利工作的中心任务之一，亟须通过加强水利科技创新工作，驱动水生态文明建设。湖北省委托有关科研单位抓紧研究《湖北省水生态文明建设目标指标体系》《湖北省水生态文明建设考核办法》。由湖北省水利厅承担的2014年度湖北省重大调研课题基金项目《创新水生态文明建设模式研究》已上报正式成果给湖北省委政研室。

按照水利部《关于加快开展全国水生态文明城市建设试点工作的通知》要求，湖北省启动咸宁、鄂州、襄阳、潜江、武汉5个城市水生态文明城市试点，并列入全国水生态文明城市建设试点。2014年10月，湖北省水利厅印发《关于加快开展全省水生态文明建设试点工作的通知》，确定了13个基础条件较好、代表性和典型性较强的县（市、区）为首批全省水生态文明城市建设试点，目前各县（市、区）正组织编制试点实施方案。

全面实施中小河流治理、中小河流重点县综合整治和水系连通试点项目，农村水系整治试点工作有条不紊开展。2013—2015年计划治理中小河流258条，现已开工153条，完工70条，共完成投资

18.4 亿元，工程质量总体达到优秀标准。中小河流重点县综合整治和水系连通试点项目惠及咸安、天门、华容、宜都、襄州、潜江、仙桃、黄陂8个试点县（市、区）的89个项目区，总投资23.2亿元，治理50～200$km^2$的河流及其支流共计317条，综合整治河道长度2425.8km。已安排下达35个项目区投资计划，其中已开建项目区30个，在建工程整治河道473km，各项工程建设进展顺利。

熊　渤　胡顺华　张海涛　执笔

毕玉娟　审核

**链接**

# 河北：确保实现京津冀协同发展 丰宁满族自治县的绿色崛起

河北省丰宁满族自治县（以下简称“丰宁县”）在统筹生态建设和经济发展的过程中，牢固树立“绝不以牺牲环境换发展”的理念，坚持实施“生态立县”战略和“富民强县、绿色崛起”主基调，把生态建设、脱贫甩帽作为两大任务，坚持开展以水土保持为重点的生态文明建设，全力推进水源涵养功能区建设，积极探索出一条生态文明与经济社会协调发展的新路子。

为确保实现京津冀协同发展中水源涵养功能区的目标，丰宁县强化“生态涵水、工程调水、管理节水、环保净水、产业兴水、借力保水”六项举措，呵护潮河、滦河的两河清水。

丰宁县通过采取森林、草原、湿地建设和恢复涵养水源的方式，推进京津风沙源、21 世纪首都水资源规划、生态清洁小流域、坡改梯等项目建设，治理水土流失；以丰宁喇嘛山水库项目等重大水利基础设施工程为支撑，以中小水利工程为主体，提升水资源调蓄和开发利用能力，加快完善供水体系建设，健全多水源统一调度与配置体系；加大水源管理力度，严格地下水开采控制，严格限制高耗水工业项目上马，大力推行节水农业，大力发展旱作节水农业；制定县内河流水域污染防治规划和方案，积极推进河道综合整治与生态修复，加快污水处理厂和污水管网建设，强化农业农村污染治理，加快垃圾填埋场建设，强化非法排污治理；推进涉水文化旅游产业互动发展，推进抽水蓄能电站综合旅游景区、鸳鸯湖景区等的建设，实现以水养水。

丰宁县立足“为京津阻沙源、涵水源”的目标，先后实施了退耕还林、京津风沙源治理、千松坝林场造林、京冀水源林和丰田造林、本田造林、日本电机联合造林等10多个国外援助造林项目，引进外资8000多万元，引进国内援助资金5000多万元，县内宏达、顺达、燕山银业、鑫源钼矿等大型企业积极投入当地治沙事业，每年有大量国内外环保志愿者到丰宁县植树造林，平均每年坚持造林20多万亩。

为实现生态效益与经济效益的双赢，丰宁县在加快造林绿化速度的同时，因地制宜，分区施策，优化水土资源配置，不断推进全县林果产业和苗木产业发展。依托林业重点工程项目，积极制定林果产业扶持政策，对园艺花卉、造林绿化、观光采摘、山杏沙棘和林下经济五大林果产业进行重点扶持。目前，全县杏扁面积达99万亩、特色果品5万亩、沙棘9万亩、原料林26万亩、种苗花卉1万亩，经济林总面积达140万亩。紧盯京津苗木市场需求，发展特色苗木产业，立足“一核四区”打造凤山、大阁、土城、黑山嘴和大滩五大苗木基地。目前全县已培育各类苗木50多种，育苗面积已达3万亩，年产各类苗木2.2亿株。

叶国春　张秀华　执笔

毕玉娟　审核

专栏二十六

# 海绵城市建设试点工作进展

水利部规划计划司

根据国家关于“加强海绵城市建设”的有关要求，2015 年，财政部、住建部、水利部联合印发《关于开展中央财政支持海绵城市建设试点工作的通知》和《关于组织申报2015 年海绵城市建设试点城市的通知》，启动了海绵城市建设试点工作，同时明确通过竞争性评审方式确定试点城市，中央财政对试点城市给予专项资金补助，一定三年，直辖市每年 6 亿元、省会城市每年 5 亿元，其他城市每年 4 亿元；对采用 PPP 模式达到一定比例的，将按上述补助基数奖励 10%。2015 年 3 月，3 部门联合组织开展了竞争性评审，确定河北迁安、吉林白城、江苏镇江、浙江嘉兴、安徽池州、福建厦门、江西萍乡、山东济南、河南鹤壁、湖北武汉、湖南常德、广西南宁、重庆两江新区、四川遂宁、贵州贵安新区、陕西西咸新区等 16 个城市为 2015 年中央财政支持的海绵城市建设试点，并对各试点城市海绵城市建设试点实施计划进行了审查和批复，明确了试点目标。2015 年和 2016 年，中央财政分别安排海绵城市建设中央财政专项资金 59 亿元、67 亿元，用于海绵城市试点建设。

为加快推进海绵城市建设，2015 年 10 月，国务院出台了《关于推进海绵城市建设的指导意见》，明确提出了海绵城市建设的总体目标，从加强规划引领、统筹有序建设、完善支持政策、抓好组织落实等方面对海绵城市建设进行了全面部署，并要求水利部加强对海绵城市建设中水利工作的指导和监督。为进一步指导和推进海绵城市建设水利工作，水利部制定并印发了《关于推进海绵城市建设水利工作的指导意见》，提出了海绵城市建设水利工作的指导思想、基本原则、总体目标和主要指标，明确了严格城市河湖水域空间管控、因地制宜做好河湖水系连通、推进城市水生态治理与修复、完善城市防洪排涝体系、强化城市水资源管理与保护等9个方面的重点任务和有关工作要求。同时，组织有关技术单位加强对海绵城市建设试点城市水利工作的技术指导，及时跟踪试点工作进展，通过中国水博览会等途径，积极推进海绵城市建设相关工作。

李　明　张光锦　徐　吉　刘德龙　苏　斌　宋建正　执笔
汪安南　审核

专栏二十七

# 水生态文明试点城市江河湖库水系连通工作进展

水利部水资源司

江河湖库水系连通是优化水资源配置战略格局、提高水利保障能力、促进水生态文明建设的有效举措。水利部党组高度重视江河湖库水系连通建设工作，陈雷部长多次要求，要加快推进流域和区域江河湖库水系连通工程建设。《水利部关于加快推进水生态文明建设工作的意见》《水利部关于推进江河湖库水系连通工作的指导意见》都将河湖水系连通作为水生态文明建设的重要举措，并提出在水生态文明试点城市优先开展河湖水系连通工作，加大支持力度，发挥示范作用。

## 一、2015 年河湖水系连通项目建设基本情况

2015 年以来，水利部协调有关部门，以水生态文明建设城市建设试点为重点，大力推动江河湖库水系连通建设，取得了积极进展。中央补助资金下达后，水利部水生态文明建设领导小组采取措施，积极推进项目实施。一是召开项目所在省、市水行政主管部门负责人座谈会，推进项目落实。二是印发《关于做好全国水生态文明城市建设试点有关河湖水系连通项目工作的通知》，提出了管理要求。三是建立项目实施进展跟踪机制，按月了解项目进展情况。四是结合全国水生态文明试点城市调研，逐一对项目进行现场检查，强化监督管理。五是对项目进展缓慢的项目市水行政主管部门领导开展约谈，督促项目加快实施。

## 二、项目成效及进展

各试点城市按照水利部打造一批有典型意义、多重效益、引导作用、

带动效果的水系连通示范工程的总体要求，积极采取生态化、绿色化的工程措施和非工程措施，取得了较好的成效。

江苏省、山东省济南市、河南省许昌市、湖南省郴州市、云南省普洱市等地江河湖库水系连通项目建设较好，效果初步显现。例如，山东省济南市玉符河综合治理工程已完成大部分工作，增强了玉符河的连通性和水体流动性，提高了卧虎山水库供水保障，改善了沿线水生态状况；河南省许昌市学院河、饮马河通过实施水系连通项目，成为“与城市共呼吸”的生态之河、休闲之河、文化之河、活力之河；江苏省无锡市伯渎港综合整治工程从截污、清淤、调水、修复、景观入手，实现断面水质的全面达标，沿河岸环境明显改善，获得群众好评。

## 三、下一步工作重点

一是做好项目组织管理工作。严格执行进度，督促有关地市加快项目建设；加强资金监管。监督资金使用方向；督促项目管理，动态跟踪项目实施情况，严格项目质量控制，督促各省级水行政主管部门及时对已完工的项目做好验收，确保项目效益；开展项目稽查，查找问题，总结经验，更好地指导今后项目实施。

二是强化河湖水系连通技术指导。对已编制完成的“江河湖库水系连通技术指南”（初稿），拟进一步修改完善后尽快出台，强化对各地江河湖库水系连通工作的技术指导。

三是加强河湖水系连通管理支撑。尽快出台《水生态文明建设试点江河湖库水系连通项目管理办法》。

四是加大宣传引导。召开水生态文明建设现场会，引导各地市按照当地水资源水生态条件，科学做好江河湖库水系连通和水生态文明建设工作；及时总结各地工作经验，打造一批示范项目，加大宣传工作力度，提高影响力；在“江河湖库水系连通技术指南”出台后，及时组织宣贯培训。

张鸿星　李云成　执笔

石秋池　审核

**链接**

# 浙江：宁波构建联网联调水库“朋友圈”

2015 年 3 月，宁波市水库群联网联调西线工程正式开工。宁波市最重要的几座供水水库——亭下水库、周公宅水库、皎口水库、溪下水库以及在建的境外引水工程钦寸水库，将通过隧洞和管道工程联网互通，形成一个“朋友圈”。其中任何一座水库出现“水多、水少、水脏”情况，都能从其他水库获得支持，几大水库相互帮衬，从而形成“一盘棋”的大宁波供水体系。

宁波市降雨虽较为丰沛，但时空分布不均，且流域水系自成体系、过境水量少，加之人口稠密等因素，宁波市人均水资源占有量仅为 990$m^3$，是浙江省平均水平的 57%，全国平均水平的 48%。

同时，宁波市供水水库数量有限，且大多分布在西南部地区。人口稠密、经济发达的东北部平原地区，虽然也有平原河网，但水质不尽如人意，存在水质性缺水问题。

近年来，宁波市开源节流，兴建了一大批水源工程，并在绍兴市新昌县境内新建的钦寸水库实施境外引水工程。与此同时，宁波市在全国率先开展分质供水、水源地保护工程和水库元素化管理等，以解缺水困局。目前，宁波市水资源供给能力已经达到每年 24 亿 $m^3$，能够满足经济社会发展各项用水需求，中心城区的水库直供水比例已从 2005 年的不足 40% 上升至 2014 年的近 100%。与全国同类城市相比，宁波市城市供水水平已经走在前列。

然而，随着宁波市域人口的增加和市域空间结构的调整升级，根据测算，到 2020 年宁波市需水量将接近 30 亿 $m^3$。届时，宁波市境内水库将不能填补水资源供需缺口，而境内也难以再规划建设大型水库。通过优化水资源调度来增加水资源供给，保障市民用水，成为宁波市进一步解决水资源供需矛盾的着力点。

目前宁波市已建有白溪等大型水库6座、中型水库26座、小型水库389座，分散于宁波市各地，且西南部较多。由于降水时空分布不均，同一时段内，有些地区水资源丰沛，有些则相对匮乏。当某些地方水量过多时，如果将部分重要水源工程用管道、隧洞串联在一起，利用管道、隧洞将多余的水引到其他水量少的水库内，一来可以使弃水“变废为宝”，二来能补充少水地区的水资源，大大提高水资源的利用率。

这一设想得到了中国工程院院士王浩的认可和帮助。经过专家共同论证，通过水库群联网的方式增加宁波市城市供水量的方式切实可行。紧接着，这项规模浩大、造福民生的工程被提上日程，成为宁波市“五水共治”保供水的重点项目，并纳入“宁波市经济社会转型发展三年行动计划”。

根据规划，率先进行联网的是位于宁波市西面的亭下水库、周公宅水库、皎口水库、溪下水库和在建的境外引水工程钦寸水库及其引水工程。它们在保障当地及下游供水的基础上，在高水位期间参与联调联供，实现均衡化供水。工程概算总投资约13亿元，输水线路全长41.23km。工程建成后，通过联网优化调度，预计每年可增加优质原水供水能力3700万$m^3$左右，相当于不占一寸土地，为宁波市新建一座“隐形”的中型水库。

2015年3月5日，宁波市水库群联网联调西线工程正式动工。工程建成后，在常规气候条件下，将由宁波市原水集团实行统一调度，在洪涝和干旱的特殊时期，则在宁波市水利局的指挥下实行统一调度。此举更有利于水资源优化配置，有利于实现宁波市市域几大板块联网联调供水战略。联网联调还能有效提升宁波市城区供水水质，增加生态及农业灌溉生产用水，增加水库汛期调洪空间，缓解水库及下游区间防洪压力等等。

与此同时，由于各水库实现联网，成为彼此的“朋友圈”，有效打破了“一库一水厂”的固有供水模式。若其中一个水库出现水质问题等突发事件，可及时启动应急模式，调动其他水库的原水，保障居民正常用水。

郑盈盈　谢根能　执笔

毕玉娟　审核

# 水土保持生态建设取得新成就

水利部水土保持司

2015 年是“十二五”的收官之年，水土保持工作全面贯彻落实党的十八大和十八届三中、四中、五中全会精神，以及党中央、国务院关于加快推进生态文明建设的总体部署，健全法律保障，完善顶层设计，强化监督管理，加强综合治理，夯实基础工作，推进改革创新，水土流失防治取得重要进展和显著成效，为加快推进生态文明建设和经济社会可持续发展提供了有力保障。

## 一、2015 年工作进展及成效

### （一）贯彻《中华人民共和国水土保持法》取得新进展

一是加快推进水土保持配套法规制度体系建设。经过 4 年努力，全国已有 27 个省（自治区、直辖市）出台了《中华人民共和国水土保持法》实施办法或条例，18 个省（自治区、直辖市）出台了水土保持补偿费征收使用管理办法或标准，为深入贯彻水土保持法奠定了基础。

二是水土保持社会管理进一步加强。各地认真履行法律赋予的两项行政许可职责，全国共审批生产建设项目水土保持方案 2.3 万个，完成水土保持设施验收 6000 多项，“十二五”期间依法落实生产建设项目水土流失防治资金 2000 多亿元。年内，各级人大牵头开展了全国水土保持专项执法检查，有力促进了水土保持法的贯彻实施。

### （二）水土流失综合防治取得新成效

2015 年全国共完成水土流失综合治理面积 5.4 万 $km^2$，实施坡改梯 400 多万亩，建设生态清洁小流域 300 多条，其中国家重点工程治理水土流失面积 1.3 万 $km^2$。“十二五”累计完成综合治理面积 26.55 万 $km^2$，实施坡改梯 2000 多万亩，建成生态清洁小流域 1000 多条，治理区农业生产条件和生态环境得到极大改善，植被覆盖率普遍提高，入河泥沙大幅下降，特色产业得到发展，许多地方实现了山青、水秀、人富、景美的良好生态目标和小康目标。

### （三）全国水土保持规划取得新成果

水利部会同国家发展改革委、财政部、国土资源部、环保部、农业部、国家林业局等 6 部委，历时 4 年多编制完成了《全国水土保持规划（2015—2030 年）》，于 2015 年 10 月经国务院批复同意正式实施，并由 7 部委联合印发。这部规划是我国首部获得批复的国家层面水土保持综合性规划，明确了今后一个时期我国水土保持的指导思想、战略目标和重大举措，为水土保持改革发展提供了发展蓝图和重要依据，也是贯彻落实国家生态文明建设总体要求的行动指南，对于建设生态文明意义重大。

### （四）监测和信息化建设实现新起步

通过连续 3 年开展全国水土流失动态监测与公告项目，监测区域扩大到 18 个国家级重点治理区、16 个国家级重点预防区和 1 个生产建设项目集中区，2015 年完成抽样监测面积约 58.61 万 $km^2$，不同土壤侵蚀类型区地面观测典型小流域增加到 65 条、典型监测点增加到 91 个，基本掌握了监测区域的水土流失和生态环境状况，发布了年度水土保持公报。在全国水土保持信息化规划和实施方案的基础上，水利部办公厅印发了《全国水土保持信息化工作 2015—2016 年实施计划》，明确了 2015—2016 年水土保持信息化工作总体目标、主要任务、进度安排和组织分工。

### （五）水土保持基础性工作再上新台阶

一是水土保持新版技术标准体系表颁布实施。形成了涵盖 3 大标准类别、14 个功能序列，由 53 项标准组成的水土保持标准体系构架，全面加强了水土保持标准的顶层设计。

二是加快水土保持标准化进程。2015 年，标准制订修订工作进程进一步加快，《水利水电工程制图标准　水土保持图》《水土流失危险程度分级标准》《水土流失重点防治区划分导则》等标准相继颁布。

### （六）水土保持改革取得新突破

积极贯彻国务院部署，有序推进行政审批改革，减少前置审批，清理中介服务，优化审批流程，大幅提高了审批效率，为高速公路、铁路、重大水利工程等国家大型项目提供了便捷高效服务。认真落实水利部印发的《鼓励和引导民间资本参与水土保持工程建设实施细则》，“十二五”期间撬动民间资本投入治理水土流失超过200亿元。

### （七）水土保持宣传教育工作开创新局面

一是启动实施水土保持进党校试点工作。水利部启动为期3年的水土保持国策宣传教育进党校试点工作，在全国62个水土流失严重地（市）率先开展试点。各地结合实际积极推进，天津、湖南、江西、甘肃、西藏、深圳等地已经在党校开设了水土保持课堂，辽宁、福建两省在全省范围内实施了水土保持进党校活动。

二是水土保持宣传成果丰硕。在中央、地方各级主流媒体和水利行业媒体上发表新闻作品和专题报道4000余篇（条）。制作播出了一批水土保持电视作品，产生了良好的社会反响。积极推动水土保持进校园、进社区、进农村等活动，水土保持宣传教育走进千家万户，全社会公众意识明显提升。全国建成了60个国家级水土保持生态文明工程、104个全国水土保持科技示范园和24个全国中小学水土保持教育社会实践基地，发挥了显著的示范带动和宣传教育作用。

## 二、2016年工作重点

2016年是“十三五”的开局之年，水土保持工作将认真贯彻落实党中央、国务院有关决策部署，以组织实施《中华人民共和国水土保持法》《全国水土保持规划》、“十三五”规划为主要抓手，加强综合治理，注重自然修复，强化社会管理，创新体制机制，提升监管效能，推动水土流失综合防治工作取得新进展。

一是以贯彻《中华人民共和国水土保持法》为重点，认真履行社会管理职责。2016年将推动省级水土保持法实施办法和补偿费征收标准全部出台。依法建立和完善水土保持政府目标责任考核奖惩制度。严格生产建设项目水土保持方案审批与验收，加大监督执法力度，依法实施预防保护，切实防治人为水土流失。

二是以全国水土保持规划为引领，推进水土保持工作全面开展。全面贯彻落实国务院批复的《全国水土保持规划》，积极推动省级水土保持规划编制工作，争取省级人民政府尽快批复实施，形成协同配套的水土保持规划体系。按照国务院批复要求，推动省级人民政府加强组织领导，加大支持力度，按照规划确定的分省目标，层层细化分解，明确责任分工，加强跟踪检查，确保任务落实。组织编制水土保持重大防治工程专项规划，积极协调推动项目启动实施。

三是以国家重点工程建设为龙头，加快水土流失综合防治步伐。坚持以系统治理的思想在水土流失严重地区开展以小流域为单元的山水田林路重点治理，加强重要水源地生态清洁小流域建设，争取启动黄土高原病险淤地坝除险加固工程，继续加快中央投资计划执行进度，确保完成年度水土流失治理任务。

四是以深化水土保持改革为核心，提供优质高效公共服务。继续深化行政审批改革，加强中介服务监管，建立水土保持信用评价机制，培育和完善社会服务体系。细化落实民间资本参与治理扶持政策，大幅增加水土保持投入。

五是以现代信息技术为载体，着力提高水土保持监管效能。充分运用先进的遥感信息技术，开展预防监督和重点治理天地一体化监管示范，不断强化监测和信息化工作对规划实施、政府考核、宏观决策、公众服务的支撑能力，实现水土保持监测和监管协同联动，推动信息化与水土保持业务深度融合。

六是以国策宣传教育为抓手，切实增强公众水土保持意识。深入开展《中华人民共和国水土保持法》颁布实施五周年宣传活动，增强全社会学法遵法守法用法意识。全面推进水土保持法宣传教育进党校活动。综合运用主流媒体和新兴媒体，丰富拓展宣传载体，推出一批宣传教育精品。依托水土保持科技示范园、教育实践基地和国家水土保持生态文明工程，开展系列水土保持典型示范和科普宣传。

蔡　昕　执笔

刘　震　审核

链接

# 西藏：水土保持预防监督在生态环境保护中主动作为

水土保持是西藏自治区生态环境保护的核心内容和重要任务。西藏自治区水土保持部门自觉担当重任，主动在生态环境保护中积极作为，组织力度最强的水土保持监督检查，2015 年完成 31 个重点公路水土保持专项验收，水土保持补偿费征收超过前 3 年的 1.3 倍，多地（市）征收实现“零的突破”，行业社会地位和影响力迅速提升，收获了累累硕果。

一是整合力量，形成阵势。为弥补监督执法力量不足，西藏自治区水土保持局全局动员、全员出动，区地县三级联合监督执法，先后有 230 人（次）参与水土保持专项监督检查。全年监督检查重点生产建设项目 214 个（次），对 52 个项目开展了“回头看”活动，约谈 3 家生产建设单位，项目覆盖了全区 7 个地（市）、90% 的县（市、区），交通、能源、水利、矿业、市政等多个行业。

二是狠抓培训，提升水平。积极争取长江水利委员会水土保持局等单位支持，开展监督执法培训，组织干部职工模拟演练，培训人员 165 人（次）。编写水土保持监督检查和执法指南。与水利部水土保持监测中心建立人才直通车，“一对一”交流学习。聘请知名律师事务所担任法律顾问，为监督执法提供法律支援。

三是科技为本、数据说话。主动签约水利部成都山地灾害与环境研究所为科技支撑单位，引进卫星遥感、无人机、三维激光扫描仪等信息化手段助力水土保持监督执法，帮助收集固定证据，让被约谈单位心服口服，心甘情愿整改。“太震撼了，你们说的我们全部接受!”水土保持专项监督检查约谈会上，面对大量的音像和翔实的数据，被约谈单位心悦诚服。

四是强化宣传、扩大影响。充分发挥主流媒体作用，发布各类新闻20余篇。向生产建设单位发放水土保持公众告知书，赠送水土保持法律法规2000余册（份），培训生产建设项目业主58个。在重要路段树立大型户外广告牌，在广播电视播放公益广告、进行专家访谈，组织大学生“防治水土流失、建设美丽西藏”签名倡议，启动水土保持国策进党校，面向社会举办水土保持“百题有奖知识竞赛”。

站在新的起点，西藏水土保持整装又出发，努力为雪域高原国家生态安全屏障建设做出更大贡献。

易云飞　执笔

刘　震　审核

**链接**

# 江苏：建设生态清洁小流域服务南京“人文绿都”建设

南京历史文化悠久，是一座融山水城林为一体的生态园林城市。近年来，南京市正向着全面建设更高水平小康社会迈进，在全国率先基本实现水利现代化的同时，认真贯彻落实新时期水利工作方针，围绕2020年实现“人文绿都”的目标定位，大力开展生态清洁小流域建设。

“十二五”以来，南京市投入专项综合治理资金1.4亿元，建设29条生态清洁小流域，成功打造出江宁区石塘、溧水区环山河、高淳区慢城等一批小流域综合治理典型，建成高淳区石墙围村、溧水区焦赞石村、江宁区姚家村等一批典型“水美乡村”。打造出“国际慢城”慢生活等现代理念。通过实施生态清洁小流域建设，项目区水土流失得到了有效控制，林草保存率达到90%以上，裸露宕口全部披绿，生态环境得到明显改善；水系实现良好沟通，水质明显改善，地表水全部达到Ⅲ类以上标准，流域内溪水长流，塘水常清。村庄道路、民居改造工程实施，村庄污水收集无害化处理系统和垃圾收集处理系统的建立，人居环境、交通设施、生产条件和村容村貌已得到了全面彻底地改善，提升了村民文明卫生素质；农村休闲旅游产业、生态绿色产业长足发展，提高了村民收入，村镇经济活力进一步增强，也提高了周边城市居民的生活品质，展现出“水碧、村美、业兴、人乐，春天看花、秋天摘果”的美好景象。

南京市因地制宜，积极探索，创新生态清洁型小流域治理模式，在治理目标上坚持“三个服务”，在治理项目上注重“三个整合”，在治理实践中凸显“三个层次”。

一是在治理目标上坚持“三个服务”，培育当地高效农业，大力发展小流域经济，服务当地经济发展，服务当地社会主义新农村建设，服务当地农民致富。

二是在治理项目上做到“三个整合”，即资源整合、资金整合、项目整合。在“资源整合”方面，依托小流域自然资源优势，注重科学规划，将小流域工程建设与生态旅游品牌打造相结合，塑造小流域内生态景观，同时挖掘当地历史文脉，为促进当地民俗旅游、休闲文化的发展创造有利条件；在“资金整合”方面，坚持政府投入与市场机制相结合的模式，加快生态清洁型小流域建设的步伐；在“项目整合”方面，在水利水保项目内部与农村河道河塘清淤、农田水利重点片区、中小河流治理、水库除险加固、水利风景区建设等项目进行整合；在与涉水涉农项目之间，重点与土地整治、宕口治理、林网绿化以及村庄环境整治、高标准农田建设相结合，努力做到综合治理与面源污染防治相结合。

三是在治理实践中凸显“三个层次”。采取“点、线、面”相结合的方式，由点延伸到线，从线拓展到面，立体式推进生态清洁型小流域建设，开展水生态文明建设。

高　媛　执笔

刘　震　审核

# 农村水电绿色开发取得新成效

水利部农村水电及电气化发展局

2015年，农村水电行业以深化改革为主线，以推动民生工程建设为重点，抓改革，促发展，转职能，强管理，全力推进民生、平安、绿色、和谐水电建设，全年新增农村水电装机200多万kW，总装机容量超过7500万kW，提前5年完成《可再生能源中长期发展规划》确定的目标任务。年发电量2300多亿kW·h，5年累计发电量超过1万亿kW·h，相当于节约了3.2亿t标准煤，减少$CO_2$排放8亿t。

## 一、2015年农村水电工作主要进展

### （一）坚持服务三农，共享改革成果

一是4400多座水电站增效扩容改造任务完成，提质增效20%以上。2013—2015年在全国3700座水电站实施的增效扩容改造工程已全部完成改造任务，实现了强农惠农、增加可再生能源供应、修复河流生态环境、消除安全隐患、提高水资源综合利用能力等多个目标。“十二五”以来，累计改造4400多座农村水电站，中央财政补助88亿元，改造后装机容量和年发电量达到900万kW和350亿kW·h，分别比改造前增加20%和40%以上。

二是300个水电新农村电气化县全面建成，新增装机515万kW。水电新农村电气化与社会主义新农村建设紧密结合，赋予新的内涵，更加注重强农惠农、扶贫解困。“十二五”以来，累计安排中央投资29亿元，涉及1070个项目，建成300个电气化县，带动完成农村水电新增装机容量515万kW。

三是1400多个村实现小水电代燃料，保护森林面积1100多万亩。小水电代燃料建设与国家退耕还林、“天保”工程、水土流失治理有机结合，进一步扩大实施范围，优化项目布局，整村整乡整县集中连片推进，同时开展小水电代燃料生态示范县试点建设，惠农成效进一步凸显。目前，自

2009 年规划实施以来已建成 249 个代燃料项目，投产代燃料装机 66.7 万 kW，建成 80 个代燃料乡和 1478 个代燃料村，解决 224 万人生活燃料问题，大大改善人居环境。

### （二）坚持绿色开发，注重生态保护

一是全力推进中小河流水能资源开发规划。督促各地保质保量完成规划修编任务，目前 25 个省份的 3600 多条中小河流规划正在修编，其中 2600 多条河流的规划已修编完成，400 多条河流规划批复实施。

二是积极开展绿色小水电建设。广泛征求水利、环保部门意见，深入探索适合中国小水电特点的评价标准和管理办法。做好全球环境基金项目前期工作，完成项目选点任务，按照国际先进标准，引导农村水电行业严格落实环保要求。

三是认真探索小水电布局优化和生态修复。以河流规划为导向，引导一批设备设施老化、资源利用效益低下、布局不合理的水电站进行优化配置；对环境影响较大的水电站，通过增设生态机组、调整运行方式，落实生态流量；对严重影响生态环境、安全隐患突出、改造不经济的水电站，加速报废退出，恢复河流生态。

### （三）坚持转变职能，强化行业管理

一是不断加强农村水电安全生产工作。全面落实农村水电安全生产和监管“双主体”责任，加大监督检查力度，开展了 7 次农村水电安全生产、安全度汛督查检查。出台《农村水电安全生产督查检查导则》，进一步完善“平安水电”制度体系。截至 2015 年年底，农村水电未发生人身死亡的安全生产责任事故。

二是全面推进安全生产标准化试点建设。正式出版《农村水电站安全生产标准化评审标准释义》和《农村水电站安全生产标准化达标指导手册》，在全国深入开展标准化试点建设。全国 1200 多座农村水电站启动了安全生产标准化建设试点，目前已建成二、三级安全生产标准化水电站 400 多座。

三是进一步夯实农村水电行业基础。开展《农村水电领域廉政风险防控手册》编制，深入排查风险点，制定防控措施。不断完善技术标准体

系，加强在编标准管理，加强标准项目储备。加强前期工作，做好项目储备，编制完成“十三五”农村水电发展等规划和新一轮增效扩容改造实施方案。积极参与电力体制改革相关工作方案及配套措施的制定，为实现水电优先调度提供保障。

## 二、下一步工作重点

2016年是实施“十三五”规划的开局之年，党中央、国务院对新时期扶贫开发和生态文明建设提出了明确要求。农村水电是贫困山区实施精准扶贫的重要途径，也是山区生态文明建设的重要举措。我们将认真贯彻落实党的十八届五中全会精神，在部党组的坚强领导下，坚持创新、协调、绿色、开放、共享发展理念，大力建设民生、平安、绿色、和谐四个水电，努力实现农村水电“十三五”良好开局。

一是以中央资金为引导，以河流为单元，尽早启动新一轮农村水电增效扩容改造，实现增加可再生能源供应、修复河流生态环境、消除安全隐患、提高防洪灌溉供水能力等多个目标。

二是认真搞好农村水电扶贫工程建设，做好前期工作，争取启动“十三五”项目建设，大力扶持贫困地区农村水电开发。

三是狠抓隐患排查治理，抓好关键环节和重要时段农村水电安全监管，完成1000座农村水电站安全生产标准化试点建设，进一步强化基础管理，稳步提升农村水电安全监管水平。

四是强化水能资源管理，加强规划环评技术指导，力争完成3600条中小河流水能资源规划编修工作。

五是积极推动绿色小水电建设，尽快颁布实施绿色小水电评价标准，引导行业严格落实生态环境保护要求，不断推进农村水电生态文明建设。

六是抓好农村水电标准制修订，加强农村水电统计，积极参与电力体制改革相关工作，不断夯实行业基础。

许德志　夏海霞　执笔

田中兴　审核

# 河北地下水超采综合治理试点工作进展

水利部财务司　水利部水资源司

为落实中央决策部署，2014 年财政部会同水利部等部门指导河北启动了地下水超采综合治理试点工作，2015 年 7—10 月完成了对河北 2014 年度试点工作的考核，同时指导督促河北开展 2015 年度试点工作。目前，试点工作正稳步推进，整体进展顺利。

## 一、2014 年度考核结果

财政部、水利部、农业部、国土资源部按照联合印发的《河北省地下水超采综合治理试点工作 2014 年度考核办法》，对河北省 2014 年度试点工作进行了考核。按照考核办法确定的评分标准，河北省 2014 年度试点工作考评等次为良好。

### （一）压采目标实现情况

2014 年试点压采目标 10.64 亿 $m^3$，计划通过调整农业种植结构、发展高效节水灌溉、井灌区改渠灌区等综合治理措施压减农业地下水超采量 7.60 亿 $m^3$，通过实施南水北调受水区压采方案压减城市工业、生活地下水超采量 3.04 亿 $m^3$。截至考核时，形成农业地下水压采能力 7.83 亿 $m^3$；受南水北调配套工程建设进度影响，城市工业、生活地下水压采目标未实现。

### （二）治理措施完成情况

第一，农业措施。完成种植结构调整和农艺节水 461.31 万亩，为计划的 98.9%。其中，改种低耗水农作物 75.64 万亩、非农作物替代 9 万亩、冬小麦春灌节水 299.97 万亩、小麦保护性耕作 46.95 万亩、水肥一体化

29.75 万亩。

第二，水利措施。通过河道疏浚、水系连通、坑塘扩容、田间节水等措施，共发展高效节水灌溉面积 366.53 万亩，为计划的 102%。其中，地下水高效节水工程 121.81 万亩、地表水高效节水工程 87.03 万亩、外来水高效节水工程 157.69 万亩。

第三，体制机制创新。水价改革方面，出台了《河北省地下水超采综合治理试点区农业水价综合改革意见》等文件。试点区 49 个县都印发了农业水价改革方案，14 个县开始执行新的水价政策。水权制度改革方面，出台了《河北省水权确权登记办法》，49 个县全部完成了农业水权确权登记工作，475 万农户拿到了水权证。水管体制改革方面，在 4 个试点市分别确定 1 个农田水利设施产权制度改革先行县，推行“建管一体化”模式。49 个县均出台了小型水利工程管理体制改革的实施方案，部分地区已颁发“两证一书”。基层服务体系建设方面，49 个县已建设乡镇水利站 241 个、水利专业服务组织 53 个、农民用水合作组织 2185 个、水肥一体化组织 104 个。政策法规建设方面，制定出台了《河北省地下水管理条例》《河北省水功能区管理规定》等多项制度办法。

第四，地下水计量监控。省市县三级建立了地下水管理平台系统，地下水信息自动监控管理平台已开发完成并已投入运行，部分监测站点已与省平台联通。截至考核时，地下水监测站建设已完成钻井 1277 眼，其中 4 个试点区钻井 1048 眼，完成计划的 95.1%，安装设备 774 套，完成计划的 70.2%；农业灌溉取水计量设施建成 9801 处，完成计划的 67.1%；非农取用水户取水计量设施建成 1289 处，完成计划的 56.3%。

第五，地下水管理。各试点市均公布了地下水超采区，明确了禁采区和限采区。自印发 2014 年试点方案以来，100 多个农业开发、国土整治和扶贫项目等，及时变更实施方案，没有再以配套打井为条件，原计划的打井资金全部用于农田灌溉节水设施建设。

### （三）存在的主要问题及整改情况

在取得上述成效的同时，试点工作中还存在一些问题需加以解决。

一是城市压采目标未完全实现。试点方案中提出的压减城市工业、生活地下水超采量 3.04 亿 $m^3$ 的目标未完成，南水北调受水区公共供水管网覆盖范围内的自备井大部分未关闭。

二是农业水价综合改革进展较慢。截至考核时，只有 29% 的试点县执行了新的农业水价政策，涉及的耕地面积不到试点区的 10%，且主要依靠政府推动、财政补贴的方式实施，政府与市场相结合的机制尚未建立。灌溉水量普遍超过水权额度，超水权额度加价制度尚未执行。新的水资源费征收标准未全面实施。

三是地下水监测和管控仍显滞后。截至考核时，用水计量设施、地下水位监测站点建设等项目完成率不到 70%；已建成的监测站点数据传输率仅达到 50% 左右。

河北省对发现的问题高度重视，及时采取了相应的整改措施。

第一，关于城市压采目标和关停井整改情况。河北省加快了南水北调配套工程建设，截至 2015 年年底实现引长江水量 1.27 亿 $m^3$，完成原计划 3.04 亿 $m^3$ 压采任务的 41.8%。河北省南水北调受水区各市已完成城市自备井关停方案制定，并通过设区市级人民政府批准，计划到 2017 年关停 7700 眼，受水区各市正在抓紧核定 2016 年度关停数量、井位。

第二，关于农业水价综合改革整改情况。为加快农业水价改革，河北省 2015 年 10 月制定出台了《河北省农业水价改革及奖补办法》，各试点县按照成立领导小组、编制实施方案、市级批复方案、县政府发布改革公告、水价改革乡村召开动员大会等步骤，已经全部完成了市级水价改革方案批复，2016 年 3 月春季灌溉时将全部落实新的水价政策。

第三，关于地下水监测和管控整改情况。河北省加快了建设进度，省水利厅安排专人现场督导，建立了旬通报制度，截至 2015 年年底，河北省全省南水北调受水区地下水监控站点 1690 个已全部建成，已实现监测数据传输率 80% 以上，地下水超采综合治理 4 个试点市地下水监测数据传输率已达到 90% 以上。

## 二、2015 年度试点工作主要内容

在 2014 年度试点工作基础上，财政部、水利部等部门指导河北省编制

了《河北省地下水超采综合治理试点方案（2015 年度）》。2015 年 8 月，河北省人民政府正式印发实施。

### （一）试点范围

试点区由 2014 年度的 4 个设区市 49 个县（市、区）扩大到 5 个设区市 63 个县（市、区），将石家庄市纳入试点范围，涵盖河北省 7 个主要地下水漏斗区中的 6 个。

### （二）治理目标

新增农村地下水压采能力 7.22 亿 $m^3$，规划关停机井 3902 眼。同时，通过建设南水北调配套工程，切换城市集中供水水源，关停城市自备井，形成城市地下水压采能力 7.58 亿 $m^3$。2015 年，试点区城乡共计形成压采能力 14.80 亿 $m^3$，累计形成压采能力 25.44 亿 $m^3$，占该区域地下水超采量的 72%。

### （三）重点措施

以节水为核心，综合实施“节、引、蓄、调、管”，充分利用当地地表水、外调水和微咸水等水源，重点实施结构节水、农艺节水、工程节水、机制节水、管理节水等综合措施，确保压采目标的实现。

第一，2014 年度持续补助项目。对 2014 年度已开展的农业、林业部分项目进行持续补助，维持地下水压采能力 3.70 亿 $m^3$。

第二，调整农业种植结构和推广农艺节水。选择无地表水替代的部分区域，调整种植结构，适当压减依靠地下水灌溉的冬小麦面积；在地下水严重污染和深层超采的小麦种植区，实施非农作物替代农作物；推广农艺节水等，新增地下水压采 4.55 亿 $m^3$。

第三，加强水利工程建设。实施高效节水工程，发展喷灌、微灌、高标准低压管道等高效节水灌溉；实施区域内地表水高效节水工程，利用南水北调中线工程通水后城市返还农业的水量，实现地表水对地下水的置换；充分合理利用外调水和过境水。通过加强节水工程建设，形成地下水压采能力 2.37 亿 $m^3$，待治理措施稳定达效后关停机井 3902 眼。

第四，加快城镇南水北调供水工程建设。按照《南水北调中线一期工程河北省受水区地下水压采实施方案》，加快石津、邢清、保沧和廊涿等骨干输水工程、引水工程、水厂工程和管网工程建设，在具备地表水切换条件的地方，及时关停城区内的自备井和原公共供水水源井，实行集中统一供水，确保2015年城市新增压采能力7.58亿$m^3$。

第五，深化体制机制改革。继续深入实施农业水价、水权、水管体制和基层水利服务体系建设等改革，通过节水机制创新，实现地下水压采量0.3亿$m^3$以上。

第六，严格地下水管理。严格地下水超采区管理，加强禁限采区管理，强化取用水监督管理，建设地下水动态监控体系，建立健全地下水水量、水位双控制制度。

## 三、2015年试点工作主要进展情况

根据河北省水利厅上报情况，截至2016年1月20日，河北省2015年度地下水超采综合治理试点工作稳步推进，总体进展顺利。

### （一）工程建设

2015年度试点水利工程项目共107个，已完成投资490442万元，投资完成率为93%，发展节水灌溉面积270.6万亩。

### （二）水权确权工作

2014年度试点县、市（区）已完成农业用水户水权证发放工作，目前正在开展非农用水户取用水情况基础调查核实工作。《河北省农业水权交易管理办法》已报省政府推进职能转变协调小组办公室待审议。

### （三）农业水价综合改革

《农业水价改革及奖补办法》已顺利出台。全省63个改革试点县（市、区）已有60个完成农业水价改革实施方案审查，53个完成方案批复。

### （四）产权制度改革

49个试点县工程管理体制改革实施方案已全部编制完成，“两证一书”发放率达98%，衡水市、邯郸市、邢台市全部完成工程管理体制改革验收

工作，沧州市各县正在抓紧验收，近期将全部完成。2015 年试点范围新增的 14 县（市、区），将于 2016 年 5 月底前完成“两证一书”发放和改革验收工作。

下一步，财政部、水利部等有关部门将继续指导河北省做好试点工作，督促河北省切实贯彻落实党的十八届三中、四中、五中全会精神及《生态文明体制改革总体方案》要求，坚持问题导向，转变发展方式，推进经济社会和生态环境协调发展，进一步提高综合治理工作成效，形成易复制、可推广的经验，为华北地区地下水超采综合治理提供借鉴。

郑红星　陈艺伟　齐兵强　张续军　执笔

吴文庆　陈明忠　高　军　石秋池　周明勤　审核

专栏二十八

# 水利风景区建设成效显著

水利部综合事业局

经过十多年的持续发展，水利风景区呈现出规模数量逐步增加、内涵品质稳步提升、社会影响日益扩大的良好态势，呈现出强劲的生命力。水利风景区已成为水生态文明建设的重要组成部分、水利工程管理质量提升的重要途径、水文化弘扬的重要阵地和国情水情教育的重要窗口，在建设生态文明和美丽中国进程中发挥着重要作用。

水利风景区建设持续健康发展。2001 年，水利部设立水利风景区评审委员会，2009 年水利部成立水利风景区建设与管理领导小组，副部长任组长，并专设办公室（水利部景区办），全国各地陆续成立相应组织机构，从国家到地方的各级水利风景区管理组织机构逐步健全，形成了水利部、省（自治区、直辖市）、市（区、县）、景区四级管理机构上下联动、协调发展的水利风景区管理系统。其发展规模不断扩大，景区质量稳步提升，制度体系不断完善，技术支撑不断强化。到 2015 年年底，全国批准 719 处国家水利风景区，2000 多个省级水利风景区，覆盖了全国 31 个省（自治区、直辖市）。

水利风景区建设在生态、经济、社会和文化方面获得了显著成效。水利风景区开发与建设以水生态系统修复为重点，根据区域水资源条件和水环境状况以及河流水系分布与工程布局特征，因地制宜通过工程与非工程措施，推进水生态修复和水环境改善，提升了水体自净能力和生态自我修复能力，修复了区域水生态和改善了区域水环境，再现青山碧水的良好水生态环境。水利风景区依托湿地、灌区、河流和湖库等水利工程或水域水体进行建设，充分考虑到河道、山体和绿地之间的协调，构建山、水、林、田、路交相辉映的山水风景格局，成为连接城乡发展的自然生态纽带，为优化城乡二元发展结构，促进城乡统筹与区域经济社会协调发展发挥了积极作用。

水利风景区建设也为水利发展提供了宝贵经验。水利风景区建设秉持“以保护谋发展，以发展促保护”的工作思路，积极探索水利风景区建设与管理的内在规律，在组织制度设计、机制创新、示范引导和公益宣传等领域获得了一系列重要经验：

在制度建设方面，以生态文明和美丽中国建设为指针，以水生态文明建设为引领，突出水利风景区的公共事业属性，注重顶层设计与制度体系建设，配套出台一系列管理办法、管理细则、建设规范和发展标准，有力保障了水利风景区健康持续发展。

在机制创新方面，从“以评促建”逐步迈向“建管结合”转变，激励行业、地方和社会共建共赢，形成了“建管”联动机制；通过“试点探索，典型推广，示范引路，榜样带动”机制，实现了区域性协作；在创新投融资方面构建了“政府主导、企业介入、社会参与、市场运作”的多方参与机制。

在运营管理方面，落实最严格的水资源管理制度，吸纳了各相关行业的人才和专家，建立了国家水利风景区管理专家库，并通过行业培训，形成了一支专业素质好、业务能力强、技术水平高的水利风景区运营管理团队。

在示范带动方面，加强品牌与精品工程培育，发挥品牌示范带头作用，通过联动辐射效应，不断提升水利风景区品质，打造出了一批定位准确、思路清晰、成效显著的水利风景区。

在宣传方面，水利风景区作为水利事业的重要业务和核心载体之一，通过公益广告大赛、视频展播等系列宣传工作，为国民传递水知识、水科普和水文化，成为水利宣传、水利科普、水情教育的重要平台和窗口。

李晓华　执笔

郑通汉　审核

# 水利法治篇

# 《关于全面加强依法治水管水的实施意见》解读

水利部政策法规司

为深入贯彻落实《中共中央关于全面推进依法治国若干重大问题的决定》(以下简称《决定》),经过广泛调研、组织起草、征求意见和修改完善,水利部于2015年7月22日制定印发《关于全面加强依法治水管水的实施意见》(以下简称《实施意见》),作为指导当前和今后一个时期水利法治建设的基本遵循。

## 一、制定背景

党的十八届四中全会审议通过的《决定》,着眼于实现中华民族伟大复兴的中国梦,立足我国社会主义法治建设实际,直面我国法治建设领域的突出问题,明确了全面推进依法治国的指导思想、总体目标、基本原则、重点任务和根本保证,是我们党在新的历史条件下对社会主义法治建设历史经验的深刻总结,是指导中国特色社会主义法治建设的纲领性文件。

依法规范涉水行为、调节涉水关系是全面推进依法治国的重要内容。水利法治建设是水利改革发展中的基础性、全局性、保障性工作。1988年《中华人民共和国水法》颁布实施以来,经过20多年的不懈努力,我们已经建立起适合国情水情的比较完善的水法规体系和基本完备的水行政执法网络,水利依法行政深入推进,水事秩序明显改善,水法治观念不断增强。但与全面推进依法治国的新要求和加快水利改革发展的新任务相比,水利法治建设还存在一些薄弱环节,一些重要领域法律法规尚不健全,水行政执法能力亟待加强,水事矛盾纠纷和涉水行政争议预防处理机制不够完善,全社会水法治观念需要进一步提高。

全面加强依法治水管水意义重大。一是实现依法治国战略目标的必然要求。推进水利改革发展进程中要坚持运用法治思维和法治手段，切实维护人民群众合法水事权益，促进社会公平正义。二是促进治水战略性转变、保障国家水安全的必然要求。贯彻落实“节水优先、空间均衡、系统治理、两手发力”的新时期治水工作方针，必须进一步发挥法治的引领规范和促进保障作用，确保政令畅通。三是深化水利改革的必然要求。要按照“重大改革于法有据”的要求，围绕水利改革中心任务和重点环节，依法巩固和扩大改革成果，为水利改革发展保驾护航。

为此，部党组决定制定《实施意见》，全面加强依法治水管水，切实把全面推进依法治国总目标贯彻落实到治水管水全过程和各方面。

## 二、主要思路

《实施意见》以《决定》精神为指南，紧密结合水利改革发展和法治建设实际，明确提出当前和今后一个时期水利法治建设的指导思想、目标任务、总体要求和具体措施，在思路上始终把握五个方面。

一是遵循中央精神。以《决定》内容为主要依据，结合近年来中央关于法治政府建设的新要求，明确提出工作措施，确保党中央、国务院的决策部署在水利系统不折不扣落实到位。

二是突出部门职责。按照水利部门的法定职能和深化水利改革的基本要求，在水利部职责权限范围内，明确提出依法履职、简政放权、加强监管的具体措施。

三是紧扣水利实际。充分体现水利工作特点，紧密结合当前深化水利改革发展的主要任务，将全面推进依法治国战略部署在水利领域细化与实化。

四是注重顶层设计。在内容上力求面向全行业、实现全覆盖，提出具有普遍性和方向性的目标要求。

五是坚持问题导向。针对多年来水利法治工作中“重建设轻管理、重业务轻法治、重立法轻执法”等突出问题，提出具有针对性、指导性的对策措施，争取通过一段时间的努力改变水利法治工作滞后的局面。

按照上述思路，《实施意见》坚持整体推进和分类指导，明确提出立法、执法、监督、保障一体建设、健全完善适合我国国情和水情的水法治体系的主要任务，并进一步分解为“四大体系”：一是构建完备的水法律规范体系，实现覆盖全面、相互配套、有机衔接。二是构建高效的水法治实施体系，做到有法必依、执法必严、违法必究。三是构建严密的水法治监督体系，做到权责法定、程序正当、公开透明。四是构建有力的水法治保障体系，做到责任明确、措施到位、齐抓共管。

## 三、基本内容

《实施意见》在总体布局上分为五大板块、二十五个部分，着力构建“四大体系”。

第一板块为总体要求。在总结近年来依法治水管水重要成就的基础上，针对当前水利法治建设中存在的一些薄弱环节和突出问题，阐述了依法治水管水的重要性、全面加强依法治水管水的指导思想和主要目标。其主要特点是第一次完整全面地提出水利法治“四大体系”建设目标。

第二板块为水法律规范体系建设。提出构建完备的水法律规范体系的具体措施。主要包括完善立法工作机制、突出立法重点、提高立法质量、加强规范性文件的合法性审查与备案管理。其主要特点：一是提出实行水利立法工作目标责任制，增强水利立法规划和年度立法计划的指导性和约束力；二是按照“五个适应”的要求，提出了水利立法的重点领域和重点内容，强调适时启动《中华人民共和国水法》《中华人民共和国防洪法》等法律的修订工作；三是提出完善立法项目征集与论证、立法后评估等制度，严格规范性文件管理。

第三板块为水法治实施体系建设。提出构建高效的水法治实施体系的具体措施。主要包括依法履行行政职能、依法推进水利建设、依法加强水利管理、依法深化水利改革、完善水行政执法体制、加大水行政执法力度、健全水事矛盾纠纷防范化解机制。其主要特点：一是将水利建设、管理、改革等各项水利工作全部纳入水法治实施体系范畴；二是把加强水利管理放在更加突出的位置，对进一步落实最严格水资源管理制度，强化河湖、水利工程等管理工作作出明确规定；三是进一步突出水行政执法的作用和职能，确保水法规各项规定落到实处。

第四板块为水法治监督体系建设。提出构建严密的水法治监督体系的具体措施。主要包括健全依法决策机制、加强对权力的监督制约、全面推进政务公开、做好行政复议工作。其主要特点：一是明确提出建立健全重大行政决策程序制度和责任追究制度；二是对政务公开的重点领域和涉水突发事件信息发布机制建设提出明确要求；三是充分发挥行政复议在实施层级监督、化解行政争议等方面的作用。

第五板块为水法治保障体系建设。提出构建有力的水法治保障体系的具体措施。主要包括加强组织领导、提高领导干部和机关工作人员依法办事能力、增强全社会水法治观念、加强水法治队伍建设、加强依法治水管水监督检查等。其主要特点：一是要求健全依法治水管水领导机构和办事机构；二是把依法行政情况作为考察干部的重要条件和年度述职的重要内容；三是建立依法治水监督检查制度，强化任务落实和责任追究。

## 四、下一步工作重点

全面加强依法治水管水是一个长期的渐进的过程。《实施意见》印发后，各省级水行政主管部门和流域管理机构就贯彻落实《实施意见》制定了工作方案或者出台了相应的政策文件，结合工作实际，全面加强水利法治建设，推动水利各项工作制度化、规范化、程序化。

一是认真组织学习宣传。统一思想、武装头脑、凝聚共识，形成加快推进依法治水管水的强大动力。

二是抓紧落实工作方案。明确领导责任、工作部门、岗位分工，提出路线图和时间表，确保各项任务落到实处。

三是扎实开展督导检查。对发现的问题要及时提出处理意见和建议，督促整改落实。

四是坚持严格考核评价。切实把依法治水管水工作成效作为衡量领导班子和领导干部工作实绩重要内容，把能不能遵守法律、依法办事作为考察干部的重要内容，强化水利系统领导干部依法行政意识。

五是切实强化队伍建设。充分发挥水政机构在推进依法治水管水方面的组织协调和督促指导作用。

付永杰　执笔

李　鹰　审核

专栏二十九

# 水利部　交通运输部进一步强化长江河道采砂管理合作

水利部建设与管理司

2015 年，水利部、交通运输部进一步加强长江河道采砂管理，深化合作，依法履职，共同维护了长江河道采砂总体可控的局面，为推动长江经济带发展提供了有力保障。

## 一、深化两部合作

2015 年 1 月 26 日，两部合作机制领导小组办公室在北京召开会议，总结两部合作 2014 年工作，研究 2015 年工作计划。会后，两部办公厅联合印发了 2015 年度工作要点，指导沿江各地开展工作。水利部长江水利委员会（以下简称“长江委”）、交通运输部长江航务管理局（以下简称“长航局”）和沿江各地水行政主管部门、交通运输部门不断深化合作机制，创新合作方式，形成监管合力。

## 二、落实管理责任

指导督促各地落实长江采砂管理责任制，明确地方政府行政首长责任人、水行政主管部门责任人和现场监管责任人，长江委于汛前在相关媒体公布了各地采砂管理责任人名单。长航局成立了以局主管领导为组长的采砂管理工作领导小组，明确责任和主要工作任务。同时，两部合作机制领导小组指导督促各地将河道采砂管理纳入相关考核体系，建立健全责任追究制度。

## 三、完善制度建设

一是积极推进规划工作。组织长江委开展了《长江中下游干流河道采砂规划（2016—2020 年）》编制工作；印发了《长江上游干流宜宾以下河道采砂规划（2015—2019 年）》，并做好宣贯工作。二是不断完善法规制度。配合最高人民法院等有关部门，做好非法采砂入刑的调研、征求意见等相关工作。沿江各地不断完善河道采砂法规制度，四川省出台《四川省河道采砂管理条例》，湖北省着力推进湖北省河道采砂管理条例出台。

## 四、加强日常巡查

长江委和沿江各省水行政主管部门认真贯彻落实《水利部关于加强长江河道采砂现场监管和日常巡查工作的通知》，长江委开展了长江中下游和长江上游宜宾以下干流河道巡江检查，江苏、湖北、湖南等省水利厅建立健全河道采砂日常巡查制度，进行常态化巡查监管。长航局系统各单位对重点水域、重点河段实施现场驻守，对重点采砂项目所在水域进行监控。

## 五、强化监管执法

一是加强检查督导。水利部、交通运输部对长江委、长航局和江苏、安徽、江西、湖北、湖南 5 省长江河道采砂管理情况进行了专项检查，督促各地各有关单位对检查中发现的问题及时进行了整改。长江委、长航局对四川省和重庆市的采砂管理情况进行了联合检查。二是开展执法行动。长江委组织开展了全江统一巡江执法行动，长航局组织开展长江干线拉网式巡查执法行动，沿江各地也结合各自实际组织开展了多项专项整治和集中打击行动。据不完全统计，2015 年沿江各地各级水行政主管部门共出动执法人员约 12.23 万人次，执法车（船）约 3.66 万辆（艘）次，查获非法采（运）砂船约 650 艘次，有力地震慑了非法采砂行为，维护了长江干流河道采砂情况总体可控的局面。

李春明　孟祥龙　王贵作　执笔
孙继昌　祖雷鸣　审核

链接

# 长江流域：丹江口水库“打非治违”“回头看”活动成效显著

鉴于丹江口大坝加高后水库正常运用和南水北调中线工程通水需要，2014 年水利部组织开展了丹江口水库“打非治违”专项执法行动。为进一步巩固和扩大其执法成果，切实加强对丹江口库区及其上游河道（以下统称“丹江口水库”）的管理和保护，确保丹江口水库的防洪安全和供水安全，从 2015 年 3 月起水利部又组织开展了声势浩大的丹江口水库“打非治违”专项执法行动“回头看”活动。

作为“打非治违”专项执法行动和“回头看”活动的具体承担者，水利部长江水利委员会（以下简称“长江委”）高度重视，精心策划，先后联合鄂豫陕 3 省水行政主管部门和相关地方人民政府，制定了翔实的行动方案，并严格按方案规定的时间节点、工作阶段和任务要求，认真组织开展了“打非治违”专项执法行动和“回头看”活动。在活动中，积极探索流域与区域相结合的水行政执法体制，由长江委主导，构建了流域管理机构、地方水行政主管部门、地方人民政府参加的丹江口水库水行政执法联席会议，建立了联席会议制度、联合执法制度和信息通报制度。采用卫星遥感监控技术，对丹江口水库移民征地线及以下 4700 余 km 岸线的水事活动动态进行全面排查、比对解译，对新发现的疑似违建项目及时组织进行现场甄别，建立和完善了水事违法行为全面排查机制。强化执法保障，配备执法船和现场执法设备，建立了库区日常巡查和报告制度，基层水政监察队伍加强日常巡查和监督检查。进一步完善丹江口水库水行政执法联动机制，加强流域管理机构与地方水行政主管部门联合执法，持续组织开展联合执法工作，集中打击、挂牌督办，圆满完成了丹江口水库“打非治违”及“回头看”活动各项工作任务。

“回头看”活动，长江委和3省各级水行政主管部门共发放各类宣传资料5000余份，排查各类涉水建设项目（行为）515个（项），取缔入河排污口94处，查处非法采砂淘金36起，查封、关停各类采砂点（砂场）20处，立案查处各类水事违法行为27件，对12个违法建设项目提出了整改或查处要求；“打非治违”专项执法行动中要求整改的96个项目，整改率达100%，改完成率达到85%以上。

通过上述活动的开展，丹江口水库水事秩序明显好转，水事违法行为高发态势得到有效遏制，整个“打非治违”“回头看”活动成效显著。

潘　泊　执笔

滕建仁　审核

**链接**

# 江苏：改革创新破解水利执法困局

水行政执法体制不清、权责不明，是很多地方历史遗留的痼疾，这也使得执法水平和质量大打折扣，水行政执法的严肃性和权威性受到严重影响。江苏省为此加快推进水行政执法领域改革，全面推进水利综合执法，破解水行政执法领域中存在的多头执法、执法不力、执法不严等问题，努力提高依法治水能力。

为了破解水行政执法中不同部门的执法主体间沟通不畅、执法职能分散的难题，江苏省水利厅出台了《全面推进水利综合执法实施意见》，核心内容第一条就是要求在水利系统内部，将行政处罚、行政征收、行政强制职能集中由水行政队伍负责，做到“一支队伍对外”。把“五个指头”握成“拳头”，将原来分散在不同部门的执法力量集中起来，有效整合执法资源，增强执法合力。水利综合执法改革扭转了过去分头执法的“混乱”和“内耗”，变得更为集中，执法成本大大降低。

如何更好地发挥水行政执法效能，创新执法机制，江苏省各地都开展了积极探索。

镇江市探索开展了河道采砂管理联合执法的新机制，成立了以分管水利的副市长为组长，水利、公安、海事、交通、监察、财政等多个涉江管理部门和单位为成员的禁采江砂工作领导小组，并逐步建立健全了与之配套的各项制度，构成了完整的采砂管理工作制度体系，促使联合执法规范化、常态化。过去时常发生的层层上报等待批示，或多渠道举报泄露消息而延误执法时机的情况大大减少。现在，在治理河道采砂的执法工作中，各部门最大程度实现了资源共享、优势互补，多部门联动的合力得到最大化彰显，保证了长江河势稳定和通航安全。

作为全国水利综合改革试点的苏州市，积极与相关职能部门建立协调联动机制，遇到水利部门难以单独办理的涉水案件，主动联合公检法、住建、监察、纪检、新闻媒体等单位和部门，借助外力查办。

不仅各市拓展执法新广度，江苏省水利厅也着力在省级层面构建部门之间的联合执法机制，在法律框架内开展联合执法。江苏省水利厅与海事、公安、法院、检察、航道、渔业等相关部门建立联席会议制度；对行政执法中暴力抗法行为和涉黑涉恶问题，与公安、检察等部门紧密合作，积极开展“两法衔接”；对长江大量“三无”采砂、运砂船只的处理，会同海事部门，寻求源头控制。强化区域与流域执法力量整合，与太湖流域管理局建立了太湖流域联合执法巡查机制；与沂沭泗水利管理局建立了打击骆马湖、中运河非法采砂联席会议机制；与上海市建立了长江苏沪边界河段采砂管理协作机制等。

有了综合执法体制的保障，有了部门联合执法机制的威慑力，水行政执法工作取得了长足进步。然而，综合执法效果的好坏，考验的关键在执行力。只有实现行政执法与刑事司法的有效衔接，才能对重大水事非法行为真正起到震慑作用。

近年来，江苏省水利厅致力于推进“两法衔接”工作，通过扎实有效的工作，使得原本排在江苏省水利厅成功跻身“两法衔接”计划第二批公布改革名录。

2015 年 8 月 24 日，《水利部门移送涉嫌刑事犯罪案例标准（试行）》已由江苏省行政执法与刑事司法衔接工作联席会议办公室审核通过，并于当日印发执行，成为全国水利系统首家出台水事违法涉嫌刑事犯罪移送司法追责标准的省份。

除此之外，江苏省水利厅还建立了重大水事违法案件会商督办制度，对重点案件实行专题会商和挂牌督办，相关案件在“江苏水利”网站上专栏公示，明确查处单位、时限，定期进行跟踪督办，确保查处到位，有效提升了执法效能。

李先明　李　平　陈　锋　程　瀛　滕红真　李　爽　安天杭　执笔

毕玉娟　审核

# 水利立法工作进展与需求

水利部政策法规司

## 一、2015 年水利立法工作进展情况

2015 年，水利立法工作全面聚焦立法重点，不断完善水法规体系，呈现多点作战、多措并举、机制创新、攻坚克难的特点。

### （一）配合国务院法制办完成《农田水利条例》审查修改工作

《农田水利条例》明确了“农田水利政府主导、科学规划、因地制宜、节水高效、建管并重”的基本原则，建立了规划、建设、管护的主要制度和长效机制。2015 年 11 月 6 日，《农田水利条例》已通过国务院法制办办务会议审议，即将提请国务院常务会议审议。《农田水利条例》颁布实施将填补我国农田水利领域的立法空白，使农田水利事业纳入法治轨道。

### （二）《大中型水利水电工程建设征地补偿和移民安置条例》（修正）报送国务院

为贯彻落实《中共中央国务院关于加大改革创新力度加快农业现代化建设的若干意见》关于“节水供水重大水利工程建设的征地补偿、耕地占补平衡实行与铁路等重大基础设施项目同等政策”的决定，完成《大中型水利水电工程建设征地补偿和移民安置条例》修正案草案起草工作和征求意见工作。2015 年 12 月 8 日，按照国务院立法工作要求，将《大中型水利水电工程建设征地补偿和移民安置条例》修正案草案送审稿及其说明报送国务院审议。

### （三）依法推进水利行政审批制度改革取得重要进展

按照国务院关于精简行政审批项目、规范中介服务等决策要求，配合国务院法制办研究修改法律法规相关条款，组织完成部门规章专项清理。

2015年4月24日，习近平主席签署主席令第23号，公布《全国人民代表大会常务委员会关于修改〈中华人民共和国港口法〉等七部法律的决定》，对《中华人民共和国防洪法》中有关行政审批的条款作出修改。12月16日，陈雷部长签署水利部令第47号，公布《水利部关于废止和修改部分规章的决定》，废止了《水文水资源调查评价资质和建设项目水资源论证资质管理办法（试行）》，修改了《建设项目水资源论证管理办法》等8件规章。《水利部关于高速公路涉水行政审批改革的通知》等规范性文件相继出台。

### （四）加快推进水法规制订

一批重点立法项目取得重要进展。对《节约用水条例》进行深入调研和修改完善，成立了水利部节约用水立法工作领导小组，重点与住建部、国家发展改革委进行立法协调，并成立条例联合起草小组。组织开展了《地下水管理条例》的立法基础工作，取得重要成果，成立了水利部地下水管理立法工作领导小组。为加强河道采砂管理，对《河道采砂管理条例》进一步修改完善，重点与国土资源部、交通运输部进行立法协调。

## 二、当前水利立法工作呈现的新特点

近年来，党中央、国务院对全面推进依法治国、加快建设法治政府提出了更高要求。特别是党的十八届四中全会通过的《中共中央关于全面推进依法治国若干重大问题的决定》（以下简称《决定》）强调“必须坚持立法先行，发挥立法的引领和推动作用，抓好提高立法质量这个关键”。2015年3月15日，全国人大对《中华人民共和国立法法》进行了修改，以提高立法质量为重点，把完善立法体制、健全科学立法、民主立法的机制和程序以及维护法制统一放在更加突出的位置。2015年12月23日，中共中央、国务院印发《法治政府建设实施纲要（2015—2020年）》（以下简称《纲要》），就提高政府立法质量，构建系统完备、科学规范、运行有效的依法行政制度体系提出了5项措施。

### （一）更加重视遵守立法权限

国务院部门起草法律、行政法规和制定部门规章的职责，应当在《中华人民共和国宪法》、《中华人民共和国立法法》和有关法律规定的范围内行使，不能超越法定权限，不能与上位法相冲突，不能设立应当由上位法规定的制度。

### （二）更加重视规范立法程序

依照新修订的《中华人民共和国立法法》的规定，法律、行政法规的立法程序一般包括立项、起草、审查、决定与公布等几个环节。此外，在科学立法、民主立法方面不断提出新要求，如广泛听取各方面特别是人大代表、政协委员、基层行政执法机构、行业协会（商会）、行政管理相对人的意见，建立向社会公开征求意见、立法项目征集论证、立法后评估等制度。与以往相比，立法的要求更高。

### （三）更加重视严控立法项目数量

由于各行业各部门更加重视立法工作，目前立法资源更趋稀缺。近年来，国务院法制办从严控制列入国务院立法工作计划的项目数量和立法质量，一般综合考虑社会关注、实践急需和条件成熟等因素，将立法计划分为三档，在力争完成一档项目、抓紧做好二档项目的前提下，兼顾三档项目。未列入国务院立法工作计划的立法项目，或者不符合要求、不成熟的送审稿，起草部门原则上不得向国务院上报送审稿。

### （四）更加重视严控新设行政许可

为严格行政许可设定，防止行政许可事项边减边增、明减暗增，2013年印发的《国务院关于严格控制新设行政许可的通知》明确提出“今后起草法律草案、行政法规草案一般不新设行政许可，确需新设的，必须严格遵守行政许可法的规定，严格设定标准”。必须转变观念，不再主要依赖事前审批、发证等行政管理方式，不断探索依法运用事中和事后方式管理经济社会事务的途径。

### （五）更加重视部门协调一致

在涉及职责分工的问题上，对于经多次协调相关部门仍不能达成一致意见的立法项目，起草部门原则上不得向国务院上报送审稿。因此，进一步加强立法协调，妥善处理各方诉求，仍将是今后一个时期水利立法工作的重点和难点。

### （六）更加重视立法与改革相衔接

《决定》和《纲要》明确提出，实现立法和改革决策相统一、相衔接。既要注意保持法律法规的稳定性和权威性，又要通过立改废释确保各项改革举措于法有据，主动适应全面深化水利改革和全面加强依法治水管水的需要，坚持立法与改革同步推进，巩固水利改革成果。

## 三、今后一个时期水利立法工作需求展望

为深入贯彻落实《决定》，水利部党组研究制定了《水利部关于全面加强依法治水管水的实施意见》，并于 2015 年 7 月正式印发，提出了完善立法工作机制、突出立法重点、提高立法质量、加强规范性文件的合法性审查与备案管理等构建完备的水法律规范体系的具体措施。这是指导当前和今后一个时期水利法治建设的基本遵循。

2016 年和“十三五”时期水利立法工作的总体思路和工作目标是：深入贯彻落实党的十八大和十八届三中、四中、五中全会精神及习近平总书记系列重要讲话精神，紧紧围绕新时期水利工作方针和水利中心工作，完善立法机制，突出立法重点，提高立法质量，把握规律，抢抓机遇，滚动发展。坚持立改废释并重，力争每年不轮空、不断档、有突破。到 2020 年，形成适合我国国情和水情、内容完整、配套协调的较为完善的水法规体系，使各项涉水事务有法可依，基本满足水利社会管理、公共服务和可持续发展的需要。

### （一）推进依法治水，建设法治水利

《纲要》在完善依法行政制度体系方面提出了五项具体举措：一是强调完善政府立法体制机制，坚持立改废释并举，提高政府立法质量；二是加强重点领域政府立法，实现立法和改革决策相统一、相衔接；三是提高政府立法公众参与度，拓展社会各方有序参与政府立法的途径和方式；四是加强规范性文件监督管理，对规范性文件的制定程序、内容限制、备案审查等作出明确要求；五是建立行政法规、规章和规范性文件清理长效机制。下一步，水利部将按照《纲要》要求，根据部门职责承担并履行好

《纲要》确定的相关任务，做好统筹协调，及时沟通协商，并结合水利改革发展实际，研究制定贯彻落实《纲要》的实施方案，提出时间进度安排和可检验的成果形式。

### （二）突出水利立法工作重点

《纲要》提出“加快推进完善社会主义市场经济体制，发展社会主义民主政治，建设社会主义先进文化，创新社会治理，保障公民权利和改善民生，维护国家安全，保护生态环境和加强政府自身建设等领域的政府立法”。《中共中央 国务院关于加快推进生态文明建设的意见》《生态文明体制改革总体方案》《水污染防治计划》等一系列文件中均要求健全法律法规。综合考虑新形势、新任务和党中央、国务院的要求，水利立法工作要做到“五个适应”，将社会关注、实践急需、条件成熟的立法项目作为新时期水利立法重点。

一是适应经济发展新常态、水资源条件新变化和水利工作新发展的要求，积极开展综合性、战略性水法律制度前期研究，适时启动《中华人民共和国水法》《中华人民共和国防洪法》等法律的修订工作。

二是适应大力推进民生水利的要求，完善农田水利、饮用水安全保障等方面的水法规。

三是适应推进生态文明制度建设和落实最严格水资源管理制度的要求，完善节约用水、地下水管理、水权交易等方面的水法规。

四是适应加强社会治理的要求，完善河湖管理、河道采砂、水利工程管理与保护等方面的水法规。

五是适应强化流域管理的要求，做好流域综合立法和有关单项立法工作。同时，配合国家立法机关，按照简政放权和于法有据的要求，做好水法律法规部分条款的修改工作，并研究做好水利部简化整合投资项目涉水行政审批涉及相关法律法规、部门规章和规范性文件修订工作。

### （三）完善立法工作机制

一是要研究修订《水利部立法工作管理规定》和《水利部规范性文件审查与备案管理办法》，不断完善水法规起草、审查、发布、备案以及解释、修改、废止、汇编等有关程序。

二是要明确立法权力边界，严格按照立法原则和立法权限进行水法规的起草制定，科学合理地规定各相关涉水部门的权力和法定职责。

三是要加强立法协调沟通，始终站在全局的高度，积极与国家立法机关和有关部门联系沟通。

四是要积极配合最高人民法院、最高人民检察院出台司法解释，推动将“河道非法采砂”严重违法行为适用“非法采矿罪”处罚。

**（四）提高立法质量**

一是要贯彻落实《中华人民共和国立法法》，坚持科学立法、民主立法，把提高立法质量作为加强和改进水利立法工作的关键。

二是要完善立法项目征集与论证制度，强化立法项目审查。对立法需求进行科学预测，对立法项目建议进行详细论证，设置立法前评估环节，建立健全专家咨询论证制度，不断改进立法技术，增强立法针对性和可操作性。

三是要完善立法程序，扩大公众参与度。通过中国政府法制信息网、水利部网站等媒体向社会公开征求意见并以适当方式反馈意见采纳情况，采取座谈会、论证会、听证会等多种形式广泛听取有关组织、企业和公民的意见，畅通人民群众有序参与立法的渠道。

四是要建立健全立法后评估制度，及时掌握水法规实施情况。对不适应改革和经济社会发展要求的法律法规规章，要及时修改和废止，提高立法科学性。

刘　洁　执笔
李　鹰　审核

专栏三十

# 全面完成水利系统“六五”普法工作

水利部政策法规司

2011—2015年是“十二五”规划的实施阶段，也是全国“六五”普法规划的实施阶段，按照全国“六五”普法规划和水利系统“六五”普法规划确定的工作目标、重点任务和各项要求，水利部围绕水利中心工作，坚持法治宣传教育与依法治水实践相结合，坚持普法与立法并举、普法与执法并重，精心组织，强化领导，狠抓落实，扎实推进，开展了内容丰富、形式多样的水法治宣传教育活动，取得了显著成效。

## 一、加强组织领导，带头尊法学法守法用法

一是建立领导干部定期学法制度、公务员法律法规知识培训考试制度、重大事项决策前法律咨询制度等，领导干部和工作人员学法用法制度不断健全。

二是制定普法实施规划，及时组织编制印发《全国水利系统法制宣传教育第六个五年规划》，明确了水利“六五”普法工作的指导思想、工作原则、学习宣传的主要内容、具体任务与对象、工作步骤与安排、保障措施等，将法治宣传教育工作纳入部党组工作总体规划，将法律法规知识纳入水利系统干部职工学习教育和各级中心组学习内容，常抓不懈。

三是自查与督导结合，加强普法验收。2013年水利部普法办组织“六五”普法中期检查，实现了普法工作的“二次推进、再次发力”，并就各单位“六五”普法前期工作开展情况进行督查评比；2015年水利部普法办组织进行“六五”普法终期验收督导，全面总结了水利“六五”普法法治宣传的成效。

## 二、紧扣水利中心工作，保障水利改革发展

全国水利系统十分注重围绕中心工作大力宣传水法规、宣传水利改革发展的巨大成就以及珍惜、保护水资源的重要意义，提高依法治水、管水、用水意识。

一是注重普法宣传与水行政执法相结合。出台《水利部关于加强水政监察工作的意见》等，要求全体水行政执法人员，在查处水事违法案件、调处水事纠纷的同时，向当事人进行水法治宣传教育，以增强其知法、守法的自觉性，对一些典型案件，向当事人和社会各界做好以案释法的工作，取得“查处一案、教育一片”的效果。

二是注重普法宣传与水利中心工作相结合。围绕中心工作，把普法宣传教育与防汛抗旱、重大水利工程、农村饮水安全等民生水利工程建设紧密结合。

三是注重普法宣传与法律服务相结合。设立信息公开大厅，在部网站开设水利部政务公开栏目，主动公开政务信息，宣传法律法规，更好地提供政府信息公开服务，方便公民、法人和其他组织获取政府信息。

## 三、创新普法宣传形式，打造普法宣传新载体

不断创新普法宣传新载体，大力发挥手机报、微博、微信、客户端、微视等新兴媒体在新时期普法宣传工作中的作用，选树一批学习运用新媒体的先进典型，不断提升应对新媒体、掌握新媒体、运用新媒体的示范效应。不断创新普法新理念，努力拓展与群众文化生活贴近的宣传方式，加大普法宣传工作创新力度，形成特色，打造水利普法新品牌。不断丰富宣传内容，结合人民群众的新期待、新需求，增强法治宣传教育的针对性、实用性。创新完善普法宣传体制机制，强化“一把手”主体责任，大力加强法治人才建设，着力夯实基层法治基础，进一步提高法治宣传教育的实际效果。

## 四、水法治文化特点鲜明，行业特色逐步形成

水利系统普法宣传历经30年，逐步形成了以行业特色为主线条的水法

治文化宣传体系。

一是以纪念“世界水日”“中国水周”主题活动为重点的水法治文化宣传体系已基本形成。经过20多年的努力，“世界水日”“中国水周”已经成为我国水利公益性宣传和水利法治宣传最重要的平台之一，全国水利系统在“世界水日”“中国水周”期间，展开集中式普法宣传，形成多媒体、全覆盖的普法宣传特色，在增强全社会水法治观念和水忧患意识方面发挥了重要作用。

二是“人·水·法”品牌得到社会认可。水利部连续多年组织摄制普法栏目剧“人·水·法”系列法治宣传片，以案说法、以案释法，并在共产党员网上播出，深受社会各界好评，已成为水利普法的重要品牌，其中《暴雨将至》《江豚的微笑》等电视剧在2015年CCTV－12社会与法频道播出后反响热烈。同时，中国水利报和水利部网站设立“人·水·法”普法专刊和专栏，扩大了普法品牌的覆盖面及影响力。

三是以沿河、沿湖为特色的水法治文化宣传体系逐步建立。沿水系建设的宣传水法规的法治文化长廊、法治文化主题公园、法治文化主题广场等已成为周边群众休闲娱乐的重要场所，逐步实现“宣传方式多样化、宣传内容具体化、宣传力度最大化、宣传效果最佳化”。

刘宇敏　执笔

李　鹰　审核

专栏三十一

# 2015年"世界水日""中国水周"宣传活动开展情况

水利部政策法规司

2015年3月22日是第二十三届"世界水日"，3月22—28日是第二十八届"中国水周"。联合国确定2015年"世界水日"的宣传主题是"水与可持续发展"。经水利部研究确定，我国纪念2015年"世界水日"和"中国水周"活动的宣传主题为"节约水资源，保障水安全"。其主旨是深入贯彻落实习近平总书记提出的新时期水利工作方针，不断促进社会各界更加惜水爱水、节水护水，推动贯彻实施最严格的水资源管理制度，切实保障国家水安全。

围绕宣传主题，结合我国水情，在纪念"世界水日""中国水周"宣传活动期间，水利部组织开展了系列宣传活动。

一是在《人民日报》《中国水利报》和水利部网站等媒体上发表了陈雷部长的署名文章"节约水资源，保障水安全"。

二是于2015年3月20日召开新闻发布会，围绕"世界水日""中国水周"宣传主题发布相关内容。

三是发布主题宣传画2张、宣传口号20余条，出版发行《世界水日·中国水周特刊》等宣传材料。组织各流域机构，各省、自治区、直辖市水利（水务）厅（局）和新疆生产建设兵团水利局开展了多种多样的宣传活动。

四是组织新闻媒体开展集中宣传。组织中央媒体围绕水安全保障、水生态文明建设等进行宣传报道；《中国水利报》（杂志、网站）开展集中宣传，水利部网站开展专题报道，宣传国情水情，宣传水利法治建设，营造良好法治环境。

五是组织开展节水公益宣传活动。组织摄制节水爱水公益广告，并在中央电视台播出，同时积极开展节水科普宣传进校园等公益活动。

六是组织开展水利“六五”普法优秀影像作品征集展示活动。水利部普法办组织征集评选水利立法、执法、普法等方面的优秀影像作品，并组织展览和网络展示，宣传水利法治建设和普法依法治理成效。

七是组织编辑制作发放《人·水·法》普法宣传片集萃，各单位根据实际情况组织播放，推动水利“六五”普法工作深入开展。

刘宇敏　执笔

李　鹰　审核

# 能力建设篇

# 水利科技创新成效

水利部国际合作与科技司

## 一、水利科技快速发展，支撑引领作用不断加强

2015年，水利科技工作深入贯彻落实创新驱动发展战略，紧密围绕水利改革发展需求，深化水利科技体制改革，着力加强科技创新，不断推进水利科技创新体系建设，在研究开发、科技推广和技术监督等方面均取得明显成效，为水利改革发展提供了有力的科技支撑和保障。

### （一）水利科技重大研究与技术引进推广成果突出

一是重大水利科技成果不断涌现。2015年，“水库大坝安全保障关键技术研究与应用”荣获国家科技进步一等奖，“海量数据驱动的水文多要素监测预报关键技术与应用”等3个项目荣获2015年度国家科技进步二等奖。在目前国家科技奖授奖数量大幅压缩的情况下取得如此成绩，标志着水利科技创新取得长足进展和重大突破，支撑水利改革发展能力不断加强。

二是国家级科技项目立项取得新进展。新增“规模化农业综合节水技术集成与示范”“大型灌排机械设备研制与开发”等国家科技支撑项目2项，以及“基于3DLIF技术的大范围水体三维标量场测量仪器研制”国家重大科研仪器研制计划项目1项。截至目前，由水利部有关单位牵头承担的“十二五”国家科技计划项目已有19项，总经费达6.3亿元，项目数量和经费总量均比“十一五”均有较大增长。2015年水利部公益性行业科研专项新增项目37个，经费1.9亿元，全部按计划启动实施。

三是技术引进与推广转化不断加强。积极落实中央财经领导小组第五次会议精神，与科学技术部联合印发《节水治污水生态修复先进适用技术目录》和《国家水安全创新工程实施方案》。加大节水、治污、水生态修

复等先进技术引进与推广转化项目的顶层设计与定向组织，充分利用水利部“948”计划、科技推广计划，持续跟踪国际水利科技前沿，重点引进“堤坝隐患数字化检测设备”等50余项先进技术和设备，推广转化“低功耗节能型滴灌及现代管理技术”等90余项先进实用科技成果。通过开展各类技术交流推介活动，加大新技术宣传、培训和推广应用力度，水利行业科技含量显著提高。

### （二）水利科技改革与平台建设卓有成效

一是涉水重点专项凝练取得重要进展。积极参与国家科技计划管理改革和任务部署，经费达24亿元的“水资源高效开发利用”重点专项列入国家2016年优先启动的29个重点专项之一，水旱灾害监测预警与防范、水土保持等重大科技问题在其他重点专项中也得到充分体现，“十三五”国家重点研发计划涉水重点专项组织工作取得重大突破，为今后一个时期组织开展水资源领域重大科技问题研究奠定了基础。

二是科研条件平台建设稳步推进。稳步推进国家、流域和地方三个层次科技创新中心建设，编制实施科研能力建设规划，不断强化重点实验室及工程中心建设与管理。在评估基础上，召开重点实验室及工程中心主任座谈会，研究进一步加强运行管理的措施和要求。截至目前，水利系统已建成国家重点实验室2个、国家工程技术研究中心2个以及部级重点实验室10个、部级工程技术研究中心13个，部分实验室和工程中心的综合科研能力达到国际先进水平。“流域水循环模拟与调控国家重点实验室”2015年被科学技术部评为优秀。

三是科技体制改革不断深入。水利部作为部际联席会议成员单位，积极参与国家科技计划管理改革，研究制订了水利科技体制改革方案，开展了国内外科技管理体制机制政策研究，完善了科研项目立项机制与组织管理。水利部下属非营利性科研机构在学科调整、机制转换、人才培养和制度创新等方面取得明显成效，综合实力显著提高。研究制定部属转制科研机构纳入事业单位分类改革方案，积极推进转制科研机构重新分类定性。

### （三）水利科技管理与技术咨询取得实效

一是水利科技项目管理水平全面提高。进一步强化科技项目顶层设计，以行业改革发展、流域综合治理和区域协调发展三个层次的重大科技需求为导向，积极引导科研人员聚焦生产应用中的重点难点问题，有针对性地开展研究攻关。继续强化在研项目管理，组织开展各类科技计划项目的中期评估检查，同时委托专业机构对部分重大项目尤其是外协经费进行重点审计，组织项目负责人进行培训，项目延期率大大降低，经费使用更为规范，项目质量明显提高。继续推进项目集中验收和鉴定，进一步提高科学性与公正性。严格执行科研诚信制度，将失信行为记入信用档案，对严重失信科研单位和科技人员采取了约谈、暂停科技项目申请资格等措施。

二是科技委技术咨询作用进一步发挥。共开展4次重大调研咨询活动：联合民盟中央组织开展“汉江流域水资源可持续利用”专题调研活动，还组织开展了“国土江河综合整治试点”“滇中引水工程”等调研咨询活动，召开城市防洪及模型应用技术研讨会。在调研咨询过程中，专家们深入现场分析问题，提出了许多重要意见和建议，有力推动了相关重大问题的解决，为水利科技发展发挥了重要作用。

### （四）水利技术监督工作稳步推进

一是制定发布一批重要技术标准。共发布行业标准54项，报批国家标准11项，水利技术标准已覆盖水利工作的所有领域，技术标准对新时期水利改革与发展重点任务的保障力度不断加大。完善并实施标准月报通告制度、重点项目督办制度、严重滞后项目约谈制度，标准制修订项目执行进度不断加快。强化强制性条文、标准名称等英文翻译以及标准化初审工作。完善专家审查论证机制，规范年度计划立项论证会和报批稿审定会。

二是切实加强标准实施与监督。按照制定实施并重的原则，进一步加大标准宣贯培训和实施力度，共安排标准宣贯培训和示范推广项目6项，培训人数约500人。加强水利工程建设标准强制性条文专项监督检查，强化标准与认证、工程稽察等工作的协同，标准的实施对服务水利中心工作发挥着日益重要的作用。

三是大力推进标准国际化。切实加强水利标准国际化调研，编制完成水利技术标准国际化发展规划。19项标准英文版出版发行，中国水利标准在亚非拉部分国家的流域综合规划、工程设计、施工管理等领域得到应用，水利技术标准国际化取得突破性进展，为更好地服务中国水利企业走出去提供有力保障。

四是全面做好计量认证工作。组织完成43家检验检测机构的评审任务，派出现场评审组43次、评审员和技术专家约210人次。完成6家质检机构的标准变更审核及19家质检机构人员变更备案工作。完成94家水利检验检测机构资质认定专项监督检查自查和统计工作。推进国家级标准物质开发研制，广泛应用于水环境质检机构的水资源监测和质量控制与考核工作。在水量计量量值溯源体系及关键技术标准、渠道流量计量等领域开展了应用基础研究并取得实效。

## 二、2016年水利科技工作思路

2016年水利科技工作要全面贯彻落实党的十八大和十八届三中、四中、五中全会精神，紧密围绕水利中心工作，大力推进水利科技体制改革，健全水利科技创新体系，深入开展重大科技问题研究和成果推广，全面做好技术监督工作，努力争取在重点领域和关键环节实现新突破。

### （一）全面深化水利科技体制改革

一是扎实做好创新驱动发展战略在水利领域的顶层设计和组织实施，转变传统科技管理理念和组织方式，重点做好水利科技发展战略、规划、政策、标准的制定和实施，并研究提出进一步加强水利科技创新的若干意见。二是按照新的科技计划体系，抓好水利重大科技问题的梳理，使水利重大科技需求在新的国家科技计划体系中得到充分体现。三是指导非营利科研单位参加事业单位分类改革，积极推进水利部下属4个转制科研机构历史遗留问题的解决。

### （二）深入开展水利重大问题研究和成果推广

一是积极做好“水资源高效开发利用”重点专项启动工作。紧密结合京津冀协同发展、长江经济带、“一带一路”等国家三大战略，以及172项重大水利工程建设的科技需求，协助科技部组织好“水资源高效开发利用”重点专项指南的编制工作，积极争取2016年在重点专项中优先启动一批重大项目。二是继续抓好在研重大科技项目研究。重点抓好国家科技计划和公益性行业专项等重大项目，加强联合攻关和协同创新，力争取得一批高水平的研究成果。三是进一步加大成果推广转化与宣传力度。完善水利科技推广的相关配套政策，做好水利技术示范项目的组织凝练，积极打造先进实用水利技术宣传推广平台，加强技术推介与培训。

### （三）大力推进水利科技创新体系和平台建设

一是继续从国家、流域、地方三个层面构建布局合理、人员精干的水利科技创新体系，并完成落实好《水利科研能力建设“十三五”规划》。二是加强重点实验室与工程技术研究中心运行管理，进一步研究评价指标体系，完善评价标准，并继续开展评估工作。三是加强科研仪器设备的运行管理与开放共享。调研提出水利行业科研仪器设备运行维护管理办法，建立健全开放共享、互惠互利的运行管理模式。

### （四）不断提高水利科技管理水平

一是要求各级管理部门切实负起项目归口管理责任，做好在研项目的日常管理和督导检查。项目承担单位要强化法人责任，建立常态化的自查自纠机制，严肃处理科技项目违规行为。二是实现科技项目检查、评估制度化和常态化，严格执行重大事项变更报告制度，项目变更要严格执行报批程序，无法正常继续实施的项目坚决中止。三是继续加大项目管理培训力度，对科技项目负责人、科技和财务管理人员开展相关政策的辅导和培训，提高项目执行和管理水平。

### （五）继续加强水利科技人才培养力度

一是完善科技人才培养、选拔和任用机制，激发科技人员活力。二是结合重大水利科技项目实施，统筹项目、基地和人才建设，加快造就一批具有世界前沿水平的科技领军人才和创新团队，并加强基层技术人员的培训。三是建立健全科研活动行为准则和规范，强化科研人员的诚信意识和社会责任。

### （六）全力做好水利技术监督工作

一是按照国务院关于《深化标准工作改革方案》的要求，抓好强制性标准的相关工作，提高推荐性标准制修订质量和效率，推进团体标准试点管理改革。二是加大《水利技术标准体系表》实施力度，做好顶层设计。三是加强制度建设，完善过程管理，进一步提高标准编写质量。四是加快推进水利技术标准国际化发展战略，为更好地服务中国水利企业走出去打下坚实基础。五是开展水利资质认定信息化平台建设，为实现精细化和科学管理创造条件。六是平稳推进水利检验检测机构整合，促进引导水利检验检测做大做强。

刘咏峰　王　伟　朱寿峰　执笔

吴宏伟　审核

专栏三十二

# 2015年大禹水利科学技术奖获奖名单

中国水利学会

| 序号 | 奖项 | 项目名称 | 主要完成单位 | 主要完成人员 |
| --- | --- | --- | --- | --- |
| 1 | 特等奖 | 气候变化对旱涝灾害的影响及风险评估技术 | 中国水利水电科学研究院、水利部交通运输部国家能源局南京水利科学研究院、河海大学、东北师范大学、东华大学、北京师范大学、北京林业大学、郑州大学、辽宁师范大学 | 严登华、王浩、张建云、杨志勇、钟平安、赵勇、宋新山、张继权、王国庆、翁白莎、鲁帆、秦天玲、王军、李传哲、张诚、叶茂、袁喆、鲍振鑫、杨贵羽、刘翠善、肖伟华、王小军、万金红、刘艳丽、翟家齐、邵薇薇、梁忠民、金君良、冯杰、王宇辉、赵志轩、丁相毅、于赢东、贺瑞敏、刘少华、田雨、关铁生、陈根发、邢子强、张冬冬、佟志军、陈向东、赵晓祥、尹军、张萍、白军红、张学霞、张金萍、曹永强、许钦 |
| 2 | 一等奖 | 连续预应力组合结构理论与实践 | 水利部交通运输部国家能源局南京水利科学研究院、河海大学 | 胡少伟、张燎军、喻江、赵克宇、龚洪波、叶祥飞、张汉云、范向前、陆俊、乔艳敏、夏菲菲、梅振华、朱锡昶 |

续表

| 序号 | 奖项 | 项目名称 | 主要完成单位 | 主要完成人员 |
|---|---|---|---|---|
| 3 | 一等奖 | 城市泵站水力优化设计及水锤防护关键技术研究与应用 | 河海大学、上海市城市排水有限公司、上海黄浦江上游原水有限公司、辽宁省大伙房水库输水工程建设局、上海市政工程设计研究总院（集团）有限公司、南京河海科技有限公司 | 徐辉、张健、冯建刚、郑源、曲兴辉、陈毓陵、徐月江、王晓升、俞晓东、佟宏伟、王如华、郑国兴、胡建永、周大庆、张睿 |
| 4 | 一等奖 | 水利应急响应遥感智能服务平台 | 武汉大学、水利部水利信息中心 | 孟令奎、陈德清、张文、王伶俐、曹辉、付静、张鹏林、谢文君、余长慧、杨非、黄长青、张奇为、黄伟、樊志伟、王锐 |
| 5 | 一等奖 | 干旱灾害风险评估与调控关键技术研究 | 水利部水利水电规划设计总院、中国水利水电科学研究院、水利部交通运输部国家能源局南京水利科学研究院、清华大学、合肥工业大学、河海大学、北京师范大学、中水北方勘测设计研究有限责任公司、水利部长江水利委员会 | 李原园、梅锦山、郦建强、杨大文、金菊良、梁忠民、武建军、刘学峰、吴强、张海滨、李爱花、徐翔宇、屈艳萍、顾颖、万群志 |
| 6 | 一等奖 | 大型农业灌区节水改造工程关键支撑技术研究 | 中国水利水电科学研究院、中国农业大学、中国灌溉排水发展中心、武汉大学、西北农林科技大学、中国农业科学院农田灌溉研究所、河北省灌排供水技术服务总站、内蒙古自治区水利科学研究院 | 高占义、许迪、龚时宏、许建中、黄介生、马孝义、刘群昌、黄修桥、徐志昂、高本虎、程满金、刘钰、王少丽、霍再林、高黎辉 |

续表

| 序号 | 奖项 | 项目名称 | 主要完成单位 | 主要完成人员 |
|---|---|---|---|---|
| 7 | 一等奖 | 基于水沙过程的典型多面源营养物质输移机理与生态防治 | 长江水利委员会长江科学院、中国科学院测量与地球物理研究所、武汉大学、三峡地区地质灾害与生态环境协同创新中心、清华大学、中科院成都山地灾害与环境研究所、武汉长建创维环境科技有限公司、南开大学 | 杨文俊、杜耘、洪松、汤显强、张亮、王振华、黄岁樑、吴敏、庄艳华、李健、李青云、曾祥、王兴奎、朱波、潘保柱 |
| 8 | 一等奖 | 长江防洪模型建设关键技术研究及应用 | 长江水利委员会长江科学院、长江勘测规划设计研究院、中南建筑设计院股份有限公司、中国水利水电科学研究院、清华大学、中国建筑第八工程局有限公司、武汉理工大学 | 郭熙灵、卢金友、胡春宏、朱勇辉、王敏、李霆、李世洪、李飞、孙贵洲、汪红英、钟德钰、范北林、魏国远、阳远硬、渠庚 |
| 9 | 二等奖 | 黄河水沙调控体系建设规划关键技术研究 | 黄河勘测规划设计有限公司、黄河水利委员会规划计划局、中国水利水电科学研究院、黄河水利委员会黄河水利科学研究院 | 王煜、李海荣、安催花、张俊峰、万占伟、胡春宏、赵麦换、崔萌、赵银亮、钱裕 |
| 10 | 二等奖 | 南水北调中线大流量预应力渡槽设计和施工技术研究 | 武汉大学、长江勘测规划设计研究院、南水北调中线干线工程建设管理局、河海大学、河南省水利勘测设计研究有限公司、南水北调工程建设监管中心、武汉理工大学 | 曹为民、王长德、谢向荣、夏富洲、吴胜兴、冯光伟、庞敏、吴德绪、冯晓波、李正农 |

续表

| 序号 | 奖项 | 项目名称 | 主要完成单位 | 主要完成人员 |
|---|---|---|---|---|
| 11 | 二等奖 | 陡高边坡危岩崩塌断裂演化机制与减灾关键技术 | 三峡大学、重庆交通大学、中国科学院水利部成都山地灾害与环境研究所、重庆地质矿产研究院 | 陈洪凯、唐红梅、叶永、邓华锋、彭辉、王全才、叶四桥、蔡宜洲、姚金阶、杨铭 |
| 12 | 二等奖 | 大型输水工程参数辨识及安全调控关键技术 | 中国水利水电科学研究院、合肥工业大学、北京市水利规划设计研究院、北京市南水北调工程建设管理中心 | 杨开林、汪易森、王军、石维新、郭新蕾、王涛、郭永鑫、付辉、房彦梅、仇文顺 |
| 13 | 二等奖 | 南水北调中线水源地面源污染追踪模拟技术研究 | 长江水资源保护科学研究所、水利部交通运输部国家能源局南京水利科学研究院、华中农业大学 | 尹炜、史志华、施勇、贾海燕、蒋固政、雷阿林、杨国胜、王孟、杨芳、裴中平 |
| 14 | 二等奖 | 城市洪涝形成机理与防治关键技术研究及示范 | 中国水利水电科学研究院、上海市防汛信息中心 | 程晓陶、李娜、冯杰、陈升、王静、杨志勇、王艳艳、杜晓鹤、刘家宏、田庆奇 |
| 15 | 二等奖 | 珠三角城镇水生态修复关键技术与示范 | 珠江水利委员会珠江水利科学研究院、水利部珠江河口动力学及伴生过程调控重点实验室、北京大学、广州市水务规划勘测设计研究院 | 杨芳、陈文龙、崔树彬、胡晓张、陈梅、汪义杰、蒋然、宋利祥、李杰、叶正芳 |
| 16 | 二等奖 | 高污染城市河流综合治理技术集成创新研究及示范 | 深圳市水务工程建设管理中心、深圳市水务规划设计院、天津大学 | 杨智敏、郭延军、黄奕龙、王晓玲、李建州、毛雪慧、黄玉嫦、李朝方、敖雪菲、王健 |

续表

| 序号 | 奖项 | 项目名称 | 主要完成单位 | 主要完成人员 |
| --- | --- | --- | --- | --- |
| 17 | 二等奖 | 大型水电工程水库地震研究与监测 | 长江勘测规划设计研究有限责任公司、中国长江三峡集团公司、中国地震局地震研究所、中国水利水电科学研究院、长江三峡勘测研究院有限公司（武汉）、水利部长江勘测技术研究所 | 石伯勋、姚运生、曾新平、胡兴娥、汪雍熙、陈德基、梅应堂、刘富、陈磊、刘文清 |
| 18 | 二等奖 | 黄河冲积性河段主槽演变机理及治理措施 | 黄河水利委员会黄河水利科学研究院、清华大学、水利部黄河泥沙重点实验室 | 张原锋、吴保生、刘晓燕、申冠卿、曲少军、侯素珍、王平、夏军强、傅旭东、林秀芝 |
| 19 | 二等奖 | 变化环境下鄱阳湖区水文水资源研究与应用 | 长江水利委员会水文局、武汉大学、江西省水文局、三峡大学 | 王俊、郭生练、谭国良、吕孙云、郭海晋、李国文、郭家力、徐高洪、喻中文、黄燕 |
| 20 | 二等奖 | 城市水资源精细化动态管理方法及立体监测技术研究与示范 | 北京市水务信息管理中心、中国水利水电科学研究院、二十一世纪空间技术应用股份有限公司 | 唐锚、田雨、戴育华、刘梅、蒋云钟、张小娟、刘林、张亮杰、杨明祥、郑丽 |
| 21 | 二等奖 | 农村水电效率分析与增效关键技术研究与示范 | 水利部农村电气化研究所、浙江工业大学、国际小水电中心、浙江同济科技职业学院、杭州富春江水电设备有限公司 | 李志武、陆亿红、张仁贡、谭湘清、黄德才、吴玉泉、吕建平、陈星、王英姿、金华频 |

续表

| 序号 | 奖项 | 项目名称 | 主要完成单位 | 主要完成人员 |
|---|---|---|---|---|
| 22 | 二等奖 | 大型潜水泵站关键技术研究与应用 | 中国灌溉排水发展中心、中山市水利水电勘测设计咨询有限公司、合肥恒大江海泵业股份有限公司、广州市水务规划勘测设计研究院、天津甘泉集团有限公司、广东省水利水电行业协会 | 许建中、吕建新、古智生、李端明、林剑青、吴寿荣、邓悌康、李娜、李县林、段彦 |
| 23 | 二等奖 | 基于云计算的水利物联网集成在山东的应用研究 | 山东省水利信息中心、山东锋士自动化系统有限公司 | 李光、孙启玉、刘汉刚、葛召华、刘玉峰、郭玉栋、金丽、王茜、张金勇、庄磊 |
| 24 | 三等奖 | HJXK－1型超长边坡渠道削坡开槽机的研制与应用 | 黄河建工集团有限公司 | 林彦春、曹为民、高长海、杨小东、尚永立、孟北方、吕连盛 |
| 25 | 三等奖 | 我国水利技术标准国际化研究与实践 | 水利部产品质量标准研究所、水利部发展研究中心、中国水利学会 | 吴燕明、郑寓、金海、吴宏伟、吴剑、王建平、李建国 |
| 26 | 三等奖 | 浅水域堆积体精准探测技术研究与应用 | 安徽省（水利部淮河水利委员会）水利科学研究院、河海大学 | 余金煌、崔德密、王强、蒋甫玉、孟繁瑾、郑宗文、杨鳌 |
| 27 | 三等奖 | 高扬程梯级泵站能耗评估及节能关键技术研究 | 华北水利水电大学、兰州理工大学、甘肃省景泰川电力提灌管理局 | 徐存东、侯慧敏、张先起、贾广钰、樊建领、韩立炜、张宏洋 |
| 28 | 三等奖 | 南方红壤坡面径流调控与集蓄利用技术的推广应用 | 江西省水土保持科学研究院 | 方少文、杨洁、胡建民、汪邦稳、宋月君、陈晓安、肖胜生 |

续表

| 序号 | 奖项 | 项目名称 | 主要完成单位 | 主要完成人员 |
|---|---|---|---|---|
| 29 | 三等奖 | 南方地区农田水利田间工程关键技术集成与应用推广 | 江苏省农村水利科技发展中心、扬州大学、江苏省水利厅、高邮市水利技术推广服务中心、如皋市农田水利试验站 | 程吉林、蔡勇、樊峻江、袁承斌、陈辉、臧玉淼、汤建熙 |
| 30 | 三等奖 | 农村生活污水多段生物滤池组合深层布水人工湿地处理技术研究及应用 | 张家港市水资源管理处、北京大学 | 籍国东、卫臻、隋欣、张磊、张剑、卫晓露、张凤军 |
| 31 | 三等奖 | 江西省主要作物灌溉用水定额研究与应用 | 江西省灌溉试验中心站、武汉大学 | 许亚群、刘方平、崔远来、袁国荣、陈云翔、谢亨旺、才硕 |
| 32 | 三等奖 | 再生水作为河湖生态用水对地下水环境的影响及其风险防范 | 北京市水科学技术研究院、中国农业大学、中国地质大学（北京）、中国科学院地理科学与资源研究所 | 李其军、孟庆义、郑凡东、李云开、刘立才、李炳华、杨培岭 |
| 33 | 三等奖 | 全断面岩石掘进机高效应用技术 | 水利部科技推广中心、华北电力大学、北京建筑大学、北京振冲工程股份公司 | 曹景华、张照煌、窦蕴平、纪昌明、吴志勇、马燕明、李福田 |
| 34 | 三等奖 | 水文自动测报系统集成整合关键技术研究与应用 | 江苏省水文水资源勘测局、水利部南京水利水文自动化研究所、国网电力科学研究院 | 柏屏、王美玲、丁强、孙京忠、曹年红、曹晓宁、李刚 |
| 35 | 三等奖 | 南水北调工程基础信息系统建设关键技术研究 | 黄河勘测规划设计有限公司 | 宗志坚、陶付领、霍建伟、高庆方、孙登可、牛卫华、刘豪杰 |

续表

| 序号 | 奖项 | 项目名称 | 主要完成单位 | 主要完成人员 |
|---|---|---|---|---|
| 36 | 三等奖 | 高精度多时钟源卫星统一对时系统的研究与应用 | 中国水利水电科学研究院、中国长江三峡集团公司长江电力葛洲坝电厂 | 陶林、杜波、李伟、张亚明、袁平路、孙钢、郭超一 |
| 37 | 三等奖 | 三峡升船机高精度测量技术研究 | 水利部水工金属结构质量检验测试中心、中国长江三峡集团公司、水利部综合事业局 | 李东明、路卫兵、盛旭军、金海军、李智、靳红泽、刘攀 |
| 38 | 三等奖 | 深圳-香港界河潮汐洪水精测及耦合预报技术 | 长江水利委员会水文局、湖北一方科技发展有限责任公司 | 刘东生、李键庸、熊明、徐剑秋、刘泽文、梅军亚、张潮 |
| 39 | 三等奖 | 黄河万家寨水库防凌运用方式研究 | 黄河水文水资源科学研究院、黄河水利委员会水文水资源信息中心、黄河水利委员会防汛办公室、黄河万家寨水利枢纽有限公司、黄河水利委员会黄河水利科学研究院 | 翟家瑞、金双彦、熊运阜、钱云平、刘吉峰、李书霞、赵咸榕 |
| 40 | 三等奖 | 淮河中游枯水期水资源配置及调度研究 | 安徽省·水利部淮河水利委员会水利科学研究院（水利水资源安徽省重点实验室）、淮河水利委员会水文局（信息中心）、天津大学、安徽淮河水资源科技有限公司 | 王式成、王振龙、苑希民、陈竹青、钱筱暄、许一、李金冰 |

赵　晖　执笔

吴伯健　审核

# 水利国际合作进展

水利部国际合作与科技司

## 一、水利国际合作广泛开展，国际影响力不断增强

2015年，水利国际合作围绕水利中心工作和大局，精心策划，努力进取，广泛开展对外交流合作，助力水利改革与发展，水利国际合作成果丰硕。

### （一）水利对外交流合作不断深化

一是水利双边合作广泛开展。牢牢把握“大国是关键，周边是首要，发展中国家是基础，多边是重要舞台”的外交方针，加强与美国、英国、澳大利亚、韩国、厄瓜多尔等20个国家水利部门的友好合作，圆满完成高层互访27次。与德国、秘鲁、厄瓜多尔、爱尔兰等4个国家签署水资源领域合作谅解备忘录。组织召开“中国—南非水资源委员会第4次会议”“第20届中韩水资源交流会”“中法水资源与水务管理联合指导委员会第3次会议”“第四届中澳高层水政策研讨会”等8次双边固定交流机制会议。首次举办中日韩三国水管理改革创新青年专家研讨会。

二是水利多边合作富有成效。水利部陈雷部长出席第四届中欧水资源交流平台高层对话会，会议通过了《2015年中欧水资源交流平台高层对话会联合宣言》和《中欧水资源交流平台2015—2017年工作计划》。陈雷部长会见欧盟环境、海洋事务和渔业委员卡梅奴·维拉（Karmenu Vella），双方就进一步加强中欧在水资源领域的交流与合作进行了深入探讨。中日韩三国举行水利部长会议并发表《关于水政策创新合作的联合声明》。举办中日韩青年水利专家交流活动，促进技术和政策交流，为三国进一步推动水利合作奠定良好基础。

三是国际项目合作不断加强。“中国巴基斯坦小型水电技术联合研究

中心”全面建成，习近平主席和巴基斯坦总理纳瓦兹·谢里夫（Nawaz Sharif）为中心揭牌。亚洲开发银行技术援助“干旱管理战略研究项目”获财政部和亚洲开发银行杰出成就奖。世界银行贷款“云贵鄂渝水土保持项目”竣工验收。亚洲开发银行技术援助“中国水行业发展研究项目”正式启动。全球环境基金“中国小水电增效扩容改造增值”“海河流域水资源与水环境综合管理推广”等项目取得重要进展。中瑞、中法、中荷合作项目进展顺利。

四是水利“走出去”和援外工作成效显著。水利科研、设计、施工单位在拉美、非洲承担的水资源综合规划、水利水电规划设计、水利水电工程建设项目范围规模不断扩大，工程合同额较 2014 年增加 25%，境外安全不断加强。举办“发展中国家水资源管理及开发规划部级研讨班”，以及 13 期小水电和水资源培训班，为发展中国家培训 300 多名技术人员。根据中央总体部署，大力推动水利领域“一带一路”研究，组织制订实施方案，明确部内分工，全面推进项目建设。

### （二）国际重大水事活动亮点纷呈

一是积极参与和组织重要国际水事活动。水利部陈雷部长出席联合国秘书长水与卫生顾问委员会会议，全方位开展水外交。水利部承办世界水理事会董事会会议，陈雷部长出席并致辞。水利部矫勇副部长出席第七届世界水论坛，主持“水—能源—粮食纽带关系”部长级圆桌会议。水利部刘宁副部长出席第五届河口海岸国际研讨会。水利部连任世界水理事会执行局成员，中国水利水电出版社当选世界水理事会董事。

二是紧密围绕 2015 年后可持续发展议程开展工作。2015 年是联合国 2015 年后可持续发展议程制定工作的关键时期，水利部精心筹划、统筹安排，利用重要国际会议和国际水事活动，积极提出中国的意见和建议。同时，通过外交渠道多次明确提出建议在联合国 2015 年后可持续发展议程中设立单独水目标的有关考虑和立场建议，并积极推动联合国 2030 年可持续发展议程设立单独水目标。

三是大力推动国际组织建设。民政部批复同意世界水土保持协会秘书处在中国注册，这是继国际小水电联合会、世界泥沙研究协会、国际沙棘协会之后第4个经国务院批准、挂靠水利部管理的国际组织总部。水利部专家已先后担任国际大坝委员会、国际灌排委员会、国际水资源协会、国际沙棘协会、国际小水电网络组织、世界水土保持协会等6个国际水组织主要负责人，这是当今中国水利国际地位的具体体现，充分表明中国水利科技水平走在世界前列。

### （三）跨界河流涉外工作稳步开展

一是稳步推进跨界河流涉外谈判。组织完成63次各层级跨界河流谈判、专家会晤及联合考察，既坚决维护中国水资源核心利益，又服务周边外交大局。组织召开中哈跨界河流联委会第十三次会议，中哈跨界河流分水协议草案磋商取得阶段性成果。参与了习近平主席访哈，哈总统、总理访华等重要政治文件涉水问题的磋商。有序推进中俄跨界水联委会相关工作，积极推动黑龙江河道断面联合测量、水文过境测流和水文报汛等基础工作。中印两国续签关于中方向印方提供朗钦藏布—萨特莱杰河汛期水文资料的谅解备忘录。中蒙、中朝等跨界河流合作稳步开展。

二是大力开展水利救灾外交。落实习近平主席、李克强总理有关指示精神，组织专家赴缅甸开展伊洛瓦底江防洪咨询，向缅甸总统吴登盛提交《缅甸伊洛瓦底江流域防洪咨询简要报告》，得到缅方高度评价。积极落实李克强总理提出的澜沧江—湄公河合作倡议，成功组织申请澜沧江—湄公河重大水资源国际合作项目。除常规报汛外，三次向湄公河委员会应急通报澜沧江洪水及水库调度信息，打消了有关国家民众顾虑，湄公河委员会专门致信陈雷部长表示感谢。进一步完善中俄防洪合作机制，继续做好水利部与俄罗斯紧急情况部在防洪领域的合作事宜。

三是精心组织跨界河流形势研判和考察调研。扎实做好中哈跨界河流合作的相关基础技术工作，陈雷部长、矫勇副部长多次听取有关单位的专题汇报。矫勇副部长赴中俄、中朝界河及西藏林芝地区进行调研，重点了解当地界河整治与水资源开发利用、保护情况。长江水利委员会刘雅鸣主任和国际合作与科技司高波司长赴怒江、独龙江开展调研，全面了解怒江、独龙江水能资源开发情况，进一步研究怒江涉外工作思路与对策。水利部国际合作与科技司组织水文局、国际交流中心等单位赴西藏阿里开展阿里地区跨境河流考察调研，交流研讨西藏跨境河流涉外管理工作。

### （四）港澳台交流、引智及外事管理成绩突出

一是港澳台工作进展显著。东深供水工程向香港供水50年，为香港繁荣发展做出突出贡献，陈雷部长出席纪念仪式。会同有关部门积极指导福建省水利厅就金门供水开展了11轮会谈，福建省向金门供水签订供水合同，工程正式开工。举办10项两岸水利交流活动，交流机制不断深化拓展。根据中央部署，继续会同有关水利厅局有效保障向香港、澳门地区供水安全。经7轮会谈，水利部与澳门特区政府就澳门附近水域涉水事务管理达成框架协议。

二是引智工作取得新成效。水利部推荐的英国专家克拉奇教授获得中国政府“友谊奖”。2015年度水利部共获批国家外国专家局引进国外技术、管理人才项目10项，获资助经费66万元。针对水利工作重点，围绕水资源管理、防洪减灾等主题，精心组织选派100余名技术和管理人员出国（境）培训，学习引进国际先进的技术和理念，提高了参训人员的综合业务能力。

三是外事培训和服务扎实开展。举办外事处长培训班，邀请外交部等部门领导、专家举办专题讲座，传达中央以及相关主管部门最新文件精神和要求，宣讲最新外交形势。对所有因公出国（境）团组安排行前教育和培训。加强出访成果共享和评审，完成2012—2014年优秀出访报告的评审、编辑与出版工作。

四是外事及因公出国管理不断加强。按照中央要求，水利部成立外事工作领导小组，陈雷部长任领导小组组长。认真贯彻落实中央八项规定和16号文件精神，有保有压，从严从紧，继续严格控制因公出国（境）团组数量和规模，优先保障多双边机制性磋商谈判等重要任务，坚决杜绝考察性、照顾性等无实质内容团组，与中央八项规定出台前相比，水利部因公出访团组数、人次数分别下降38.2%和35.1%。

## 二、2016年水利国际合作工作思路

2016年要继续抓好党的十八大和十八届三中、四中、五中全会精神贯

彻落实，扎实开展多双边水利对外交流与合作，认真做好跨界河流涉外谈判和管理，不断加强外事和因公出国（境）管理，积极了解国外水资源管理体制机制，为我国水利改革发展提供借鉴。

### （一）大力推动水利多双边交流合作

一是重点做好水利部领导出访等高层互访工作，落实与罗马尼亚、波兰、匈牙利、阿尔巴尼亚、奥地利、摩洛哥等国水资源领域合作谅解备忘录签署工作。二是认真办好“第五届中欧水资源交流平台高层对话会”和“第七届今日水电论坛”等在华重大国际水事活动。三是组织完成中荷水管理联合指导委员会第13次会议、中芬水资源合作联合指导委员会第二次会议、中瑞（典）水管理合作联合指导委员会第二次会议、中日农田水利交流会、中日河工及水资源交流会、第21届中韩水资源交流会等双边定期交流活动。

### （二）切实加强水利“引进来”“走出去”相关工作

一是加强对现有中瑞、中法、中荷项目以及世界银行贷款、亚洲开发银行赠款等项目的管理和指导，做好国际科技合作项目的申报和落实，重视国际合作项目的成果宣传和推广。二是结合“一带一路”战略，积极开展水利标准培训，加快推进水利技术标准国际化。三是积极为水利科研、规划、设计和施工单位开发国外市场、承揽境外业务、参与国际竞争和规避各种风险创造条件。四是鼓励企事业单位积极承担国家援外任务，帮助发展中国家解决发展中面临的水资源问题。五是加强境外安全管理，最大限度保障中国企业利益和人员安全。

### （三）积极参与重大国际水事和国际组织合作

一是认真做好2030年后可持续发展议程涉水目标的落实。二是重点做好参加2018年第八届世界水论坛启动会，以及国际灌排大会、国际大坝会议、斯德哥尔摩世界水周、新加坡国际水周等水事活动的前期准备工作。三是认真筹备在华举办的重要国际会议和培训班，推广水利先进经验和技术。四是要继续鼓励和推荐中国水利专家参与世界水理事会等重要国际组织领导职位竞选，增强中国在国际舞台的话语权和主动权。进一步拓展与联合国工业发展组织的合作。

### （四）稳步开展跨界河流涉外工作

一是按照中国与哈萨克斯坦两国领导人达成的共识和联委会有关要求，继续做好中哈跨界河流水量分配协议磋商相关工作。二是对俄罗斯联邦保持有效交流和沟通，积极推进与俄方在跨界河流利用和保护以及防洪减灾领域的合作。三是稳步实施澜沧江—湄公河水资源合作项目，进一步开展中湄水资源领域的技术交流与合作，加强信息通报，增信释疑。四是与印度在水文报汛和应急事件处置领域加强合作。五是落实好对缅甸防洪技术援助后续工作。

### （五）全面加强跨界河流管理和基础工作

一是全面加强跨界河流协调管理。主动加强与国家相关部门和各省份的协调配合，强化部内分工合作与沟通，与地方水行政主管部门加强协作。严格规范国境界河河道管理，强化界河防护工程建设的监督管理。二是夯实跨界河流基础工作。不断完善跨界河流规划设计、开发利用、治理保护和建设管理等方面的管理制度，坚持重大项目开展跨界影响评估研究。加强水文站网等基础设施和信息系统建设与管理。组织开展有关跨界河流重大技术问题研究。加大对跨界河流国际法规的研究。

### （六）严格落实外事及因公出国（境）管理规定

一是认真学习领会中央外事管理工作方针政策，对外事工作新形势、新需求加强调研。结合水利部工作实际，研究制订国际会议和证照管理等外事管理办法，进一步完善外事管理制度。二是按照中央要求，继续加强因公出国（境）管理，有保有压，从严从紧，严控出访团组数量和规模。三是加强出访成果管理，建立科学的出访成果评审机制，实现出访成果评审常态化，推动信息共享。同时，对各单位贯彻执行中央在外事及因公出国（境）管理等文件的情况开展专项检查。

刘咏峰　王　伟　吴浓娣　郝　钊　钟　勇　执笔

刘志广　审核

# 扎实推进水利人才队伍建设

水利部人事司

2015年，水利系统认真贯彻党中央决策部署和习近平总书记关于人才工作的系列重要讲话精神，在部党组的坚强领导下，深入实施水利人才优先发展战略，各类人才竞相成长，为水利科学发展奠定了坚实的人才基础。

## 一、“十二五”水利人才队伍建设成效显著

水利部党组高度重视水利人才队伍建设工作，成立了以陈雷部长为组长的水利部人才工作领导小组，统筹协调各项工作，召开全国水利人才工作会议，专题研究部署重点任务。“十二五”以来，水利系统持续加大人才队伍建设力度，圆满完成了“十二五”水利人才规划纲要确定的目标任务。

### （一）加强顶层设计，不断健全水利人才工作机制

一是突出规划引领。根据《国家中长期人才发展规划纲要（2010—2020)》，结合水利实际，制定出台了《全国水利人才队伍建设“十二五”规划》和《2014—2017年水利干部教育培训规划》。

二是创新人才工作格局。在水利部的统一部署下，水利部直属单位和地方水利部门纷纷成立了人才工作领导小组，全国水利系统形成了党委（党组）统一领导，人事部门牵头负责，有关部门各司其职、密切配合、统分结合、上下联动、协调高效、整体推进的水利人才工作新格局。

三是完善人才评鉴机制。研究制定《关于进一步加强职称认定管理工作的意见》，修订印发《经济、会计、政工三个系列职称评审条件》《水利行业职业技能鉴定实施办法》，进一步完善人才评价政策体系。

四是健全激励约束机制。研究制定《水利部人才奖励办法》《关于进

一步完善干部教育培训激励约束机制的意见》，充分发挥人才奖励的激励作用。出台《水利部水文首席预报员管理办法》《全国水利行业首席技师选拔管理办法》，为发挥领军人才引领示范作用搭建舞台。

### （二）创新培养方式，推动各类人才队伍协调发展

一是党政领导干部培养取得新成效。大力开展理论学习培训、选派干部参加中组部调训和干部自主选学，加强部管干部和公务员的培训；组织实施中组部调训计划中的水利专题培训和万名县（市）水利局长培训，积极开展地方领导干部调训。“十二五”期间累计调训部管干部、地方分管水利业务的行政领导和地级市水利局长1000余人次。

二是技术技能人才培养实现新突破。组织开展国家高层次人才以及“5151人才工程”部级评选，培养造就了一批适应水利改革发展需要的水利科技领军人才。组织开展全国水利行业职业技能竞赛、全国水利行业技术工人技术技能创新大赛等活动，加快水利行业高技能人才培养成长。截至2015年年底，水利行业共有“两院院士”11人，全国勘测设计大师10名，中组部直接联系专家18名，“百千万人才工程”国家级人选38名，“5151人才工程”部级人选149名，全国水利青年科技英才49名；“十二五”期间，1人荣获中华技能大奖，22人评为全国技术能手。

三是基层人才培养取得新进展。以全面实施万名县（市）水利局长和万名乡镇水利站所长培训等“五项计划”为抓手，着力提升基层水利人才文化和专业素质。制定出台《关于实施基层水利人才文化和专业素质提升工程的意见》《水利部关于推进贫困地区水利人才队伍建设的指导意见》，自上而下，有效推动。拓宽基层引人用人渠道，成功将水利纳入国家“三支一扶”计划范围，单列水利岗位。“十二五”期间，举办基层人才培训班200多期，培训2万多人次（其中专项帮扶培训4000余人次）。

四是经营管理人才培养迈上新台阶。通过脱产培训、国内外考察、多岗位锻炼等方式，对水利部直属单位和地方水利骨干企业经营管理人员进行脱产培训和实践运作锻炼，提高企业管理水平和市场驾驭能力。“十二五”期间，共举办经营管理培训班10余期，培训500余人次，经营管理人才队伍建设在探索中不断取得进步。

### （三）强化平台建设，不断夯实水利人才队伍学习基础

一是优化人才工作“信息平台”。充分发挥中国水利教育培训网的骨干平台作用，近万名干部职工注册网络远程培训。面向农村党员干部开设水利教育平台，在全国党员干部现代远程教育卫星专用频道开设“民生水利”专栏，加大对全国党员干部，特别是农村党员干部对水利专业知识的宣传和普及。开发完成水利部职称申报系统、考试报名系统、评审系统和证书管理系统，提高了职称评审工作的信息化水平。

二是建立人才培养“基地平台”。依托河海大学成立了水利部人力资源研究院，依托西北农林科技大学建立水利部西北干部培训中心，依托华北水电大学成立水务研究培训中心，支持西北农林科技大学、河海大学等高校围绕水利科技发展联合建立协同创新中心，积极支持并推动华北水利水电学院、浙江水利水电专科学校和河北工程高等学校升格工作。水利部人才资源开发中心获批成为国家级专业技术人员继续教育基地。

三是扩大水利人才“教育平台”。水利部与教育部签订共建河海大学、武汉大学等 8 所高校协议书，积极推动共建院校的改革发展；建立定期沟通协商机制，印发了《关于进一步推进水利职业教育改革发展的意见》，争取教育部对水利职业教育的项目支持资金 5000 余万元。

通过不懈努力，水利人才队伍建设取得明显成效。“十二五”期间，水利系统具有中专及以上学历的人员比例由“十一五”末的 61% 提高到 68%，具有大学本科以上学历的人员比例由 18% 提高到 25. 8%，具有研究生学历的人员比例由 1. 4% 增长到 2. 3%，具有副高级及以上专业技术职称的技术人才比例由 10. 6% 提高到 11. 9%，具有高级工及以上职业资格的高技能人才比例由 38% 提高到 41%。特别是基层水利人才队伍中，具有中专以上学历的人员比例由 33% 提高到 64%。县（市）水利局领导班子中具有大学本科以上学历的人员比例由 49% 提高到 52%，乡镇水利站等基层水利管理单位负责人中具有大专以上学历的人员比例由 54% 提高到 66%。

## 二、“十二五”水利人才队伍建设经验总结

“十二五”期间，牢固树立水利人才是支持水利发展的第一资源的理

念，自觉把水利人才工作纳入水利事业整体发展的总体布局，深入推进水利人才战略，开展了有益探索和尝试，积累了宝贵经验。

一是坚持“党管人才”原则是做好水利人才工作的根本保证。水利系统各部门各单位党委（党组）实行党政负责人人才工作目标责任制，“一把手”认真履行好第一责任人的职责，专门听取和研究部署人才工作，为水利人才工作提供了强有力的领导和组织保证。

二是自觉围绕中心、服务大局是水利人才工作取得进展的重要前提。根据水利事业发展需要，围绕防汛抗旱、加快水利投资、重大水利工程建设、民生水利发展、生态文明建设、水利改革创新和全面从严治党等重点工作，找准人才工作的方向和目标，有针对性地开展人才工作，充分发挥了人才工作在水利发展中的重要作用。

三是发挥典型示范引领作用是协调水利各类人才全面发展的重要手段。以党政干部、公务员、基层水利干部等培训为重点，以示范带动为抓手，实施大规模干部培训工程；以“两高一基”人才培养为重点，以高端引领、示范带动为途径，统筹推进水利人才队伍建设。

四是创新工作机制是水利人才工作不断进步前行的动力源泉。不断创新人才发展理念，把选好用好人才作为人才工作的重要环节，建立健全人才培养、选用、评价以及激励等系统的全方位的人才工作机制，最大限度地激发各类水利人才创新、创业、创优的活力。

## 三、“十三五”水利人才队伍建设重点任务

按照水利部党组各项决策部署，水利人才工作将准确把握水利“十三五”发展目标要求、发展理念和战略任务，集中力量建设好水利人才队伍，为水利改革发展提供坚强的人才保障和智力支持。

### （一）以推动水利改革发展为目标，深入实施人才优先发展战略

深刻把握人才是加快水利改革发展的核心这一战略定位，科学编制水利人才队伍建设“十三五”规划，围绕规划确定的指导思想、基本原则、发展目标和重点任务等内容，指导推动行业人才队伍建设，引导推动水利行业人才优先发展战略的深入实施。

**（二）以适应水利现代化建设为目标，着力加强高层次专业技术人才队伍建设**

推行水利首席专家培养计划，开展水利重点领域创新团队试点选拔，建立完善和推广“首席专家+创新团队”的人才培养模式，加快推动水利创新人才队伍建设。做好两院院士、政府特贴专家等国家级高层次人才选拔推荐，充分发挥示范引领作用。深化职称制度改革，加强职称评审管理，制定完善政策体系，创新评审模式。

**（三）以推动岗位成才为目标，着力加强高技能人才队伍建设**

以不断提升职业素质和职业技能为核心，以行业特有工种高技能人才培养为重点，加大高技能人才培养力度，组织开展创新能力培训。制定完善首席技师及工作室考核管理办法和水利行业高级技师评审管理，组织开展首席技师选拔和工作室建设，完善高技能人才培养基地制度。

**（四）以提升基层服务能力为目标，着力加强水利人才薄弱环节建设**

进一步推进水利“三支一扶”计划实施，完善各项配套措施，拓宽高校毕业生和专业人才服务基层水利单位的渠道。面向老、少、边、贫以及石漠化片区等，精准开展对口培训支援、人才技术帮扶。落实人才扶贫支援水利部定点扶贫地区以及西藏阿里、四川甘孜、青海玉树等地区。组织完成西部之光、博士服务团和新疆特培等人才培养任务。

**（五）以提高干部队伍素质为目标，全面落实大规模培训干部任务**

贯彻落实新修订的《干部教育培训工作条例》，深入实施《2014—2017 年水利干部教育培训规划》。大力实施党政领导干部、公务员、高层次人才等重点培训工程，探索建立领导干部上讲台制度，健全干部网络培训备案、学时登记等基础工作，严格教育培训管理，协调指导业务单位，围绕水利中心工作，统筹编制实施培训计划。

孙　斐　张玉卓　执笔

侯京民　孙高振　审核

专栏三十三

# 《全国水情教育规划（2015—2020年）》颁布

中国水利报社

为落实中央关于大力宣传节水和洁水观念，研究提出今后一个时期我国水情教育发展总体部署的有关要求，水利部会同中宣部、教育部、共青团中央编制完成了《全国水情教育规划（2015—2020年）》，并于2015年6月16日由四部委联合印发。这是我国第一部水情教育规划，是未来一段时期全国水情教育工作的指导性文件。

水情教育是国情教育的重要组成部分，是通过各种教育及实践手段，增进全社会对水情的认知，增强全民水安全、水忧患、水道德意识，提高公众参与水资源节约保护和应对水旱灾害的能力，促进形成人水和谐的社会秩序，核心是引导公众知水、节水、护水、亲水。

水情教育的指导思想是：全面贯彻党的十八大和十八届三中、四中全会精神，高举中国特色社会主义伟大旗帜，以邓小平理论、“三个代表”重要思想、科学发展观为指导，深入贯彻习近平总书记系列重要讲话精神，围绕协调推进“四个全面”的战略布局，遵循“节水优先、空间均衡、系统治理、两手发力”的新时期中央水利工作方针，立足我国基本国情水情，着眼于夯实构建中国特色水安全保障体系的社会基础，发挥政府主导作用，凝聚社会各方力量，因地制宜，分类施教，引导公众不断加深对我国水情的认知，增强公众水安全、水忧患、水道德意识，着力构建“人人参与、人人受益”的全民水情教育体系，促进形成全民知水、节水、护水、亲水的良好社会风尚和人水和谐的社会秩序。

水情教育的基本原则：一是政府主导，多方参与；二是分类施教，注重实效；三是因地制宜，加强统筹；四是坚持创新，持续推进。

水情教育的主要目标：通过持续不断地运用各种教育实践手段，到

2020年，基本建成“人人参与、人人受益”的全民水情教育体系，增进公众对我国总体水情和区域水情特点的认知，使各利益相关群体深刻认识到节约水资源、保护水工程和水环境是每个公民的责任和义务，提高公众参与水资源节约保护和应对水旱灾害的能力。建立健全开展水情教育的长效机制。基本建成一支专业水情教育队伍；基本形成覆盖全国的水情教育组织网络；建立稳定的水情教育资金投入渠道；基本建成布局合理、种类齐全、特色鲜明、规模适度的多层级水情教育基地体系；基本建成水情教育基础信息平台和传播体系；建立水情教育考核评价体系。

水情教育的内容：水状况、水政策、水法规、水常识、水科技和水文化6个方面。

水情教育的对象：全体社会公众都是水的利益相关者，包括各级领导干部、公务员、专业技术人员，学生及学龄前儿童，企业从业者，城市社区居民和农村群众等。

水情教育的实施主体与方式：水情教育需要全社会共同推动，包括政府、学校、企业、社会组织、科研院所等。实施主体的多元化，决定了实施方式的多样化。实施方式包括政府主导、学校教育和社会参与。

水情教育的主要任务：一是发动各方力量，加快构建主体多元的工作格局；二是面向不同人群，持续开展全民水情教育；三是立足区情水情，因地制宜推进水情教育；四是丰富载体渠道，加强基础平台和传播体系建设；五是推动教育创新，不断提升水情教育效果。

水情教育的重点建设项目：一是主题教育活动，二是基地建设工程，三是水利设施教育展示工程，四是交互传播工程，五是读物工程，六是音视频工程，七是人才支撑工程，八是公益示范工程。

保障措施：一是加强组织领导，明确责任分工；二是加大经费投入，提供资金保障；三是强化队伍建设，提供人才支撑；四是做好统计分析，加强监测评估；五是广泛宣传动员，营造良好环境。

毕玉娟　邵自平　杨　勤　执笔

邓淑珍　审核

专栏三十四

# 扎实有效推进基层水利服务体系建设

水利部农村水利司

2015年，水利部通过资金引导、项目带动、督导检查、宣传引导等措施，继续深入推进以优化人才队伍、改善基础设施、强化技术装备、健全管理制度为重点的基层水利服务机构能力建设。进一步推进农民用水合作组织多元化发展，农民用水合作组织发展方式、参与形式、服务范围、功能定位等都得到了有效规范和有序发展。

## 一、深入推进基层水利服务机构能力建设

一是扶持政策加快落实。充分发挥中央资金的引导带动作用，在《关于做好农田水利工程维修养护工作的通知》中明确提出，农田水利维修养护经费可用于基层水利服务体系开展农田水利维修养护所必要的仪器设备购置。2015年落实基层水利服务机构能力建设中央补助资金0.71亿元，全国有19个省（自治区、直辖市）出台基层水利服务机构建设标准或落实能力建设经费。二是人才队伍得到优化。不少省份打破常规、创新思路，采取用好用足现有政策、制定优惠条件、降低人才学历门槛等方式，开辟了引进人才的新渠道。大量专业人才通过事业单位招考、“三支一扶”考试、定向招生、定向培养、定向就业等多种方式为基层水利员队伍注入了新鲜血液。三是持证上岗逐步推广。安徽、宁夏等省（自治区）制定相关办法，基层水利员经过培训且考核合格后，由省级水行政主管部门颁发培训合格岗位证书或执业资格证书，全面实行持证上岗。四是条件改善呈现亮点。辽宁、广西、重庆、甘肃等省（自治区、直辖市）在基层水利服务机构设计、标准、色彩、标识、制度等方面实行统一建设。四川省印发《基层水利服务机构建筑外观形象设计导则》，统一了乡镇水利站建筑外观

形象、服务标识。

截至2015年年底，全国建成基层水利服务机构29351个，覆盖33599个乡镇。全国基层水利服务机构共批复人员编制125007人，落实在编人员109412人，实有在岗人员131434人。辽宁、江苏、山东等13个省份还推行村级水管员制度，将村级水管员作为基层水利服务机构的延伸，负责工程的管理和运行维护，畅通“末梢神经”。

## 二、推进农民用水合作组织多元化发展

一是加大项目扶持。在农田水利项目实施过程中引导农民用水合作组织参与农田水利建设、管理和维护，将农民用水合作组织是否健全作为2015年度小型农田水利项目县遴选的重要条件，积极引导农民用水合作组织参与工程规划、筹资、投劳、建设、运行、管护全过程，鼓励自建、自管、自运营。二是结合试点推动。将支持农民用水合作组织能力提升纳入农田水利设施产权制度改革和创新运行管护机制试点。允许财政项目资金直接投向符合条件的农民用水合作组织，允许财政补助形成的资产转交农民用水合作组织持有和管护。试点工作开展以来，农民用水合作组织在工程建设、用水管理、水费计收、协调水事纠纷等方面发挥了积极作用。

截至2015年年底，全国发展农民用水合作组织8.34万个，管理农田有效灌溉面积2.84亿亩，占全国农田有效灌溉面积的29%，有效提高了农田灌排工程设施的管护水平。

刘云波　袁晓奇　执笔

王爱国　顾斌杰　审核

专栏三十五

# 水利行业协会与行政机关脱钩工作全面启动

水利部人事司

水利部认真贯彻《行业协会商会与行政机关脱钩总体方案》和行业协会商会与行政机关脱钩全国电视电话会议精神，以严的作风、实的态度抓好脱钩工作。

一是积极谋划准备。2015年8月初，水利部召开部长办公会，专题学习中央有关文件精神，听取协会情况介绍，研究部署协会脱钩工作。

二是建立工作机制。成立了水利部行业协会与行政机关脱钩工作组，成员包括水利部领导、相关司局、协会业务指导司局和挂靠单位主要负责同志，拟定了工作组工作规则，提出了需提交工作组研究审议的事项清单。

三是摸清基础情况。水利部对列入脱钩范围的8个行业协会进行了全面摸底，摸清了机构、职能、资产财务、人员、党建外事、举办刊物等方面的基本信息，做到数字准、材料实、情况清。

四是坚持问题导向。深入学习研读脱钩工作相关政策，把行业协会的实际情况摆进去，提前思考谋划，理出脱钩工作中可能遇到的、相关配套政策尚待明确的有关问题，积极咨询民政部等有关部委。

五是梳理职能清单。组织有关司局对已委托行业协会承担的职能以及下一步可以移交行业协会承担的职能进行了系统梳理，形成了可移交职能的基础清单。

六是抓紧部署动员。2015年8月底，水利部召开专题会议，召集相关司局单位和协会，对水利部行业协会与行政机关脱钩工作做了全面动员部署。

七是确定试点名单。按照民政部关于开展脱钩试点的具体要求，在对8个行业协会进行综合分析比较的基础上，研究确定了纳入2015年、2016年、2017年三批试点的行业协会名单，并获民政部批准。

八是制订试点方案。坚持“一会一策”，对纳入改革范围的8个协会，将根据脱钩工作要求和试点批次安排，结合各协会实际，逐个制定脱钩试点实施方案。目前，中国土工合成材料工程协会（纳入第一批脱钩试点）的脱钩工作已经全面开展，脱钩试点实施方案已报送民政部。第一批脱钩试点工作计划于2016年7月完成。

王　健　翟伟峰　执笔

侯京民　审核

# 水利信息化持续推进

水利部网络安全与信息化领导小组办公室

2015 年是“十二五”规划的收官之年，也是谋划“十三五”规划的关键之年。全国水利信息化工作坚持统一技术标准、统一运行环境、统一安全保障、统一数据中心和统一门户的“五统一”原则，呈现出持续健康发展的良好局面。

## 一、水利信息化行业管理迈上新台阶

### （一）组织领导明显加强

合并水利部信息化工作领导小组与水利部网络与信息安全领导小组，新成立了水利部网络安全与信息化领导小组，陈雷部长任组长、刘宁副部长任常务副组长，领导小组办公室设在水利部水利信息中心，进一步强化了信息化工作的组织领导和统筹协调。

### （二）工作会议圆满召开

2015 年 9 月 23 日，水利部信息化工作领导小组办公室在湖北省武汉市组织召开了全国水利信息化工作会议。会议全面总结了“十二五”规划期间的水利信息化工作，系统分析了影响水利信息化发展的问题，明确提出了“十三五”发展思路和目标，部署了近期重点任务。

### （三）规划编制有序开展

完成《全国水利信息化发展“十三五”规划》编制。抓住机遇争取将水利信息化建设需求纳入国家级规划，在《“十三五”国家政务信息化工程建设规划》《国家民用空间基础设施中长期发展规划》和《航天发展“十三五”规划》编制中，编制报送了水利信息化发展思路及建设项目。

### （四）整合共享初见成效

信息化资源整合共享工作在全国水利系统扎实推进。2015 年 4 月 7 日水利部正式印发《水利信息化资源整合共享顶层设计》，并部署省级以上水利部门开展水利信息化资源整合共享实施方案编制。“水利一张图”正式发布，包括国家基础地理、水利基础空间、水利业务专题和水利遥感等基础数据及应用，有效提升水利业务应用服务水平。水利部机关资源整合共享取得成效，初步建成了基础设施云、水利门户、安全设施等共享资源，部署了水利规划计划直报等多套应用系统，实现了集约化管理。资源整合共享试点工作取得实效。水利部长江水利委员会（以下简称“长江委”）作为流域资源整合共享的试点单位，经过近两年的建设，主体工程基本完成，按照“整合已建、完善在建、规范新建”的思路，长江委计算资源池、存储资源池已搭建完成，综合管理信息资源整合初步完成，门户集成基本实现。

### （五）项目前期稳步推进

开展了水利部政务内网接入国家政务内网项目的相关工作，7 个流域机构共同编制上报的《水利部电子政务内网建设方案》已通过国家电子政务内网建设和管理协调小组办公室的审核；水利部机关政务内网接入国家政务内网项目集中立项初步设计已上报中共中央办公厅和国务院办公厅。完成 2016 年度小基建投资计划前期工作，水利部行政审批监管平台和水信息基础平台项目获得批复。开展了纳入国家政务信息化工程建设“十二五”规划项目的前期立项工作，按照国家发展改革委的部署，开展了安全生产监管信息化工程、生态环境保护信息化工程、国家自然资源与基础地理信息库建设项目（二期）的前期工作。

### （六）网络安全明显增强

开展了水利部涉密网络、国家级重要信息系统和重点网站以及水利信息网等安全检查，并通过了公安部现场执法检查，获得肯定。定期进行风险扫描评估，累计发现处理重要信息系统高危漏洞 1400 多个。强化水利网络与信息安全信息通报机制，通报 13 个单位共 17 个系统安全隐患。发布网络安全威胁周报、网络安全情况摘报、安全专刊等 66 期。进一步推进国产密码应用和软件正版化国产化工作。启动水利网络安全顶层设计编制。

### （七）制度标准更加完善

积极完善管理制度。印发了《水利信息网身份认证和数字身份证书管理办法》，制定了《水利一张图管理办法》，正在修订《水利信息化建设管理办法》。积极完善水利信息化标准体系。结合水利技术标准体系修订工作，完善和形成了与水利技术标准体系相衔接、反映信息化工作迫切需求的水利信息化标准体系，体系中共包括 72 项标准，其中已颁标准 44 项、在编标准 3 项、拟编标准 9 项、新增标准 16 项。

### （八）人才队伍不断壮大

从事水利信息化工作的人员数量持续增长。据不完全统计，目前全国从事水利信息化工作的人员达到3216 人，其中省级以上水利部门从事信息系统维护保障工作的人员 2013 人，网站专职运行维护人员 127 人。通过信息化知识和技能培训，水利职工的信息化素质得以提高。

## 二、水利信息化重点项目取得新进展

### （一）持续推进国家防汛抗旱指挥系统二期工程建设

国家防汛抗旱指挥系统二期工程加大建设管理力度，强化整合共享，项目招投标和合同签订工作稳步推进，各单项工程进展顺利。

### （二）扎实开展国家水资源监控能力建设项目建设

项目基本完成三大监控体系和三级信息平台主要建设任务，水利部本级和流域机构的建设任务全部完成，即将终审验收，省级项目的建设任务完成率约为 90% ，21 个省级项目通过技术评估。

### （三）继续完善全国水土保持信息化建设

水利部颁布《全国水土保持信息化实施方案（2013—2020 年）》和《全国水土保持监测和信息化“十三五”规划》，完成水土保持信息系统安全检查工作，依托水利基础地图完成水土保持监督管理系统的完善与升级。

### （四）不断深化中国农村水利信息化建设

围绕农村水利重点工作开发了“管理与改革模块”，强化对基层水利服务机构、农民用水合作组织和灌溉试验站等信息管理，并定期通报各省管理信息系统使用情况和考核结果；在东北四省区节水增粮行动中，加强信息化示范县建设和管理工作，进一步推动节水增粮行动管理信息系统的深化应用和建设完善。完成了农村饮水安全管理相关系统的升级改造。

### （五）积极深化水利电子政务系统建设

根据“水利部行政审批监管平台项目”初步设计，开展预受理与预审查相关工作；完成了“水利政务内网园区网扩展改造及应用系统完善”项目的实施；开展了国际合作与科技业务管理信息系统、水利信访系统升级改造；完成了水利部水利政务内网及流域园区网加密系统普通密码设备换装。

### （六）全力实施水利财务管理系统建设

水利财务管理信息系统2015年8月1日开始全面试运行，2016年1月1日主要功能模块投入运行。

### （七）着力推动其他重要信息系统的建设和应用

已完成水利高分遥感业务应用示范系统（一期）的16项关键技术研究、28项软件模块研发和25种专题产品研制工作；3个业务子系统开发项目通过了初验，并在科研单位进行了安装部署和应用。推进了水利普查成果查询及服务系统持续发挥成效、水利安全生产信息上报系统稳定运行等方面工作。

## 三、水利信息系统运行维护保障达到新水平

保障了国家防汛抗旱指挥系统等的正常运行。完成水利部机关服务器区网络安全整合，对服务器网段进行更为细致的功能划分，设置边界防护，保证了防汛信息的及时准确送达。保障了异地会商视频会议系统的正常运行并完成系统技术升级，2015年全年共保障本地会议161次、全国异地视频会议34次，约8.7万人次参加异地会议。保障了水利通信系统正常运行和水利应急通信工作持续推进，完成通信方面检查300多次，受理业务1000多次，咨询20000多次，确保水利通信专网的正常运行。新一代水

利卫星通信网规模已达610个小站，在偏远地区信息采集、应急抢险通信中发挥了重要作用。保障了水利电子政务系统和水利部网站的正常运行，全年共处理计算机网络维护事项7021件，维护邮箱2430个，完成内外网计算机安全检查1312台，短信平台共发送短信483.7万条。

曾　焱　执笔

蔡　阳　审核

链接

# 福建：大田县组建“河长易信群”开启河道管护新时代

福建省大田县瞄准“河长制”，在河道管理上找准了突破口。从2009年起，大田县先行在境内均溪和文江两条主要河流试点实行“河长制”，在取得初步成效的基础上，于2013年将“河长制”延伸至全县所有大小河流。

为确保“河长制”落实到位，大田县成立了以县长为组长的“河长制”管理工作领导小组，由分管水利和环保的副县长分别担任两条主要河流“河长”，成为包河治理的第一责任人，乡（镇）长担任辖区内总“河长”。领导小组下专设河长办公室，负责“河长制”工作的日常管理、协调跟踪和督查考核。除此之外，还整合了水利、环保、国土、林业、安监等部门的行政执法职能，在全省率先成立生态综合执法局，实行“严管、勤查、联动、重罚”。目前，全县230个大小河段共计设立了168名“河长”，实现了县、乡、村三级“河长”全覆盖。

通过明确职能分工，实行分段管理监控、考核问责，大田县彻底改变了过去“九龙管水”的尴尬局面，撬动了县、乡、村干部的工作积极性和主动性，形成了全县一盘棋合力治水、统一管护河道的氛围。

根据全县各河段的实际情况，大田县构建了一张治水网络，对河道实行网格化管理，分别制定了近期、中期、长期整治行动计划，编制了全县及18个乡（镇）河道管理分布图，做到“一河一长、一河一策、一河一方案、一河一考评”。

2015 年 9 月，大田县河长办公室与电信公司合作，组建了大田县“河长易信群”，要求各“河长”实名加入。除了“河长”和河长办公室工作人员，易信群的成员还包括国土、环保、农业等水保成员单位负责人以及大田县生态综合执法局全体执法人员。

易信群的实时性、便捷性和直观性高效串联起河长工作“查、处、究”的全流程，促进了河长工作规范有序开展。“河长”治水管河离不开群众的参与和监督，大田县将全县所有“河长”名单和联系电话通过电视台向社会公布，并在各河段重要位置设立公示牌，邀请干部群众、新闻媒体共同参与督查。政府不再大包大揽、单独作战，充分发挥群众力量，让“治水、护河”成为一场群众广泛参与的持久战。

以蓝玉溪为例，在“河长制”管护下，蓝玉溪河段不仅面貌焕然一新，全溪还配套建设了划船区、垂钓区和赏鱼区，成为周边居民休闲娱乐的新场所。在河道边的指示牌上，“河长”李序扶的姓名、联系方式、管辖范围也一目了然。

“河长制”的推行，强化了河道管理，使流域水环境得到显著改善，还改变了大田的传统发展模式，收到了可观的经济效益和环境效益。短短 3 年时间，大田县通过坚持不懈的努力，结合县情因地制宜地实践创新，彻底扭转了过去河道污染严重、水环境恶化的局面，一跃成为福建省创新河道管理的“样板”。

王健康　刘文杰　陈精高　执笔

毕玉娟　审核

# 流域管理篇

# 全力推进长江水利改革与发展 努力谱写治江事业新篇章

## ——2015 年长江流域重点工作进展与成效

水利部长江水利委员会

## 一、科学有效调度，流域防汛抗旱减灾成效明显

2015 年，长江流域干流汛期基本平稳，但降雨时空分布不均，洪灾旱灾交替。水利部长江水利委员会（以下简称“长江委”）立足于防大汛、抗大旱，及早部署安排，科学有效调度。汛前周密部署，认真检查落实各项准备工作，及时编报批复水库群联合调度方案和水库汛期调度运行方案。汛期强化应急值守、预报预警、科学调度，共组织防汛抗旱会商 47 次，下发调度令 23 道，启动应急响应 8 次，派出工作组 22 个 72 人次深入一线指导配合防汛抗旱救灾，成功应对滁河、嘉陵江和汉江上游部分支流大洪水及湘江、赣江等支流罕见冬汛。精心实施长江上游水库群联合调度，上游 21 座水库基本完成蓄水目标，三峡水库连续第 6 年蓄至 175m 正常蓄水位。积极做好“东方之星”号客轮翻沉事件水利应急处置工作，及时开展水文应急测报和三峡水库应急调度，最大限度地为沉船救援和打捞创造了条件。全力做好丹江口水库蓄水保水工作，顺利完成南水北调中线年度供水任务。扎实推进山洪灾害防治、重点地区洪水风险图编制、防汛抗旱指挥系统二期项目建设等工作；加强防汛抗旱预案方案修订编制工作，《长江防御洪水方案》获国务院批复，《长江口咸潮应对工作预案》获国家防总批复。

## 二、坚持深化改革，规划工作成果丰硕

深入贯彻落实水利部深化水利改革决策部署，全面推进流域规划体系

建设，全年开展水利规划35项，已上报水利部26项，是规划上报最多的一年，其中《怒江流域综合规划》《雅鲁藏布江流域综合规划》等20项已经审查，《南水北调中线工程补充规划》等6项报水利部待审，《长江流域（片）水利发展“十三五”规划》等6项规划即将报水利部，通天河及江源区流域综合规划等3项规划编制工作进展顺利。积极服务长江经济带建设国家战略，《长江经济带发展水利专项规划》已获水利部批准，《长江岸线开发利用和保护总体规划》《长江经济带沿江取水口、排污口和应急水源布局规划》已报水利部。为加强流域管理能力建设，编制《长江流域（片）流域管理水利综合监测站网规划》《长江委信息化顶层设计》，并已由水利部印发审查意见。进一步加强治江重大战略和技术问题研究，制订《治江重大问题研究顶层设计（2015—2017年）》《长江流域水库群联合调度研究顶层设计》，圆满完成三峡水库科学调度研究一期项目，开展长江上游控制性水库优化调度和重要支流梯级水库联合调度等研究，并取得新成果。

## 三、落实从严管水，流域水生态环境得到有效维护

深入推进汉江流域最严格水资源管理制度试点工作，顺利通过水利部中期评估。汉江、嘉陵江、赤水河、金沙江等8条河流水量分配方案报水利部待批。开展流域水量统一调度管理，推进汉江、澜沧江流域水量调度联席会议制度，实施了金沙江中游枯水期水量统一调度。积极探索规划水资源论证，进一步规范建设项目水资源论证审查和取水许可审批发证工作，加强延续取水评估，强化取水许可监督管理，完成流域部分省区用水定额的现场调查及评估工作，夯实了水资源管理基础。进一步加强水资源保护工作，联合环保部门建立了长江中下游水污染防治与水资源保护工作机制。强化水功能区和入河排污口监督管理，推进饮用水水源地保护，开展流域（片）1070个重要水功能区水质监测与评估。积极推进水土保持和生态保护工作，抓好国家水土保持重点工程督查，全年新增水土流失监测面积15.38万$km^2$，新增治理水土流失面积1.2万$km^2$。启动鄱阳湖健康评估工作，完成第二批12个水生态文明城市建设试点方案的审查，实施三峡

水库促进四大家鱼自然繁殖的生态调度试验，水生态保护和修复力度不断加大。

## 四、坚持依法治江，水行政管理工作不断深入

以立法研究、行政制度改革、水事执法为重点，不断规范和强化水行政管理工作。推进流域水法规体系建设，加快重点立法进程，《长江流域立法研究》成功申报国家社科基金重大项目，起草了《长江干支流水库联合调度与管理办法》等法规文件。积极推进水利改革，提出权力清单和责任清单，确认保留11项行政审批事项目录，完善工作规则细则，探索开展许可项目合并、集中审查，审批服务和管理效率不断提高，全年办理行政许可329项。加强流域水事活动监督检查，利用卫星遥感等技术全面排查三峡、丹江口、陆水等重点区域，开展长江干流河道采砂管理巡江检查和监督检查。强化水行政执法，进一步巩固丹江口水库水行政执法联席会议制度、长江采砂管理两部合作和省际边界协作机制，围绕重点区域及省际边界河道采砂严格执法，全年现场检查建设项目256个、没收非法所得和罚款共计110余万元。积极协调预防省际水事纠纷，圆满解决川黔边界骑龙河（福宝河）水事纠纷。

## 五、强化技术服务，流域重点工程建设稳步推进

继续开展南水北调中线水源工程配套设施建设，主体工程已全部完工，累计向北方供水21.67亿$m^3$。直接管理的丹江口、陆水等水库安全平稳运行。配合做好三峡工程主体工程、移民工程竣工验收，继续开展有关技术服务工作。围绕流域重大水利工程建设，积极做好前期审批、建设管理、技术服务等工作，滇中引水、引江济淮等一批工程前期工作进展顺利，鄂北水资源配置等一批项目开工建设，乌东德等工程加速推进，黔中水利枢纽等重点工程相关阶段验收工作顺利开展。加强河湖水域岸线开发利用和保护管理，强化涉河建设项目的监督。受水利部委派，组织开展了长江流域2015年节水供水重大水利工程建设督导检查，开展了中小河流治理、农村饮水安全、小型病险水库除险加固、农村水利重点工程以及水利

安全生产的稽察和检查等工作。

## 六、坚持科技立委，治江科技支撑不断增强

加强科技攻关和成果获奖申报工作，积极跟踪申报国家重点研发计划"水资源高效开发利用"重点专项等重大科技项目，全年获批"973"、国家自然科学基金等项目共计52项，取得一批高质量的成果，获省部级以上科技奖励17项、94项专利获得授权。加强科研平台建设和科技交流，稳步推进重点实验室、工程技术中心建设，继续举办科技讲座和青年科技论坛，开展科技委咨询工作及相关专题研讨。加强国际合作，推动双边和多边交流，中瑞、中韩等技术合作与交流不断深化，积极做好跨界河流管理，澜沧江—湄公河水资源合作成功立项。按照信息化顶层设计和站网建设规划，积极推进信息资源整合与共享、国家水资源监控能力建设等项目，信息化与业务应用初步融合，"水利一张图"平台成功应用到流域规划等工作领域，流域与中央平台基础数据和监测数据贯通，长江上游21座控制性水库实现信息共享。

## 七、全面从严治党，党的建设和党风廉政建设持续加强

落实全面从严治党责任，扎实开展"三严三实"专题教育，认真贯彻执行中央八项规定精神和国务院"约法三章"，驰而不息反"四风"，不断把作风建设引向深入。坚持把思想引领和理论武装作为首要任务，认真学习习近平总书记系列重要讲话精神和党的十八届三中、四中、五中全会精神，切实推进学习型党组织建设，严明政治纪律和政治规矩，进一步增强"三个自信"。强化党组织建设和党员队伍建设，召开直属机关第五次党代会，选举产生了直属机关第五届党委和纪委，开展"红旗党支部"创建活动，领导班子和干部队伍结构进一步优化。切实加强党风廉政建设，深入学习贯彻新颁布的《中国共产党党员领导干部廉洁从政若干准则》和《中国共产党纪律处分条例》，层层压实党风廉政建设主体责任和监督责任，健全"三重一大"决策制度，建立"两个责任"清单管理制度；狠抓廉政风险防控，建立了分析研判、教育警示、预警提醒的长效机制；深化纪检

监察“三转”，强化监督执纪，开展纪律审查工作，为治江事业营造了风清气正的良好氛围。按照水利部、湖北省的统一安排，圆满完成援藏、援疆和扶贫工作年度任务。

## 八、加强规范协调，长江委内部改革发展有序推进

进一步加强机关行政管理工作，优化机构设置，规范内部管理，强化督查督办，继续推进外网综合办公系统建设及运用，加强信访管理。加强财务管理，三年滚动财政规划编报及年度预算管理成效明显，预算执行规范有序。强化审计监督，认真做好经济责任审计、预算执行审计以及基本建设项目审计。稳步推进事业单位分类改革等工作，委属事业单位，履职尽责，在水文测报、科研监测、宣传出版、后勤服务等方面为治江事业提供了有力支撑，服务社会。积极推进委属企业改革发展，完善管委会制度，委属企业深化改革，主动适应经济新常态，积极开拓市场，综合实力不断加强。进一步加强安全生产管理，强化监督检查和隐患整改，全年未发生生产安全事故。推进委属基础设施项目建设。

方清忠　执笔<br>熊　铁　审核

# 积极践行新时期水利工作方针 努力提高流域水安全保障能力

## ——2015 年黄河流域重点工作进展与成效

水利部黄河水利委员会

### 一、防汛抗旱取得新胜利

水利部黄河水利委员会（以下简称“黄委”）坚持防汛防凌抗旱统筹兼顾，充分考虑厄尔尼诺气候因素影响，未雨绸缪、预筹对策，确保了防汛、防凌和供水安全。优化调水调沙实施方案，实现黄河下游沿程全线冲刷，输沙入海 1640 万 t，河口地区生态补水 3165 万 $m^3$；同时向下游供水 11.11 亿 $m^3$，满足了豫、鲁两省“卡脖子旱”期间的用水，并预留了 14.8 亿 $m^3$ 水源以备后期应急抗旱。面对汛期来水较多年同期均值偏少 49% 的严峻形势，坚持防汛抗旱两手抓，采取压减泄流、提前蓄水、小流量封河等措施，尽可能增加水库蓄水量，汛期增蓄 39 亿 $m^3$，最大限度实现了洪水资源化。强化应急值守，加强凌情监测，探索开展刘家峡、海勃湾水库联合防凌调度。夯实防汛基础工作，完成黄委国家防汛指挥系统二期工程、洪水风险图编制等四项重点项目年度任务，基本建成黄河上游防洪防凌调度系统、水情信息采集及工程视频监控系统，完成黄河下游、小北干流、沁河等 7 个编制单元风险图编制。探索防汛应急抢险管理新模式。

### 二、水利规划和重大项目前期工作取得重要进展

抢抓发展机遇，采取超常规措施，建立上下联动机制，实现了重点突破、整体推进，完善了治黄顶层设计和工程布局。25 项规划全面推进，“十三五”发展规划编制全面开展，黑河流域综合规划环评通过水利部和环保部审查，无定河等 5 项重要支流综合规划及三江源区等 2 项重点区域

水资源综合规划通过总院审查，并由水利部印发审查意见；水沙调控体系建设等 8 项规划进入报批阶段，北洛河流域综合规划编制完成，水资源保护等 3 项规划完成全国汇总，水土保持等 4 项规划积极推进。积极争取将黄河下游防洪工程、黑河黄藏寺水利枢纽工程、古贤水利枢纽工程、黑山峡河段开发治理工程、南水北调西线一期工程等 5 项列入国家加快推进的 172 项重大水利工程。同时，明确黄河粗泥沙集中来源区拦沙工程一期等 7 个黄委重点项目，与纳入国家计划的 5 个项目同步推进。全年完成 70 余项前置条件办理，拿到各级批文 160 多份。目前黄河下游防洪工程等 2 个项目已开工建设，黄河粗泥沙集中来源区拦沙工程一期等 4 个项目通过评审，南水北调西线一期工程等其他 4 个项目正在稳步推进。黑河黄藏寺水利枢纽工程项目法人组建完成，成立了建设管理局，并完成项目招标工作。

## 三、落实最严格的水资源管理制度持续加强

以最严格的水资源管理制度为抓手，积极寻求破解水资源瓶颈的有效途径，促进了流域生态文明建设。采取向省（自治区）预警、区域限批等措施，强化水资源刚性约束。细化水源统筹和水量调度方案，加强管理协调，保证调度指令执行，实现总量控制目标。推动流域各省（自治区）将“三条红线”控制指标细化分解到县，配合水利部做好 2014 年度流域（片）省（自治区）实行最严格水资源管理制度和全国重点流域水污染防治专项规划实施情况考核，完成陕西杨凌等全国水生态文明城市建设试点方案审查。强化取水许可总量控制。加强取水用途管制。探索发挥市场在水资源配置中的作用，加快推动鄂尔多斯二期水权转让及节水工程建设，强力推动内蒙古盟市间水权转让沈乌灌域试点、宁夏水资源确权登记的水权改革试点等工作。强化基础支撑，首次开展流域（片）实行最严格水资源管理制度考核监督性监测。会同地方水利、环保部门开展入河排污执法检查。加强监测管理，首次在黄河河口布局了水生态监测网络。重要水功能区监测覆盖率大幅提升。

## 四、工程建设与管理取得新成绩

以“抓开工、促进度，抓验收、促尾工”为重点，倒排工期，压茬推

进，持续跟踪关键节点进展，大力推进重点工程建设。黄河下游近期防洪工程、禹潼河段近期治理工程全部 74 项单项工程投入使用验收，17 项病险水闸除险加固工程完成竣工验收。大力开展工程建设领域突出问题专项治理，开展督导检查 5 次，“飞检”90 余批、1200 多点次，确保黄河工程建设实体质量总体可控。规范招投标管理，清理废止 11 件委级招投标管理文件，提高投标人最低资格标准。强化工程运行管理，狠抓堤防管理难点和淤区专项治理。不断提升工程建设与管理信息化水平，新开工项目实行网上信息公开，重点工程建设现场通过可视系统实施动态监管，实现干流根石探测仪器化。工程创建取得新成绩，6 个国家级水管单位通过水利部验收，18 处“示范工程”通过复核，新创建 19 处“示范工程”。水土保持成效显著，对流域七省（自治区）淤地坝安全运用进行专项检查，完成中型以上病险淤地坝认定，全流域新增水土流失综合治理面积大于 1 万 $km^2$。狠抓安全生产责任制落实，全流域安全生产形势平稳。

## 五、深化治理黄河改革初见成效

按照试点先行、平稳推进的原则，探索形成了一批可复制、可推广的改革成果。建立季度推进会制度，印发了《黄委深化治黄改革任务核实确认管理办法》，改革总台账任务由 69 项增至 71 项，目前已完成 19 项。第一批 37 项重点改革任务，31 项已全面完成，其余取得重要阶段性成果。坚持破立并举，强化建章立制，在行政审批管理、能力建设、网络信息安全、企业清理整合及内部管理等方面出台了一系列规章制度。着力推动改革试点，以菏泽黄河河务局为试点深化纪检监察体制改革，实现了机构、人员、职责、制度“四到位”；以黄河河口管理局为试点加强水行政执法能力建设，建立了与地方协作配合的联合执法模式；以滨州黄河河务局为试点规范职代会制度，职代会各项议案提案得到有效落实。

## 六、依法治河和科技兴河扎实推进

充分依靠科技力量和法治手段，推动治黄体系和治理能力现代化。深入落实党的十八届四中全会精神和水利部依法治水要求，制定出台了《黄委全面推进依法治河管河实施方案》,《山东省黄河条例》列入山东省人大立法项目,《河南省黄河防汛条例》通过河南省政府常务会议审议,《黑河流域管理条例》立法建议书上报水利部。充实基层执法力量,完成20支水政监察大队基本执法装备配置。加大执法力度,黄委各级组织开展了河道巡查达5000余次,查处各类水事违法行为1435起,取缔非法采砂场128个,清除违章建筑121处。"六五"普法顺利通过水利部、司法部验收。加强基础科研,开展治黄工作服务国家"一带一路"等战略研究,7个项目获得水利部公益性行业专项和"948"计划等项目立项。加强网络和信息安全体系建设,出台《黄委信息化资源整合共享实施方案》和《黄委基层单位信息化发展总体方案》,积极推动治黄与信息化融合发展。

## 七、从严治党要求得到全面落实

健全责任体系、完善监督机制,推动了从严治党要求全面落实。注重发挥黄委党组中心组的示范、引导和辐射作用,组织中心组(扩大)学习21次。对90余名基层党务干部进行培训,开展了"从严治党书记谈"系列活动,组织机关与基层党支部结对共建活动。巩固和拓展群众路线教育实践活动成果。扎实开展"三严三实"专题教育,开展4次专题学习研讨。坚持从严管理干部,严格执行重要事项请示报告、离任审计、因私出国(境)审批等制度。加强班子和队伍建设,调整充实12个部门、单位领导班子。研究制定黄委管领导班子和领导干部综合分析研判办法,认真落实干部选拔任用报告旁听制度,对黄委下属单位537人次干部选拔任用材料进行审核。严格落实领导干部个人有关事项报告,及时发现并处理违反规定的行为。狠抓"两个责任"落实,制定党风廉政建设主体责任清单和监督责任清单,将黄委党组党风廉政建设主体责任分解为29项重点任务、55项责任分工,细化为96项工作要求、106项成果清单,以问责传导压力,用压力推动落。建立"会商式"监督机制,推进"两个责任"有机融合。严明党的纪律和规矩,严肃查处违反八项规定问题,开辟了"黄委纪检监察信访举报受理平台"。严格执行"一案双查",对违规违纪违法问题进行集中通报,用身边案警示身边人。

## 八、综合管理水平稳步提升

贯彻落实新《中华人民共和国预算法》和国家财政预算改革要求，强化预算管理，积极争取财政经费。严格预算执行，确保按要求完成预算执行和资金支付任务。积极配合审计署和水利部进行的专项审计，加大财务检查力度，组织开展预算执行及财务收支情况检查和“小金库”及厉行节约专项检查工作。强化“一把手”权力运行监督，加强领导干部经济责任审计，对国家新增水利投资进行重点跟踪审计，全河共开展各类审计项目355项，涉及金额212.8亿元。强化国有资产监管，不断完善企业经营业绩考核。完成了143家企业国有资产产权登记的审核上报工作。加大困难职工帮扶救助力度，全年共救助患大病职工184人次。基层水文测站采暖设施建设等7个项目年度建设任务全部完成，改善了职工生产生活条件。按时完成机关办公区冷热源改建工程。电视媒体对基层宣传报道比例提高到60%以上。完成援疆援藏援青和水利扶贫任务。

白 波 张 帆 执笔

苏茂林 审核

# 积极践行新时期水利工作方针
# 奋力开创治淮事业发展新局面

## ——2015年淮河流域重点工作进展与成效

水利部淮河水利委员会

## 一、担当重任、抢抓机遇，全力推进进一步治淮

淮河行蓄洪区调整和建设工程王家坝至临淮岗段可研报告已报送国家发展改革委，淮干浮山以下段可研报告已完成技术审查，峡山口至涡河口段可研初审意见已报水利部。淮河入海水道二期可研报告已报送国家发展改革委。洪汝河治理、沂沭河上游堤防加固工程、江苏黄墩湖滞洪区调整和建设工程可研报告和河南省、江苏省重点平原洼地治理工程等可研报告已完成技术审查。出山店水库、前坪水库等工程初设已经水利部批复。河南省2015年度和安徽省2012年度、2013年度居民迁建实施方案完成审核。截至2015年年底，进一步治淮38项工程中，已批复可研报告的项目总投资411亿元，已报送国家发展改革委、水利部待审批的可研报告的项目总投资约671亿元。

淮河流域重点平原洼地治理世行贷款项目、淮河入江水道整治、洪泽湖大堤除险加固、分淮入沂整治、江苏省重要支流治理5项工程基本完成，前坪水库工程开工建设，淮河行蓄洪区及淮干滩区居民迁建、淮干蚌埠至浮山段行洪区调整和建设、出山店水库等一大批在建工程加快实施。截至2015年年底，进一步治淮38项工程已开工建设23项。跨流域重大调水工程稳步推进，南水北调东线一期和中线工程建成运行；引江济淮工程项目建议书已经国务院批复，可研报告通过水利部审查并报国家发展改革委，试验段单项开工建设；安徽省淮水北调干线工程基本建成，具备通水条件。

## 二、统筹兼顾、科学调度，全面做好防汛抗旱工作

2015 年，淮河流域降水量 870.3mm，较历年同期偏少 3%。其中，淮河水系 936.1mm，与历年同期持平；沂沭泗水系 708.8mm，偏少 11%。为做好 2015 年防汛工作，汛前组织开展重要防洪区、直管工程、涉河建设项目、在建工程度汛检查，督促防汛责任制落实，调整淮河防总机构组成人员和水利部淮河水利委员会（以下简称“淮委”）防汛责任分工，组织召开淮河防总工作会议，联合开展防汛抢险培训和军地联合实战演练，全面做好防汛各项准备工作。汛期，受梅雨期连续强降雨影响，淮河干支流发生 5 次明显涨水过程，其中淮河干流发生 2010 年以来首次超警戒洪水，沂沭泗局部地区发生较重旱情。面对防汛抗旱的严峻形势，淮河防总加强与流域各省防指沟通和协调，及时做好预测、预报、预警，加强会商研判，及时启动应急响应，科学调度水利工程。2015 年年末，流域大型水库及主要湖泊共蓄水 109.76 亿 $m^3$，较历年同期偏多 16%，其中淮河水系偏多 36%、沂沭泗水系偏少 22%。

不断加强防汛抗旱基础工作，《淮河干流水量应急调度预案》已经国家防总批复，这是淮河流域首个获得国家防总批复的抗旱应急水量调度预案。《淮河洪水调度方案》修订工作启动实施。《淮河大型水库群联合调度方案》《南水北调东线一期工程水量应急调度预案》编制基本完成。淮河流域重要省界 24 处水文站改造、中小河流应急监测队建设基本完成。淮委国家防汛抗旱指挥系统二期工程、水文测报和通信保障系统建设不断完善，淮河流域洪水风险图编制和山洪灾害防治项目建设基本完成。

## 三、注重管理、加强协调，大力推进水生态文明建设

淮河流域全面建立省市县三级水资源管理“三条红线”控制指标体系，淮河、沂河、沭河水量分配方案具备报批条件，沙颍河、涡河、洪汝河、史灌河水量分配方案已完成技术层面协调。淮河流域国家水资源监控能力建设项目（一期）全面建成并通过水利部验收。组织完成南水北调东线年度水量调度计划编制及省际段水质水量监督监测。配合水利部完成对

流域有关省份实施最严格水资源管理制度考核工作。建设项目水资源论证、取水许可工作扎实开展。淮河流域节水型社会建设深入推进。

淮河流域水资源保护局与环保部华东督查中心签订淮河流域水环境保护协作机制协议，在淮河流域建立首个跨部门水环境保护协作机制。淮河流域在全国率先实现了全国重要江河湖泊水功能区全覆盖考核和监测，水质监测结果已成为流域水污染防治考核和水功能区纳污红线考核的重要依据。2015 年，淮河流域 394 个全国重要江河湖泊水功能区水质达标率为 64.6%，比 2010 年提高 8.9%；淮河流域主要污染物 COD 和氨氮入河排放量分别为 38.55 万 t 和 3.53 万 t，与 2010 年相比减少 11.4 万 t 和 3.11 万 t。积极推进流域水生态文明建设，淮河流域 14 个全国水生态文明城市建设试点全面实施。水污染联防工作成效显著，应急处置能力不断增强，2015 年淮河干流水质基本保持在Ⅲ类，水质明显好转。

## 四、依法治水、科技兴水，不断提升流域管理能力

不断加强水利规划工作，《淮河流域水中长期供求规划》《淮河流域水资源保护规划》《淮河流域水利发展“十三五”规划和南水北调东线二期工程规划总体方案》编制基本完成。全面落实水工程规划同意书制度，有效发挥了流域机构规划管理职能，实现了规划管理的新突破。深入推进水利综合执法和联合执法，扎实开展淮河干流及豫皖、皖苏省界段采砂管理执法巡查，不定期开展沂沭泗直管区执法监督检查，有力推进南水北调东线输水干线洪泽湖至骆马湖南四湖全面禁采，依法调处苏鲁边界龙王河、皖苏边界时湾水库水事纠纷，有力维护了流域水事秩序和水利工程安全运行。

继续深化水管单位管理体制改革，持续开展直管工程管理考核，直管工程管养分离改革 10 年成效显著，维修养护经费保障程度大幅度提升，灌南河道管理局通过国家级水管单位复核验收，迄今淮委已有 3 个国家级水管单位。水土保持预防监督管理工作深入推进，试点示范工程建设稳步实施，农村水利工作有序推进，流域水土流失动态监测与公告项目年度任务全面完成。直管河湖及水利工程划界确权调查完成。水利安全生产、工程

质量监督管理和水利稽查工作持续开展，全年未发生生产安全事故。政务公开、行政许可工作稳步推进。

治淮科技创新体系建设不断完善，淮河科研中心全面建成投入使用，淮河实体模型基地基本建成，水资源高效利用与工程安全国家工程研究中心淮委水利科研基地（合肥）分中心建立，淮河流域灌溉试验中心站、五道沟水文水资源实验站建设有序推进。加强治淮重大科技问题研究与攻关，取得一批具有自主知识产权的科研成果，其中“淮河中游枯水期水资源配置及调度研究”荣获大禹水利科学技术三等奖，“变化环境下淮河洪涝预测及应对”荣获安徽省科学技术三等奖。积极开展学术研讨交流和对外技术合作，成功举办 2015 年治淮论坛暨淮河研究会第六届学术研讨会，全面完成 2 个中荷淮河流域合作项目。水利信息化建设取得新进展，淮委政务内网多园区联网项目通过国家保密局测评，淮委政务外网等级保护项目建成通过测评，淮河数据备份容灾中心、淮河防总异地会商系统建成运行，水利信息化资源整合与共享项目稳步推进。

## 五、固本强基、从严从实，持续加强自身建设

坚持以中国特色社会主义理论和习近平总书记系列重要讲话精神武装头脑、指导实践、推进工作，始终在思想上政治上行动上与党中央保持高度一致。牢牢把握中央关于新形势下加强和改进党的建设新要求，深入开展“三严三实”专题教育，不断加强党的建设、干部队伍建设和党风廉政建设，为促进治淮事业发展提供坚强的思想保证、组织保证和精神动力。全面落实党风廉政建设“两个责任”，坚持把纪律和规矩挺在前面，扎实推进廉政风险防控，持续开展治淮工程执法监察等监督检查和专项治理工作，充分发挥审计监督作用，党风廉政建设取得新成效，营造了风清气正、干事创业、为民务实的良好风气。

持续推进机关规范化建设，《淮委机关国内公务接待管理规定》等近 10 项制度印发实施。财务管理与改革不断深入，财政经费保障程度增幅显著，2015 年淮委事业财政拨款比 2014 年增长 7%。强化财务内部管理，机关“三公经费”和会议费支出连年控制在预算内。事业单位改革稳妥推

进，直属企业平稳发展，淮委投资企业清理整合及国有非公司制企业改革启动实施。学术技术带头人选拔培养、青年人才“传帮带”和职业技能竞赛持续开展，人才队伍建设取得新成效，1名职工荣获“全国水利技能大奖”，4名职工荣获“全国水利技术能手”称号。沂沭泗局档案管理用房等3个委属基础设施建设项目通过竣工验收。治淮宣传工作成效显著，《淮河志（1991—2010年）》出版发行，《中国水利史典·淮河卷》（二期）编纂按计划实施。精神文明建设取得新成果，淮委（机关）蝉联全国文明单位和全国水利文明单位，淮委荣获第十届安徽省文明单位，“节水护水青春行　关爱淮河母亲河”项目荣获第二届中国青年志愿服务项目大赛银奖，寻找“最美治淮人”活动成功举办。

王　飞　执笔

肖　幼　审核

# 完善水安全保障体系
# 助力京津冀协同发展

## ——2015 年海河流域重点工作进展与成效

水利部海河水利委员会

## 一、防洪供水工作保障有力

充分发挥海河防总职能，严格落实各项防汛抗旱责任制，深入各河系开展查勘检查，消除度汛安全隐患。强化防汛会商和应急值守，及时启动应急响应，有效防范了流域汛期强降雨过程。修订了主要河系调度方案汇编，编制了中小河流防汛应急调度预案，改造了海河防总信息共享平台，稳步推进洪水风险图、山洪灾害防治、防汛抗旱指挥系统二期等专项项目建设，防汛管理水平进一步提高。密切关注流域水资源供需形势，优化配置和调度流域水资源，直管潘大、岳城水库完成安全供水 11 亿 $m^3$，扎实做好漳卫南运河沿线引水和漳河上游分水工作。组织实施了 2015 年度山西、河北向北京集中输水，有效保障了流域供水安全。

## 二、重点建设项目加快推进

统筹推进蓄滞洪区建设、主要支流治理、病险水库（水闸）除险加固、中小河流治理等流域面重点项目的前期工作。积极发挥协调作用，推动引黄入冀补淀工程开工建设。大力推进水利部海河水利委员会（以下简称“海委”）直属重点项目前期工作，卫河干流治理工程完成可研报告评估，流域蓄滞洪区通信预警系统建设、海河闸除险加固工程完成可研报告审查。全面推进卫运河治理工程建设，年度投资计划完成率和预算支付进度均达到 100%。加快实施了海河流域水环境监测中心水资源监测能力建设及 5 处自动监测站改建工程、漳河水库及岳城水库水源地水资源实时监测工程等在建项目。积极推动国家地下水监测工程项目（海河流域）前期工作。

## 三、水资源管理能力显著提高

建成国家水资源监控能力建设（海河流域）一期工程，搭建了海河流域水资源监控管理信息平台，初步形成海河流域水资源数据中心。全面完成14处流域省界断面水资源监测站网水文站改建工程，省界断面水资源监测能力显著提升。配合国务院考核组完成流域相关省市2014年度“三条红线”指标落实情况考核工作。开展了南水北调中线一期工程2014—2015年度水量调度计划执行情况检查督导，编制了南水北调中线省界交水断面和干线取水口水量水质监督监测管理方案。完成第二批5条跨省河流水量分配方案成果，配合水利部开展了第一批河流水量分配方案的部级协调工作。持续推进流域节水型社会建设，开展了节水型社会建设试点城市建设、北京市用水定额评估、流域节水技术评估等工作，流域国家级节水型社会试点城市达到13个。

## 四、水生态保护与修复成效明显

加强水功能区监督管理和流域水环境质量监测工作，开展了重要水功能区、饮用水水源地安全保障建设达标评估工作，积极协调推进水生态文明城市试点建设相关工作。加大引滦水资源保护力度，编制完成《引滦水源地保护达标建设总体方案》，配合做好国土江河综合整治滦河试点相关工作。组织开展了突发水污染应急演练，及时处置了漳卫新河南皮段非法倾倒危废品等水污染隐患事件。开展了生态清洁小流域、土石山区水土保持试验示范工作，对京津风沙源治理二期、21世纪首都水资源综合规划、太行山国家重点水土保持工程等水保项目进行全过程监督管理，认真开展了流域内大中型生产建设项目水土保持督查工作。

## 五、依法治水管水能力明显提升

编制完成《海河流域水利发展“十三五”规划》（征求意见稿），《南运河综合治理规划》获水利部批复。全面规范和改进行政审批工作，开设了海委行政审批服务窗口，实现行政审批集中受理，大大提高了审批效率。加强许可事项事中事后监管，积极开展了取水许可、水土保持等专项执法检查活动。大力加强基层水行政执法工作，落实执法责任制，实行挂牌督办，依法查处各类水事违法案件38起。密切监控敏感地区和已有水事矛盾纠纷，积极预防协调和排查化解，年内无新发纠纷，遗留水事纠纷存量明显降低，水事秩序保持平稳。在现场督查的基础上，创新开展了建设项目水土保持集中约谈工作，做到了项目督查全覆盖。加大政府信息公开工作力度，改版海委门户网站，突出了网上办事和互动交流等公众服务功能。按照水利部安排，完成各类稽查、检查、督导、考核等任务40组（次）。

## 六、综合管理与改革不断深化

研究制定了漳河流域水权交易平台建设框架。编制完成《海委直属河道及水利工程确权划界实施方案》，制定了直管水库大坝、水闸工程管理工作标准，积极推进工程维修养护目标考核及物业化管理试点工作。农村水利管理基础工作和能力建设进一步加强。完成海委重要信息系统等级保护项目建设，通过了水利档案规范化管理特级单位评估。强化预算执行动态监控与督导，财政资金使用效益进一步提高。全面落实了引滦枢纽工程、漳卫南运河拦河闸、漳河上游引水工程水价调整政策，积极推进了农业水价综合改革试点工作。援藏援疆等工作取得新成效。

## 七、助力京津冀协同发展积极有效

京津冀地区是海河流域的核心区域，也是水资源问题最为突出的区域。海委坚持将京津冀协同发展战略对水利的新要求贯穿于各项工作的全过程，积极助力京津冀协同发展重大战略实施。按照水利部安排，组织编制了《京津冀协同发展六河五湖综合治理与生态修复总体方案》，配合开展了南水北调东中线工程补充规划、东线工程向北京供水专项规划编制工作。积极协调推进了京冀两省市密云水库上游生态清洁小流域建设协作项目。积极协调推进引滦水资源保护工作，在网箱养鱼清理、保护区划定、生态补偿机制建设等方面开展了大量基础性工作。

## 八、党的建设和队伍建设持续加强

深入学习贯彻党的十八大和十八届三中、四中、五中全会、习近平总书记系列重要讲话精神，认真开展“三严三实”专题教育，严格执行中央八项规定精神，弛而不息地抓好作风建设。认真贯彻执行《党政领导干部选拔任用工作条例》，全面加强领导班子建设和干部人才队伍建设，强化干部日常监督管理。严格落实党风廉政建设“两个责任”，全面推进惩防体系建设，加大审计监督工作力度。认真学习贯彻《中国共产党廉洁自律准则》和《中国共产党纪律处分条例》，强化监督执纪问责。大力弘扬社会主义核心价值观，和谐海委建设取得新进展，深入推进文明单位创建，海委机关、海河下游局机关迈入全国文明单位行列。

韩瑞光　赵立坤　陈　磊　执笔

任宪韶　审核

# 维护河流健康　建设绿色珠江
# 全面推进流域水利改革发展
## ——2015 年珠江流域重点工作进展与成效

水利部珠江水利委员会

## 一、重大水利工程建设全面推进

在水利部领导下，水利部珠江水利委员会（以下简称“珠江委”）和大藤峡公司精心组织，圆满完成大藤峡水利枢纽工程初步设计审批，健全项目法人治理结构，大力推进征地移民，主体工程全面开工。截至 2015 年年底，进场专用公路已全线贯通，船闸主体段已开挖至 16m 高程，累计完成土石方开挖 544 万 $m^3$。上游引航道右侧边坡混凝土已完成 69m 高程以上浇筑，左岸厂坝工程中一期导流工程子堰填筑已全部完成，填筑量 29 万 $m^3$。

按照“宁可越位、不可缺位”的指导思想，珠江委积极帮助大藤峡公司健全工程管理制度，规计、财务、建管、安监、审计等部门提前介入、跟踪落实，积极为工程建设保驾护航。大藤峡公司围绕工程建设目标，上下一心，真抓实干，毫不动摇地推进各项工程建设，强化督查督办与问责考核，确保各项措施有力落实。同时，珠江委通过采取帮扶与督导结合、加快办理前置要件审批等措施，积极推进流域重大水利工程工作。在国务院确定的 172 项节水供水重大水利工程中，珠江流域占 24 项，总投资约 5600 亿元。截至 2015 年年底，已开工 12 项，云南德厚水库、贵州马岭水库、广西落久水利枢纽等均按时完成开工目标。

## 二、防汛抗旱防台风工作成效显著

2015 年珠江降雨频繁，发生 35 次强降雨过程，6 个热带气旋登陆或影响珠江，70 条河流发生超警洪水，汛期出现旱涝并存及旱涝急转现象。在国家防总、水利部领导下，珠江防总科学调度，启动应急响应 15 次，派出工作组 24 批次，与流域各省（自治区）合力将灾害损失降到最低。

5 月下旬受强降雨影响，广西贺江合面狮水库连续出现两次入库洪峰，珠江防总及时与广西、广东两省（自治区）水利部门沟通协调，开展合面狮水库防洪调度，削峰率 20%，有效减轻了广西下游和广东省封开县南丰镇防洪压力。11 月西江流域中上游发生历史罕见冬汛，珠江防总办积极联合广西防办进行应急会商，实施红水河龙滩、岩滩和柳江红花等水电站错峰调度，为大藤峡工程施工人员、设施安全转移和施工围堰子堰加固防护争取时间，有效削减大藤峡坝址洪峰流量，确保人员安全，最大限度减少工程损失。

## 三、珠江枯水期水量调度工作日臻成熟

2005 年以来，在国家防总、水利部的领导下，珠江防总已连续 11 次成功组织实施珠江枯水期水量调度，确保了澳门、珠海等珠江三角洲地区的供水安全。

根据 2015 年珠江水雨情和防汛抗旱保供水形势，珠江防总及早谋划，组织开展了 2015—2016 年珠江枯水期水量调度工作，澳门供水形势总体良好。2015 年 7 月组织调研珠海当地水库蓄水情况，8 月中旬组织实施上游骨干水库“前蓄”调度。通过蓄水调度，流域上游骨干水库增蓄水量 20.9 亿 $m^3$，截至汛末天生桥一级、龙滩、百色三座骨干水库总有效蓄水率达 98%。同时，督促指导珠海等地科学调度供水水库，优化蓄供水调度方案，2015 年年底当地水库有效蓄水约 5591 万 $m^3$，为实施枯水期水量调度储备了水源。

## 四、重要水利规划全面推进

按照水利部统一部署，紧紧围绕“五位一体”总体布局和“四个全面”战略布局，牢固树立五大发展理念，积极践行新时期水利工作方针，研究和把握流域水利改革发展阶段性特征，科学谋划，精心编制《珠江水

利发展“十三五”规划》。认真总结“十二五”发展成绩，通过对贵州、广西、广东等流域内主要省（自治区）的深入调研，总结经验、了解需求，提出珠江水利发展“十三五”规划思路，按照确有需要、生态安全、可以持续的总体要求，统筹谋划流域重大水利工程建设。目前，珠江水利发展“十三五”规划已初步完成，同时基本完成了基础设施建设、科技发展、人才队伍建设、信息化等“十三五”专项规划。

不断完善规划体系，强化水利规划对涉水活动的约束和指导作用。珠江水资源保护规划，以及南盘江、北盘江、韩江等7条重要干支流综合规划的编制工作基本完成，全面启动了珠江中下游重要河道治导线规划编制工作。组织编制了《珠江河口综合治理规划管理控制方案》，划定了珠江河口保护的红线、黄线。

## 五、最严格水资源管理进一步落实

跨省河流水量分配工作取得明显进展，第一批韩江、东江、北江、北盘江和黄泥河等5条河流水量分配方案全部具备报批条件，第二批河流水量分配方案编制工作有序推进。严格水资源论证审查和取水审批，对用水总量接近或者超过控制指标的地区禁止或限制审批新建取水项目。稳步推进珠江委水资源监控能力建设工作，推进完善系统数据建设，继续扩展完善水资源监控管理信息平台功能。开展相关省区年度水资源管理考核指标核算工作。组织开展珠江流域用水定额合理性评估，提出修订的意见和建议。

加强水功能区管理，严把“纳污红线”，严格入河排污口设置审批，加强珠江源区重点入河排污口监督管理，针对重点河段入河排污现状制定了详细的排污口监测方案并提出管理要求。加大重要水源地达标建设检查力度。加强水资源监控能力建设和省界监测站点等基础能力建设，着力构建省界主要断面、重要取水户和重要水功能区三大监控体系及监控管理信息平台建设。完成流域第二批9个水生态文明试点城市建设方案审查工作，为流域水生态文明建设的顺利推进奠定了良好的基础。同时，为缓解因梯级开发导致对鱼类生境和产卵、孵化行为等不利影响，保护和改善河流生态环境，组织开展了西江干流生态调度方案编制工作，已完成有关基础监测和测量工作。

## 六、民生水利服务工作取得新成效

高度重视流域民生水利工作，充分发挥技术、人才、资料优势，指导流域各省（自治区）民生水利工作。2015 年先后派出 110 批次、500 人次的工作组，对农村饮水安全、中小河流治理、新建中型水库、病险水库水闸、水土保持、石漠化综合治理、安全生产、灌区建设、农业水价综合改革试点工作等进行监督检查、专项稽察、技术指导，积极帮助地方出谋划策。对检查中发现的问题及时与省（自治区）有关部门沟通，提出整改意见和建议，督促地方落实整改措施。

积极开展流域水土保持督查、督导工作。对云南、贵州、广西、广东及海南等省（自治区）国家水土保持重点工程进行督查、督导，对 2013 年度岩溶地区石漠化综合治理工程水利水保项目建设任务完成情况进行核查。进一步加大部批大中型生产建设项目水土保持监督检查工作力度，2015 年对流域内 32 个大中型生产建设项目开展了现场监督检查，确保水土保持工作及时落实。继续实施好《全国水土流失动态监测与公告》《岩溶地区石漠化现状及变化趋势监测项目》等水土保持监测项目，开展了珠江流域生产建设项目示范县监管工作，积极推进水土保持信息化工作，为流域机构开展监督检查提供技术支持。

## 七、规范行政审批工作有序有力

深入贯彻国务院关于规范行政审批行为、改进行政审批工作的有关要求，在充分调研的基础上，制定了进一步规范珠江委水行政许可审批的工作方案。通过采取一个窗口对外、规范许可审批流程、限定办理时间节点、实行受理单制度、规范文书格式、完善配套制度、细化审查标准等措施，推进了珠江委行政审批工作的规范化、程序化、制度化。规范行政审批工作实施以来，珠江委行政审批平均时长缩短至 12 个工作日以下。

拓展思路，努力推进水利综合执法工作。联合地方水行政主管部门、地方水政监察机构，开展了专项执法检查活动。结合遥感监测，加强河口地区、主要省际边界和国际河流水事活动的动态监控，维护省际边界地区的稳定和谐。

## 八、与港澳合作不断加深

充分发挥毗邻港澳的地理优势，在保障港澳供水安全、防洪排涝、保护珠江三角洲水环境等方面，与港澳开展了科研、培训、技术咨询等多种形式合作。澳门风暴潮频发，区域地势平坦低洼，尤其是内港海傍区等地内涝十分严重，给澳门居民生产和生活造成了严重影响。全国人大澳门代表多次提出根治水患的建议，珠江委对此高度重视，组织开展了澳门内港海傍区防洪排涝治理方案专题研究工作，提出了澳门内港海傍区防洪排涝规划方案初步比选，并与澳门特区政府有关部门进行了沟通和交流。2015年珠江委牵头组织完成澳门习惯水域管理专题论证，为澳门习惯水域管理提供了科学依据。

为保障香港供水安全，珠江委积极参与编制《东江流域国土江河综合整治试点总体方案》，拟通过开展水土保持综合治理、水环境综合整治及水源涵养区保护等措施，使赣粤断面寻乌水罗浮、定南水细坳达Ⅲ类水质，东深供水控制断面及博罗站水质达Ⅱ类水，保障供水水源质量。珠江委正加紧在寻乌水赣粤交界断面设立罗浮水文站，加强东江源头区水资源监测。此外，自2007年以来，在香港科技大学举办水资源与公共管理培训班，已成功举办7期，累计培训人员167名，为两地水利交流合作搭建了桥梁。

## 九、流域综合管理能力不断加强

积极推进滇黔桂粤跨省（自治区）水资源保护与水污染防治协作机制的建立，目前协作机制组建方案已征求了四省（自治区）政府意见。加强主要干支流省界断面及主要饮用水源地水量、水质、水生态监测，强化信息公布、监督检查与水行政执法。

组织完成西江生态模拟及调度试验模型建设等项目前期立项，推进省界断面水文水质测站等基础设施建设，提升防灾减灾、河口动力及伴生控制、石漠化治理、有毒污染物在线监测、水质生物监测等科研技术领域专业优势。重大公益性项目在重金属污染应急处置、咸潮机理研究方面取得新突破。流域机构预算管理和财务管理改革不断深入，科学化、规范化、精细化管理水平不断提高。

## 十、作风建设和廉政建设扎实推进

认真开展“三严三实”专题教育，坚持问题导向，扎实做好专题党课活动，边学边改，深化整改成效。完善制度，加强监管，扎实推进党风廉政建设工作。加强制度建设，规范权力运行；加强内部管理，强化重点领域和关键环节的监督，防范廉政风险；强化制度执行，加强监督检查及整改落实。加强干部人才队伍建设，不断完善干部考核制度，构建多层次干部教育培训平台。积极开展各项文体活动，丰富职工生活。更加关注群众利益诉求，抓好信访、计生工作，落实好离退休干部职工的“两个待遇”，积极开展老年人文体活动；进一步加大困难职工帮扶力度。

袁建国　吴怡蓉　执笔

陈洁钊　审核

# 抢抓机遇 奋发前行 流域管理工作取得可喜成绩

## ——2015 年松辽流域重点工作进展与成效

水利部松辽水利委员会

## 一、扎实开展防汛抗旱工作，提升流域防洪保安能力

水利部松辽水利委员会（以下简称“松辽委”）注重发挥流域机构防汛抗旱综合协调职能，着力强化防汛抗旱管理能力，流域防灾减灾水平显著提高。汛前，坚持早安排、早部署，认真落实国家防总各项决策部署，严格落实防汛责任制，积极开展水情预测、洪水预报、水库调度系统调试演练，加强汛前检查，防汛抗旱准备细致周密。针对 2015 年汛旱交替的防汛抗旱形势，认真开展防汛会商和值班值守，密切关注雨水情和旱情动态，完成降水预报 130 余次和洪水预报 580 余站次，为防汛抗旱决策提供了坚实的信息保障；根据流域局部地区旱情严重和东部地区遭受台风“天鹅”外围环流影响等情况，及时派出工作组指导地方抗旱和防台工作，尽量将灾害影响降到最低。强化防汛抗旱基础性工作，完成嫩江、松花江省界河段 2013 年大水洪痕测量和围堤核查，对全国山洪灾害防治项目省级年度实施方案和大江大河重要控制断面防汛特征水位复核成果进行审查审核，有效提升了流域防汛抗旱综合管理能力。

## 二、落实最严格水资源管理制度，推动节水型社会建设

松辽委统筹兼顾流域经济社会发展需求和水资源承载能力，充分发挥水资源要素配置先导作用，促进流域水资源可持续利用。以流域和省市县三级行政区域“三条红线”控制指标体系为基础，开展年度用水效率评估和落实最严格水资源管理制度考核，促进流域最严格水资源管理制度有效

落实。流域主要江河水量分配工作有序推进，充分考虑供用水历史和现状、未来供水能力和用水需求以及节水型社会建设的要求，开展13条江河水量分配方案编制和行政协调，嫩江、诺敏河等7条江河水量分配方案通过水利部技术审查，为逐步构建以流域为单元的用水总量控制指标体系奠定基础。充分发挥水资源约束导向性作用，严把新项目准入关，严格水资源论证和取水许可审批，依法审批水资源论证和取水许可申请15项；强化取用水监管，开展6次水资源专项执法检查，有效规范了各行业用水行为。科学编制并实施嫩江干流水量调度和察尔森水库兴利调度计划，尼尔基和察尔森水库累计供水约29.7亿$m^3$，有效满足下游各业用水需求；编制东辽河、嫩江流域水量调度方案，探索建立江河水量统一调度有效途径，促进实现流域水资源统一管理。水资源监管能力明显提升，完成水资源监控能力一期工程建设，实现48处省界断面水量监测、83处省界断面水质监测和59个重要考核功能区监控的数据集成，初步建成重要取水户、重要水功能区和主要省界断面三大监控体系，为流域水资源调度和管理提供了有力的技术支撑。

## 三、持续加大水生态保护力度，推进流域水生态文明建设

松辽委始终坚持水资源开发与水生态环境保护并重，不断加大治理和保护力度，持续推进流域水生态文明建设进程。继续加强水功能区监督管理和重要饮用水水源地保护，完成2014年度流域重要水功能区水质达标评价和省区达标评价成果技术复核，对19个重要饮用水水源地安全保障达标建设进行年度检查评估，先后组织开展3次水功能区巡查，促进改善流域水质状况。进一步提升水质监测能力，完成嫩江流域5座水质自动监测站建设，对87个省界水体水质断面进行水质监测；认真执行水质监测会商机制，为加强水功能区保护管理和考核提供了重要依据。完成呼伦贝尔市水生态文明城市建设试点实施方案审查，以点带面推进水生态文明建设。充分发挥松辽水系保护领导小组平台作用，与环境保护部东北督查中心签署合作协议，对大凌河、拉林河等省界缓冲区开展联合巡查和督察，开创水资源保护与水污染防治工作合作新局面。制定落实水污染防治行动计划实

施方案，提出44项工作任务，明确责任分工和完成时间，水资源保护力度不断加大。强化水土保持工作，有序推进东北黑土区水土流失治理，开展国家水土保持重点工程33个项目县督查；加强生产建设项目监督管理，完成大中型生产建设项目水土保持监督检查25项、验收21项；提升水土流失监测水平，采用无人机和遥感影像等技术手段开展12.3万$km^2$水土流失监测，为水土保持管理工作提供技术支撑；开展察尔森水库水土保持科技示范园前期工作，普及水土保持先进科学技术和经验，促进提升水土保持工作水平。

## 四、加快推进重大水利工程建设，完善流域水利基础设施

松辽委树立民生水利突出理念，积极推进重大水利工程建设，不断增强流域水利支撑保障能力。精心组织松花江干流、嫩江干流治理工程等前期工作，协调环境影响评价等可研审批前置要件的编制和报批；完成大洋河等重要支流治理和国境界河防护等30项工程前期工作的审查审核，保障了工程建设的顺利实施。有序推动胖头泡、月亮泡等防洪骨干工程以及吉林中部引松供水、大伙房水库输水等水资源配置工程建设，流域防洪工程体系不断完善，水资源配置格局进一步优化。继续支持东北四省区节水增粮行动，及时组织复审48个项目县水资源论证报告，对项目实施面积、建设地点、布井方案等内容进行认真复核，开展12个项目县检查评估，有力推动了高效节水农业发展。不断强化水利工程建设监管，先后派出8个工作组，对流域内47项大中型水利工程开展督导检查，对农村饮水安全、大型灌区续建配套与节水改造等141项民生工程进行监督检查和稽察，有效保障了民生水利工程的建设进度和质量。持续加强水利安全生产工作，开展流域内水利工程建设落实施工方案等专项检查，有效预防生产安全事故的发生。强化日常安全监督管理，制定察尔森水库工程维修养护技术质量标准，提高维修养护工作管理的标准化和规范化水平，确保维修养护工作质量，察尔森水库、尼尔基水利枢纽实现连续安全发电生产9502天和3042天。加强直管工程和基础设施建设管理，全面启动察尔森水库除险加固和水电站增效扩容改造工程，成立工程建设领导小组，及时解决工程建

设中的重大问题，提前完成溢洪道拆除和进口两侧边墙护砌工程，工程建设有序进行；完成28处省界断面水文站网改建和2处国境界河水文站建设，加快推进流域省界断面水资源监测站网新建工程（一期）等项目前期工作，水文水资源监测能力进一步提升。做好西藏山南地区、新疆克孜尔水库技术和物资援助，协助弥补帮扶地区水利事业发展短板。

## 五、逐步完善流域规划体系，保障流域水利科学发展

松辽委统筹兼顾各方利益和需求，坚持多目标、多层次协同优化的规划思路，确保规划的科学性、前瞻性和客观性。跨省区河流和国境界河综合规划有序推进，针对流域跨省区河流和国境界河众多、水事矛盾突出等特点，编制了4条跨省区河流综合规划和4条国境界河综合规划，为更好地指导界河水资源合理开发利用奠定基础，其中，诺敏河流域综合规划已通过水利部技术审查，绰尔河、拉林河等流域综合规划完成省区协调并报部待批，多项国境界河流域综合规划正在征求省区意见，规划编制工作成效明显。流域和重点专业专项规划成果丰硕，流域水利发展“十三五”规划稳步开展，松辽流域水资源保护规划编制完成并报部待审，霍林河水资源开发利用规划正在征求相关省区水利厅意见，即将上报水利部，辽河口综合整治规划、松辽委“十三五”基础设施建设规划有序开展，初步形成了综合规划与专业规划、流域规划与区域规划、长远规划与阶段规划相辅相成、有机结合的水利规划体系，为加快推动流域水利改革发展提供了科学依据。

## 六、强化依法治水科技兴水，提高水行政管理水平

松辽委不断强化依法治水管水，切实加强流域综合管理，涉水事务管理水平和水利公共服务能力明显提升。推进依法治水管水，结合松辽委职责，组织编制了《松辽委关于全面推进依法治水管水的工作方案》，提出了47项工作任务，为全面推进流域依法治水管水提供重要遵循。规范和改进行政审批工作，许可事项由16项精简为10项，制定水行政审批工作方案、服务指南和审查工作细则，建立“一个窗口”统一受理制度，2015

年，共审批行政许可37项，切实提高了行政许可办理效率和公共服务水平。加强水政监察基础设施建设，2015年度水政监察基础设施建设项目全面完成；强化水行政执法，开展河道管理、水资源管理等联合执法检查10次，对重点省界河流水事矛盾纠纷进行全面排查，妥善调处老哈河、老虎山河非法采砂以及小梨树河有关涉河问题，有效维护了省际边界水事和谐。加强水法规宣传和水情教育，组织开展“世界水日”“中国水周”和全国法制宣传日活动，形成了良好的普法宣传教育氛围，水法规意识不断增强。做好中俄界河考察调研和涉外谈判相关工作，开展中俄界河水文过境测量，国际河流管理进一步加强。强化科研攻关和信息化技术应用，“三江平原水土资源生态经济综合调控技术研究”等3项公益性科研项目通过水利部验收，6项“948”计划项目和科技推广项目进展顺利；稳步推进防汛抗旱指挥二期等业务系统建设，完成政务外网重要信息系统等级保护项目建设，加强各类信息系统运行维护，科技和信息化水平进一步提升。

## 七、认真落实从严治党要求，提升党的建设工作水平

松辽委把抓好党建工作作为推动流域水利改革发展的根本保障，全面落实党风廉政建设“两个责任”，着力提升党建科学化水平。认真开展“三严三实”专题教育，及时组织动员、制订实施方案，坚持以上率下，召开党组会议专题学习贯彻中央有关精神和部署，党组书记带头讲党课，谈体会，开展专题学习研讨，深入查摆问题，完成规定动作、创新自选动作，确保了专题教育与日常工作有机融合、相互促进，取得了实实在在的成效。强化基层党组织建设，开展创先争优活动，严格执行“三会一课”制度，全面提升干部职工学习能力和知识素养。切实强化责任落实，通过自上而下层层签字背书，进一步明确了责任主体和责任内容；不断完善惩治和预防腐败体系，实施2013—2017年惩防体系规划，强化任务分解和监督考核；针对2015年新开工建设的委管水利工程项目，建立了项目建设全过程廉政风险防控机制。突出党性党风党纪和廉洁从政教育，深入学习贯彻《中国共产党廉洁自律准则》《中国共产党纪律处分条例》，多次召开专

题会议传达学习中央和水利部党组党风廉政建设有关要求，印发实施加强领导干部反腐倡廉教育实施意见，筑牢拒腐防变思想道德防线。严格落实中央八项规定精神和一系列禁令，有效规范和约束行政管理行为，推动全委党风政风呈现崭新气象。精神文明建设深入开展，委机关获得“全委文明单位”称号。

高　远　王　勇　种立博　执笔

赵万智　审核

# “三贴”服务民生　助力经济社会发展

## ——2015 年太湖流域重点工作进展与成效

水利部太湖流域管理局

## 一、深入学习领会，不断丰富流域水利发展思路

2015 年，水利部太湖流域管理局（以下简称“太湖局”）深入学习贯彻新时期水利工作方针，紧密围绕习近平总书记重要论述和国家层面出台的政策、文件，多次组织开展专题研讨和局党组扩大学习班，进行多角度、全方位、大视野地解读，强调学深、学精，在学习中思考，在思考中不断丰富完善流域水利改革发展思路。同时，加强对生态文明体制改革、“水十条”、海绵城市等治水新政的分析研判，将新时期水利工作方针落实到流域水利改革的全过程，强化依法治水管水，着力推动流域管理精细化，贴心，贴身，贴切服务流域经济社会可持续发展，为流域水利改革发展增添了新动力。

## 二、强化规划引领，科学谋划“十三五”水利工作

太湖局依托新发展理念和新时期中央水利工作方针，坚持问题导向，认真梳理、分析研究关系当前和今后一个时期流域治理与管理的紧迫性、全局性和战略性关键问题，编制完成流域水利重大问题与对策要点报告，开展流域水资源水环境承载力等基础性研究。强化需求分析，多批次、多层次深入各省（直辖市）开展专题调研，了解地方需求，把脉水利改革发展思路、方向和重点。强化对规划编制的统筹组织和过程管理，通过座谈讨论、专题研究等方式，更加开放、高效地编制规划；积极与地方做好对接，贴心服务流域经济社会发展需求，统筹需要与可能，策划推出了一批重点项目，编制完成《太湖流域片“十三五”水利发展规划》。同时，太

湖局积极促进规划管理向“编制、实施、监管并重”转变，以行政许可、检查监督为抓手，不断增强流域水利规划的权威性和约束指导作用。

## 三、科学精细调度，有效保障“三个安全”

2015年，太湖流域先后遭受春汛、梅汛及“灿鸿”“苏迪罗”等多次台风暴雨影响，流域北部地区发生超历史洪水，多条河流水位超警戒。太湖局认真落实各项防汛责任制，充分发挥太湖防总平台作用，贴切服务不越位，强化协同指导，先后组织会商70余次，启动应急响应4次，响应持续时间累计达39天，派出或参加工作组20个，深入一线协助指导洪水台风防御工作；统筹望虞河、太浦河调度，提前预泄，适时采取超常规调度手段，有力保障了流域和区域的防洪防台安全。认真组织实施引江济太水资源调度，深化洪水资源化利用。2015年累计引长江水9.6亿$m^3$，通过望亭水利枢纽入太湖3.9亿$m^3$，通过太浦闸向下游地区增供水10.1亿$m^3$，有效保障了供水安全和水生态安全。在统筹流域综合调度的基础上，积极组织开展水利分区调水试验，摸查水规律，优化调度，促进区域水体有序流动。

## 四、加强组织督导，全力推进重大水利工程

全力做好太湖局负责的流域水环境综合治理重点水利工程建设，工作实现新突破。太湖流域水资源监控与保护预警可研经国家发展改革委批复，初步设计已通过水规总院审查，正抓紧进行开工准备。太浦闸除险加固工程完成竣工验收，太浦河后续、吴淞江等工程前期论证深入开展。贴身服务地方重大水利工程与民生水利建设，组织召开流域片重大水利工程推进会，细化责任分工与计划安排，分类加强督促指导，在大中型水库、重大引调水工程等项目前期论证中，派出精干力量，主动加强技术支持与指导。江苏省新孟河延伸拓浚工程、安徽省月潭水库开工建设，一批重点工程前期工作加快推进，积极支持上海、嘉兴、湖州水源地建设。同时，强化督导检查，2015年完成节水供水重大水利工程等各类督导检查稽察近30批次。

## 五、咬定目标不放，强化太湖流域水环境综合治理

认真履行太湖流域水环境综合治理省部际联席会议办公室副主任单位和水利工作协调小组办公室职能，会同流域两省一市水行政主管部门积极推动落实《太湖流域水环境综合治理总体方案》以及修编方案，协调、配合召开水环境综合治理第六次省部际联席会议和水利工作协调小组第五次会议，组织实施了水源地建设与保护、引江济太、河湖生态修复、重点水利工程建设、水资源监测等水利工作，强化水功能区监督管理，有力促进了水环境综合治理目标的实现。2015 年，太湖营养指数由 62.3 降至 60.7，22 条主要入太湖河道水质均已达到或优于Ⅴ类，连续 8 年实现“两个确保”。严格执行《中华人民共和国水土保持法》，首次对流域片 80 多个部批建设项目水土保持方案实施情况开展了全覆盖跟踪检查。

## 六、坚持节水优先，推动最严格水资源管理制度落实

认真开展流域片省区“三条红线”考核评估有关工作，太湖流域水量分配方案通过水利部审查，组织提出新安江流域水量分配初步方案，全力做好两个方案的各省（直辖市）协调工作。组织完成长江经济带太湖流域取水口、排污口和应急水源布局规划以及水资源管理“三条红线”制定工作。实行取水许可全过程监督管理，完成三门核电、金泽水库等多个项目水资源论证报告书审核等工作，审批的建设项目用水指标均达到或优于国内先进水平。完成流域内第二批水生态文明城市建设试点实施方案审查，目前各试点城市实施方案已基本得到上一级人民政府批复。

## 七、强化依法治水，维护流域良好水事秩序

以《太湖流域管理条例》配套制度建设为重点，以行政许可和水政执法为抓手，进一步加强流域河湖管理工作。制定印发《水利部太湖流域管理局关于全面加强依法治水管水的工作方案》，深化流域与区域执法合作，组织开展“一湖两河”专项联合执法巡查和河湖管理专项执法检查，依法查处了 104 国道、苏州园博会等多起涉水违法案件，有力维护了流域水事

秩序。强化水域岸线管理，开展“河长制”调研，加强对多处涉河建设项目的事中、事后监管，维护了河湖健康。结合“世界水日”“中国水周”和水利“六五”普法，积极做好《太湖流域管理条例》等水法规的宣贯，切实增强公众的水法治意识和观念。

## 八、注重务实高效，不断夯实流域综合管理基础

进一步规范洪水和水资源调度管理，完善预案体系，《太湖抗旱水量应急调度预案》得到国家防总批复，组织编制完成《太湖超标准洪水应急处理方案》并报备国家防总。加快推进“智慧太湖”建设，组织实施国家防汛抗旱指挥系统二期工程、水资源监控能力、重要信息系统安全等级保护、流域调度管理决策支持系统等重点水利信息化项目，流域指挥决策能力进一步提升。基础设施能力建设不断提速，太湖流域水环境监测中心实验室投入试运行，水政监察基础设施一期工程开工建设，完成中小河流水文监测系统项目建设。坚持科技引领，深化开放发展，加强流域水量水质模型等重大水利科技攻关，创新能力和技术水平进一步提高。国际交流合作不断深化，成功承办了第十九届海峡两岸水利科技交流研讨会。

## 九、完善协调机制，充分发挥流域团结治水合力

在充分发挥流域防汛抗旱总指挥部、流域水环境综合治理水利工作协调小组等已建平台作用的基础上，进一步创新协调议事形式、深化交流主题。组织召开第二次环太湖城市水利工作座谈会，协调解决跨区域水环境综合治理工作，进一步完善环太湖城市水利工作联席会议机制，加强流域与区域、环太湖城市之间的沟通协作和信息共享。初步建立太浦河地区水资源保护省际协作机制，促进太浦河水源地保护工作。通过建立健全科学合理的工作机制和高效务实的沟通协调机制，团结治水兴水已成为全流域的共识。

赵中伟　张　怡　唐　力　徐　璐　执笔
叶建春　审核

# 廉政与水文化建设篇

# 党风廉政建设取得实效

水利部直属机关党委

2015年，水利部党组认真贯彻全面从严治党要求，按照十八届中央纪委五次全会部署，坚持以党章为根本遵循、以党纪为基本准绳，强化全面从严治党“两个责任”，持之以恒落实中央八项规定精神，始终保持惩治腐败高压态势，推动水利党风廉政建设和反腐败工作取得明显成效。

## 一、深化学习教育，筑牢筑强全面从严治党的思想根基

### （一）深入学习总书记系列重要讲话精神

水利部党组书记、部长陈雷同志多次主持召开党组会议，深入学习习近平总书记系列重要讲话精神特别是关于党风廉政建设和反腐败斗争的重要论述。坚持读原著、学原文、悟原理，向水利部机关全体公务员发放《习近平关于党风廉政建设和反腐败斗争论述摘编》等学习书籍。采取集中培训、专题研讨、辅导讲座、交流座谈、主题实践等多种形式，引导党员干部将讲话精神内化于心、外化于行。

### （二）深入学习党章党规党纪

制定学习贯彻《中国共产党廉洁自律准则》《中国共产党纪律处分条例》工作方案，组织党员干部深入学习，邀请中央纪委副书记杨晓渡同志到部机关作专题辅导报告，举办两期水利部廉政讲堂，驻部纪检组组长田野同志开讲第一期讲堂。先后举办水利部党组中心组（扩大）学习班、水利部直属机关纪检干部培训班，组织机关司局及直属单位负责同志进行专题学习，要求各级纪检部门加大检查督促力度，确保党规党纪不折不扣贯彻执行到位。

### （三）扎实开展“三严三实”专题教育

坚持以上率下，突出以严促实，水利部党组同志带头讲专题党课，深入开展专题学习研讨，认真开好专题民主生活会，同时，采取巡回检查、现场点评、专项调研、随机抽查等方式，加强对直属机关各级党组织专题教育的督促和指导。始终坚持问题导向，通过召开征求意见座谈会、发放征求意见表等多种方式，共梳理出对水利部党组和党组班子成员的意见建议194条；专题民主生活会上，党组班子紧密联系自身执行中央八项规定精神的实际，联系水利工作实际和班子成员思想、工作、生活和作风实际，查摆了班子7个方面不严不实问题，班子成员32个不严不实问题。对这些问题，水利部党组逐一制定整改落实方案，明确任务书、时间表和责任人。

### （四）筑牢思想防线

将廉政教育纳入党员干部教育规划和教学计划，通过集中培训、专题研讨、辅导讲座、交流座谈等多种形式，深入开展理想信念教育、党性党风党纪教育、廉政风险警示教育，继续深化家庭助廉行动和青年干部“守纪律　讲规矩　促成长”系列活动，教育引导党员干部做到讲规矩、守纪律，知敬畏、存戒惧，自觉在廉洁自律上追求高标准，在严守党纪上远离违纪红线。

## 二、强化责任担当，进一步把主体责任细化实化具体化

### （一）书记率先垂范

水利部党组书记、部长陈雷同志作为第一责任人，始终把党风廉政建设作为分内之事、应尽之责，既挂帅又出征，对重要工作亲自部署、重大问题亲自过问、重要环节亲自协调、重要案件亲自督办。坚持两手抓、两手硬，先后主持召开水利党风廉政建设工作会议、水利系统落实党风廉政建设主体责任和监督责任座谈会等全国性会议，把党风廉政建设与水利业务工作一同研究、一同部署、一同检查、一同落实、一同考核。在巩固和强化主体责任成果的基础上，带头签订责任书和承诺书，带头开展约谈，

带头研究基层廉政风险，进一步把责任传导落实到基层水利部门，做到以上率下、以严促实。

### （二）明确职责分工

根据中央国家机关工委关于《中央国家机关贯彻落实全面从严治党要求实施方案》要求，水利部党组专门成立党建工作领导小组，调整充实党风廉政建设领导小组，进一步健全了党组织书记负总责、分管领导分工负责、纪检监察部门监督检查、领导干部"一岗双责"的党风廉政建设工作格局。细化分解2015年水利党风廉政建设责任分工，将党风廉政建设工作任务分解为6大项、22小项，逐条明确分管部领导、牵头司局的责任，进一步强化主体责任意识和"一岗双责"意识。

### （三）层层传导压力

对党风廉政建设实行签字背书，水利部党组与43个部机关司局和直属单位的党组织签订党风廉政建设责任书，水利部与32个省级水行政主管部门签订党风廉政建设承诺书，48位机关司局及直属单位主要负责同志与分管部领导、197位在京司局级干部与本单位主要负责同志签订党风廉政建设承诺书。为机关司局和直属单位党政主要负责同志订阅《中国纪检监察报》，并要求各级纪检监察部门都要组织订阅。举办基层党组织书记党建暨落实主体责任专题培训班，切实把压力传导到基层、把责任落实到基层、把任务分解到基层。

### （四）加强机构建设

及时调整水利部党风廉政建设领导小组及其办公室，进一步明确了职责任务。整合水利部直属机关纪委和水利部廉政办的机构设置、工作职能和人员配备，增强直属机关党风廉政建设和纪检工作力量。加强直属单位纪检监察组织建设，在2014年对长江水利委员会、黄河水利委员会开展试点的基础上，2015年又在其他5个流域派驻单位的纪检监察机构实行部党组直接领导、驻部纪检组归口指导的体制，对9个部直属单位配备了专职纪委书记（纪检组长）。推进水利系统各级纪检监察机关转职能、转方式、转作风，突出监督执纪主责，提高监督执纪能力。

## 三、严明纪律规矩，狠抓中央八项规定精神的贯彻落实

### （一）坚定正确政治方向，自觉强化看齐意识

始终把坚持坚定正确的政治方向摆在首要位置，强化看齐意识，向党中央看齐，向党的理论和路线方针政策看齐，自觉在思想上政治上行动上同以习近平同志为总书记的党中央保持高度一致。对中央兴水惠民决策部署，逐项制定落实方案、明确责任分工、跟踪督办问效，2015 年全年共组织各类督导、稽察、检查、工作组 681 个 3500 多人次。制定印发《进一步严明党的政治纪律和政治规矩的通知》《进一步严肃机关工作纪律的通知》，严明纪律要求，经常提醒监督，切实增强党员干部的纪律规矩意识。

### （二）落实八项规定精神，驰而不息改进作风

水利部领导带头深入基层开展调查研究，2015 年全年共深入一线调研督导 65 次，特别是 10 月围绕政府工作报告明确的重点任务开展专题调研，水利部领导共走访基层单位 67 家，形成 9 份专题调研报告。水利部党组每半年组织开展一次执行中央八项规定精神全面自查，各司局各单位开展专项检查和经常性自查自纠，坚决防止“四风”反弹。水利部领导以身作则，严格执行《党政机关厉行节约反对浪费条例》《党政机关国内公务接待管理规定》等各项制度和规定。2015 年部机关“三公”经费较 2014 年减少 2. 3%，会议费较 2014 年减少 23. 4%，机关因公出国经费支出比预算节约 3%，文件简报进一步精简。

### （三）深入开展专项治理，切实抓好整改落实

聚焦“四风”问题开展专项整治，在元旦、春节等重要时间节点专门印发通知、发送手机短信，在水利纪检监察信息网增设纠正“四风”监督举报直通车，对 2 起司局级干部违反八项规定精神的典型问题通报曝光。开展办公用房清理整改工作，水利部本级调整办公用房 186. 4$m^2$，直属单位腾退办公用房 2336. 98$m^2$。集中清理水利部机关公务用车，进一步规范公务用车使用管理。严格执行退离休领导干部社团兼职的有关政策规定和

工作要求。开展违规办理和持有因私出国（境）证件专项治理，对水利部机关和各直属单位6856名备案人员的相关信息重新登记造册。

## 四、加强风险防控，切实加强对权力运行的制约和监督

### （一）深化简政放权

成立水利部行政审批受理中心，将水行政审批事项由48项减少到22项，15项非行政许可审批事项已全部清理。同时加强对取消事项的事中事后监管，规范行业自律组织有序承接取消的水利资质资格认定审批事项，对保留审批事项进一步规范审批行为，积极推进分类合并实施，最大程度减少权力寻租空间。完善党务、政务和办事公开制度，推动权力在阳光下规范、廉洁、高效运行。

### （二）规范权力运行

认真落实中央《2013—2017年惩治和预防腐败体系工作规划》，进一步健全完善水利行政审批、项目安排、投资计划、资金监管、基建程序等方面的规章制度，进一步规范领导干部和关键岗位权力运行，用制度形成对权力的有效制约。狠抓8个重点领域廉政风险防控手册落实工作，加快构建覆盖所有水利业务管理领域的廉政风险防控制度体系。对权力集中的部门和岗位，实行分解权力、定期轮岗，做到有权必有责、用权受监督、违法必追究。

### （三）强化基层监管

深入基层水利一线开展调研，及时准确掌握基层水利单位党风廉政建设情况，有针对性地加强和改进指导工作。建立完善党风廉政建设承诺、约谈、报告、检查考核、责任追究和领导干部年终述廉等一系列制度，制定出台《加强中小型水利工程建设管理防范廉政风险的指导意见》《水利工程建设项目代建制管理的指导意见》等文件。加强水利审计免疫系统建设，深化水利工程建设和管理体制改革，大力推动水利建设项目进场交易和电子招标投标工作，加快建立水利建设市场诚信红黑名单制度，深化水利工程建设领域突出问题专项治理。

## 五、落实从严要求，着力加强党员领导干部的监督管理

### （一）严把选人用人关口

坚持以德为先，突出考察政治品质和道德品行，把遵守中央八项规定精神、反对“四风”、践行“三严三实”情况作为考察的重要内容，把好程序关、识别关、廉政关。坚持对拟提任人选进行廉政鉴定，听取纪检监察部门意见。把查阅考察对象干部档案作为考察必经环节，对人选干部档案进行认真核实。对副处级以上领导干部个人有关事项报告坚持“凡提必查”，对不如实填报或隐瞒不报的，坚决不上会讨论，并给予相关组织处理。

### （二）加强领导干部日常监督管理

不断完善党建、纪检监察、信访、审计、外事等多部门参加的协商沟通机制和联合工作机制，严格执行年度考核、谈话谈心、诫勉谈话、函询、离任审计等制度，并结合年度考核认真开展干部选拔任用“一报告两评议”工作。坚持抓早抓小，先后约谈 12 个直属单位主要负责人和纪检监察部门负责人，对 20 名社团负责人进行集体约谈，函询、诫勉谈话 14 人次。

### （三）认真做好领导干部个人有关事项报告

按照中组部关于领导干部报告个人有关事项要求，认真做好材料受理、信息录入、抽查核实等方面工作。一年来，共汇总综合 5449 名领导干部个人事项报告信息，其中部管干部（含机关公务员）603 人，直属单位干部 4846 人。对 1135 名领导干部个人有关事项报告进行了随机抽查和重点抽查，对漏报或填报不规范的领导干部给予批评教育，对不如实填报或隐瞒不报的领导干部给予严肃处理。

## 六、狠抓执纪问责，坚定不移地维护党章党规党纪权威

### （一）加大监督执纪领导和支持力度

进一步落实和完善沟通会商、线索报备、协作配合等制度，及时听取

驻部纪检组监察局意见，全力支持配合开展监督执纪问责工作，定期听取机关纪委和水利部党组派出纪检组工作汇报，全面了解掌握党员干部作风和纪律方面的问题。对于纪检监察部门在执纪监督中的困难和问题，特别是在业务经费、人员力量和办公环境等方面，水利部党组及时研究解决、予以充分保障。

### （二）切实强化巡视监督利剑作用

深入贯彻《中国共产党巡视工作条例》，及时调整部巡视工作领导小组，由水利部党组书记陈雷同志任组长。研究制定巡视工作实施方案，2015 年分两批派出了 4 个巡视组对 4 个部直属单位进行巡视，计划在党的十九大之前实现对所属单位巡视全覆盖。着力强化巡视成果运用，对巡视发现的问题及时指出并督促整改落实，对顶风违纪行为及时进行严肃查处，切实发挥了巡视工作的反腐利器作用。

### （三）严格检查考核和责任追究

组织修订《党风廉政建设责任制落实情况民主测评表》《党风廉政建设责任制落实情况考核评分标准表》，水利部党组专门下发通知，对党风廉政建设责任制考核工作作出安排部署。由水利部领导带队，组成考核组，对有关部直属单位落实主体责任情况进行重点抽查考核，对主体责任落实不到位的进行严肃追责。

### （四）严肃查处各类违纪违法问题

坚持以“零容忍”态度惩治腐败，集中力量查处违纪违法案件，对多名司局级干部作出党纪政纪处分和相应组织处理，并进行通报。对审计检查中发现突出问题的单位主要负责人进行专门约谈，责令有关单位向部党组作出书面检查，对有关责任人员分别给予党纪政纪处分和组织处理。

安　鹏　执笔

罗湘成　审核

专栏三十六

# 积极探索水利纪检监察管理体制改革

水利部人事司

为深入推进水利党风廉政建设和反腐败工作，切实落实党风廉政建设主体责任，深化纪检监察部门转职能、转方式、转作风，水利部积极探索水利纪检监察管理体制改革。

## 一、加强部属单位纪检监察组织建设

制定印发了《关于进一步加强部属单位纪检监察组织建设的意见》，从健全规范纪检监察组织机构设置和人员配备，切实强化纪检监察机构领导班子建设，以及大力加强纪检监察干部队伍建设3个方面提出了9条具体意见，在此基础上研究提出了在部属部分单位配备专职纪检组长（纪委书记）的建议方案。

## 二、全面实施流域机构纪检监察机构直接管理

针对派出流域管理机构人员较多、管理链条长、监管任务重的实际情况，在总结了长江委、黄委纪检监察机构直接管理试点经验的基础上，水利部全面实施流域管理机构纪检监察机构直接管理。一是调整了领导体制，增强纪检监察机构独立性和权威性。将流域管理机构的纪检监察机构上收一级，由所在单位党组领导调整为水利部党组直接领导，业务上接受中纪委驻水利部纪检组、监察部驻水利部监察局的指导。直接管理机构实施监督和查办案件工作直接受水利部领导，重要情况和问题直接向水利部请示、报告。二是突显了纪检监察主业，聚焦监督执纪问责。直接管理机构把落实中央以及水利部党组党风廉政建设和反腐败工作决策部署作为首要任务，把加强对所在单位党组落实主体责任的监督作为履职重点。直接

管理机构主要负责人兼任流域管理机构纪检组组长，但不分管流域管理机构其他工作，集中力量抓好主业，履行好主责。三是健全了组织机构，加强纪检监察队伍建设。对于直接管理机构，健全了机构设置，增加了人员编制，明确了工作职责，理清了工作关系，强化了干部管理，进一步充实了纪检监察工作力量。

## 三、进一步加强直属机关纪委和廉政办机构能力建设

研究起草了进一步落实党风廉政建设主体责任、健全完善管理体制和工作机构的建议方案，提出了进一步加强直属机关纪委和廉政办机构能力建设的具体意见，将直属机关纪委办公室单独设立，增加了人员编制，连同廉政办一并核增了相应领导职数，切实增强了直属机关纪委和廉政办工作力量。

陈　东　左　琪　执笔

侯京民　审核

# 水文化建设扎实推进

水利部直属机关党委

水文化建设是水利事业的重要组成部分，在现代水利事业发展全局中具有重要地位，发挥着不可替代的作用。近年来，水文化建设按照水利部党组的战略部署，以可持续发展水利的宏伟目标凝聚力量，以民生水利的重要理念引领实践，以“献身、负责、求实”的水利行业精神鼓舞斗志，着力构建符合社会主义文化前进方向、具有鲜明时代特征和行业特色的水文化体系，为加快推进水利改革发展提供先进文化支撑。

## 一、强化顶层设计

强化顶层设计是做好水文化建设的重要前提，也是加强水文化建设的重要保障。近年来，水利部党组高度重视水文化建设，相继出台了一系列推动水文化发展繁荣的政策措施，各单位积极响应部党组号召，大力加强本单位水文化建设，当前全行业水文化建设发展势头强劲。水利部党组书记、部长陈雷在首届中国水文化论坛上深刻阐述了加强水文化建设的重要意义，明确提出了落实水文化建设的各项措施，对当前和今后一个时期水文化建设进行了安排部署。印发《水文化建设规划纲要 2011—2020 年》，明确了水文化建设的指导思想、基本原则、发展目标、重点任务及保障措施。印发《水文化建设 2013—2015 年行动计划》，对 20 余项重点任务逐项分解，明确工作责任，细化工作任务。印发《关于水文化建设工作机制和责任分工的通知》，进一步明确了水文化建设工作机制和责任分工，整合水文化力量。

## 二、培育和践行社会主义核心价值观

社会主义核心价值观是社会主义核心价值体系的高度凝练和集中表达，在水文化建设中发挥了灵魂作用。近年来，各单位把学习践行社会主义核心价值观体现到水文化建设各环节，进一步丰富了水文化建设内涵。深化社会主义核心价值观学习教育，举办宣贯班、辅导讲座、知识竞赛，制作宣传手册、张贴宣传标语、悬挂文明提示牌等，不断把社会主义核心价值观学习教育引向深入。扎实开展党的群众路线教育实践活动，引导干部职工把深入贯彻党的群众路线和学习践行社会主义核心价值观落实到凝心聚力干事创业的实际行动上，进一步巩固干部职工团结奋斗的共同思想基础。持续推进水利诚信建设制度化，印发《水利建设市场主体信用评价管理暂行办法》。加强水利职业道德和行为规范体系建设，制定11个水利专业从业人员行为准则，对8家基层水利单位岗位行为规范试点成果进行评鉴。加强先进典型、最美人物、身边好人学习宣传，推荐水利系统先进典型蒋志刚同志参评第五届全国道德模范并荣获提名奖，推动各地各单位积极参与所在地道德模范评选和“我推荐、我评议身边好人”等活动，逐步营造见贤思齐、崇德向善的良好氛围。按照中央节俭养德全民节约行动统一部署，在部机关开展党员干部节约行动，建设节约型机关；在全社会开展人人节水行动，增强公众节水意识。广泛开展水利志愿服务活动，发布水利志愿服务标识，举办关爱水源地、关爱江河源头志愿服务暨公益宣传活动，开展青年志愿者节水护水志愿服务活动，努力打造水利志愿服务活动品牌。

## 三、引导全社会建立人水和谐的生产生活方式

引导全社会建立人水和谐的生产生活方式，是水文化建设的出发点和落脚点，也是水文化建设的重要任务。近年来，各单位大力加强水文化知识宣传普及，动员全社会关心支持水利工作，为建立人水和谐的生产生活方式创造了有利条件。加强国情水情宣传教育，通过制播水利远程教育专题教材、开通微信公众平台、在中国水利报开设水文化专刊等，广泛开展国情水情教育，不断提高全社会的水患意识、节水意识、水资源保护意识以及维护河流健康生命的意识。加强水法规宣传教育，利用“世界水日”“中国水周”、国家宪法日等，开展“六五”普法宣传活动，引导人们自觉遵守水法规，提高全社会的水法治意识。加强水生态文明宣传教育，通过全国节水宣传周、节水中国行、节水公益广告等，引导人们逐步形成符合生态文明要求的节水意

识、用水习惯和价值体系。开展节水科普宣传进校园活动，开设节水护水课堂，发放节水知识读本，逐步提升青少年节水护水意识。

## 四、提升水利工程文化内涵与品位

丰富和提升水利工程的文化内涵与品位，是时代赋予水利的新使命、新内涵，也是发展现代水利、推动水利可持续发展的必然要求。近年来，各单位积极开展水利工程文化建设，大力加强理论调查研究，积极打造精品文化工程，水利工程文化建设取得显著成效。加强理论调查研究，通过开展提升水利工程文化内涵与品位战略研究、水文化示范工程指标研究、水文化建设试点研究等，探索推进水文化元素融入水利工程的有效措施和途径。提升水利工程文化建设意识，加大对水利工程文化配套设施投入，进一步丰富水利工程文化环境与艺术美感，涌现出一批富含水文化元素的精品水利工程。发挥水利风景区传承发展水文化的重要作用，打造一批水利与园林、治水与生态、亲水与安全有机结合的精品景区，使之成为传播水文化的重要载体，不断满足人民群众日益增长的精神文化需求。

## 五、加强水文化遗产保护与利用

中华民族五千年治水史积累了丰富的水利遗产，它是民族伟大创造力的实证，也是文化传承的重要载体。近年来，各单位加强水文化遗产保护与利用工作，广泛开展水文化遗产资源调查，深化理论与修复技术研究，水文化遗产保护与利用取得了一系列重要成果。加强水利文献史料整编与数字化工作，开展《行水金鉴》《续行水金鉴》《再行水金鉴》水利古籍点校工作，钱塘江海塘编年史料的整编与数字化工作，民国时期水旱灾害简报资料整编与电子化工作，建立水文化遗产数据管理系统。开展水利遗产资源调查，两次对全国范围内的水文化遗产数量、时空分布特征、保存、使用和管理等情况进行调查摸底，获得 5 万余处调查成果。加强水文化遗产保护与利用理论研究，开展水文化遗产现状调查研究、水文化遗产保护战略与对策研究、水文化遗产评估标准前期研究、水文化遗产保护与管理办法前期调查研究等，为水文化遗产保护与利用工作奠定了理论基础。加强水文化遗产展陈工作，对太湖水利同知署、太湖水利展示馆、江南河道总督部院署衙奏疏馆、中国大运河科技馆等场馆进行展陈设计，利用虚拟现实技术和多媒体手段对水文化遗产进行复原展示。加强水文化遗产修复，开展古代河工器具、水利机具、水力驱动仪器等传统机械研究性修复，对安顺鲍屯乡村古代水利工程进行适度修复。加强水文化遗产申报，配合有关部门成功将中国大运河列入世界文化遗产名录，7 处中国古代灌溉工程列入世界灌溉遗产名录。

## 六、加强水文化研究与教育

开展水文化研究与教育是弘扬中华民族精神、深化人水和谐理念的客观要求，也是推动水利科学发展的重要举措。近年来，各单位大力加强水文化教育培训，不断完善水文化专家队伍，发展和繁荣水利文学艺术，进一步推动了水文化建设。加强水文化教育，在水利系统党政管理干部和技术干部中广泛开展水文化教育，将水文化教育列入领导干部教育培训体系，提升干部职工的水文化素养。推进水文化教育进高校，在条件成熟的水利院校成立水文化研究中心或基地，编撰水文化教材，将水文化教育列入部分水利院校教育课程体系。加强水文化理论研究，成立中华水文化专家委员会，召开学术研讨会、经验交流会、座谈会等，围绕水利工作的重大问题和水文化的科学内涵进行理论研究，印制出版《水文化理论与实践文集》系列丛书。发展和繁荣水利文学艺术，组织编辑出版《中国河湖大典》《水文化建设系列丛书》《中华水文化书系》等，剪辑制作《中华治水故事》3D 动画片与 MPR 出版物。

通过不懈努力，水文化建设得到全面加强，不断满足了干部职工对行业特色文化多元化、多层次、多样化的精神文化需求，让广大干部职工更多地享有了水文化建设成果，为水利事业又好又快发展提供了强有力的文化支撑和保障。

李　磊　执笔

周振红　审核

专栏三十七

# 《2015年水利精神文明与水文化建设工作要点》实施情况

水利部直属机关党委

2015年，水利精神文明与水文化建设工作以培育和践行社会主义核心价值观为主线，着力在思想道德建设上深化拓展，着力在诚信建设上务求实效，着力在群众性文明创建活动上突出价值内涵，着力在水文化建设上丰富创新，为进一步推进水利改革发展提供有力的思想保证、精神动力和道德支撑。

## 一、深化理论武装工作

深入学习宣传习近平总书记系列重要讲话精神，通过理论中心组带头学习、处级以上干部集中轮训、广大干部职工学习交流等，把学习宣传贯彻习近平总书记系列讲话精神不断引向深入。不断深化中国特色社会主义和中国梦学习宣传教育，为广大党员干部购发《习近平谈治国理政》《习近平关于党风廉政建设和反腐败斗争论述摘编》《〈中共中央关于制定国民经济和社会发展第十三个五年规划的建议〉辅导读本》等学习材料，进一步推进党员干部加强理论学习。深入学习宣传党的十八大和十八届三中、四中、五中全会精神，通过召开部党组会议、干部大会、举办党组中心组扩大学习班等，对全国水利系统学习贯彻全会精神作出全面部署。

## 二、推进社会主义核心价值观落细落小落实

持续深化社会主义核心价值观学习教育，举办学习践行社会主义核心

价值观文明办主任宣贯班，组织开展水利部纪念中国人民抗日战争暨世界反法西斯战争胜利70周年朗诵大赛。持续推进诚信建设制度化，印发《水利建设市场主体信用评价管理暂行办法》。加强水利职业道德和行为规范体系建设，先后对8家基层水利单位岗位行为规范试点成果进行评鉴。广泛学习宣传水利先进典型，编辑出版《中国水利人（一）》，推荐水利系统先进典型蒋志刚同志参评第五届全国道德模范并荣获提名奖，组织部机关党员干部观看以蒋志刚同志为原型的电影《爱在青山绿水间》。广泛开展志愿服务活动，发布水利志愿服务标识，举办水利系统“关爱山川河流·保护江河源头”志愿服务及公益宣传活动，开展青年志愿者节水护水志愿服务活动，努力打造水利志愿服务品牌。

## 三、深化群众性精神文明创建

开展第七届全国水利文明单位现场考核暨往届全国水利文明单位复查工作，确认64家第七届全国水利文明单位，确认165家前六届全国水利文明单位。开展水利建设工程文明工地申报审核工作，确认71家“2013—2014年度全国水利建设工程文明工地”。与共青团中央联合评选13家“2013—2014年度全国青年文明号”、1家“特别推荐集体”。加强文明单位日常管理，开发水利系统文明单位网上申报及管理系统。开展第四届全国文明单位宣传展示活动。

## 四、扎实推进水文化建设

加强对水文化建设的协调指导，组织水文化专家开展技术咨询服务，指导各地水文化建设实践。加强水文化学术研究，组织开展全国水文化建设示范单位认定与管理办法研究和基层单位文化服务体系研究前期工作，组织开展水文化遗产保护与管理现状调查研究。加强水文化传播，面向全社会发起关爱生命之水——“大禹杯”随手拍水利公益宣传作品大赛，制播《守住7000亿发展可持续》《珍惜每滴水　生活会更美》《水美中国　呵护未来》等水利公益广告，完成电视专题片《命脉》拍摄前期工作，举办水利电视专题片与公益广告策划制作业务培训班，在北京长安街公交站点、首都机场T3航站楼推出水利公益宣传海报、广告等，多渠道、多途径加强水文化传播。丰富水文化产品，编辑出版高校教育水文化教材《中华水文化通论》。编纂出版《中国水利史典》《中国河湖大典》《中华水文化书系》及其数字化工程，制作出版《中华治水故事》3D动画片与MPR出版物。组织开展涉水寓言、神话、传说编辑、收集和整理工作。配合水情教育中心开展水文化建设方面的水利现代远程教育专题制播工作。

李　磊　执笔

周振红　审核